SUPERPOWERS

중국, 실리콘밸리 그리고 새로운 세계질서

AI 슈퍼파워

리카이푸 지음 | 박세정·조성숙 옮김

이콘

리카이푸 박사는 시노베이션벤처스의 회장 겸 CEO이며, 시노베이션벤처스 인공지능연구소 대표이다. 현재 위안화와 달러화로 170억 달러를 운용하는 선도적 벤처캐피털 회사인 시노베이션은 중국 차세대 하이테크 기업을 육성하고 개발하는 데 중점을 두고 있다.

2009년 시노베이션벤처스를 세우기 전까지는 구글 차이나 사장을 지냈으며, 마이크로소프트와 SGI, 애플의 중역도 역임했다. 컬럼비아대학교에서 컴퓨터과학을 전공했고, 카네기멜론대학에서 박사학위를 취득했다. 카네기멜론대학과 홍콩시립대학의 명예

박사이기도 하며, 전기전자기술자협회Institute of Electrical and Electronics Engineers의 펠로우이다. 중국에서 7권의 베스트셀러를 출간했다.

인공지능 분야에서의 업적도 남다르다. 리카이푸는 〈MIT 테크놀로지 리뷰〉가 '가장 뜨거운 컴퓨터 연구소'라고 칭한 마이크로소프트 리서치 차이나를 세웠다. 훗날 마이크로소프트 리서치 아시아로 이름을 바꾼 이 연구소에서 바이두, 알리바바, 텐센트, 레노버, 화웨이, 하이에르의 CTO와 AI 대표들을 비롯해 중국의 AI 리더 대다수가 훈련을 받았다. 리카이푸는 애플에서 음성과 자연어인식 연구 프로젝트를 이끌었으며, 그의 연구는 〈굿모닝 아메리카〉에 소개되었고 〈월스트리트 저널〉의 1면에 실렸다. 미국에서 10개의 특허권을 보유하고 있으며, 100여 편이 넘는 논문과 글을 발표했다. 그가 인공지능을 연구하고 개발하고 투자한 세월은 30년이 넘는다.

www.aisuperpowers.com이나 트위터 @kaifulee에서 그를 더 자세히 만날 수 있다.

세계적인 엘리트들에게 인공지능artificial intelligence, AI에 대한 강연을 하는 것은 벤처캐피털 투자자라는 직업을 가진 내가 해야 하는 의무라면 의무이다. 반대로 똑같은 주제를 가지고 유치원 아이들과 대화를 나누는 것은 내 직업이 주는 즐거움이다. 두 집단은 전혀 다르지만 그들이 내게 던지는 질문은 소름 끼칠 정도로 똑같다. 최근 베이징의 한 유치원을 방문했을 때에는 다섯 살짜리 아이들이 줄기차게 재잘대며 내게 AI의 미래에 대해 질문을 퍼부었다.

"이제 우리는 로봇 선생님들한테 배우게 되는 거예요?"

"로봇이 모는 차가 다른 로봇이 모는 차와 부딪쳐서 우리가 다치면 어떻게 해요?"

"앞으로는 로봇과 결혼도 하고 아기도 가지게 되는 건가요?"

"컴퓨터가 아주아주 똑똑해지면 우리가 컴퓨터의 부하가 되는 거예요?"

"로봇이 다 알아서 하면 우리는 뭘 하죠?"

유치원 아이들이 던지는 질문은 세계를 움직이는 힘을 가진 사람들이 던지는 질문과 흡사했고, 아이들과 나눈 대화는 여러모로 의미심장했다.

첫째로, 이 대화는 AI가 얼마나 중요한 지적 화두로 도약했는지를 보여주었다. 몇 년 전만 해도 인공지능이라는 분야는 학계 연구실과 공상과학 영화 속에서나 펼쳐지던 주제였다. 평범한 사람들은 AI라고 하면 사람처럼 생각하는 로봇을 만드는 분야라고 막연히 상상은 했지만, 일상생활과는 거의 연관이 없는 상상이었다.

오늘날은 모든 것이 변했다. AI 혁신에 대한 기사들이 연일 신문지면을 덮는다. AI를 통해 이익을 증대하자는 내용의 비즈니스 총회가 거의 매일 열린다. 그리고 세계 각국의 정부들도 AI 기술을 가용하기 위한 국가계획을 발표하고 있다. 갑자기 AI가 공개 담론 무대의 중앙에 올랐다. 그럴 만도 했다.

AI 기술의 중요한 이론적 돌파구가 드디어 우리의 일상생활을 바꿀 수 있는 현실 응용으로 연결되었기 때문이다. AI는 이미 우리가 자주 찾는 앱과 웹사이트를 움직이는 기본 힘이 되고 있다.

그리고 다가올 미래에 AI는 우리의 차를 운전하고, 포트폴리오를 운용하고, 우리가 구매하는 물건의 대부분을 생산하고, 잠재적으로는 우리를 일자리에서 내몰 것이다. 이 미래에는 약속도 잠재적 위험도 그득하고, 우리는 둘 다에 대비해야 한다.

내가 유치원 아이들과 나눈 대화는 장소 면에서도 의미심장했다. 얼마 전만 해도 중국의 AI는 미국보다 몇십 년은 아니어도 몇 년은 뒤처져 있었다. 그러나 지난 3년 동안 중국에 AI 열풍이 불면서 몰아닥친 대중의 폭발적 관심의 물결은 다른 나라들의 AI에 대한 관심을 아무 것도 아닌 것으로 보이게 만들 정도였다. 테크놀로지와 기업계에서 시작된 AI 열풍은 정부 정책으로 번졌고 마침내 베이징의 유치원 교실까지 퍼져 나갔다.

인공지능 분야에 대한 전폭적 지지는 중국의 AI 역량을 반영하는 것임과 동시에 그 역량을 키우는 자양분도 되었다. 중국 AI 기업과 연구자들은 중국 경제에 혁명을 불러일으킬 혁신적 알고리즘과 사업모델을 실험하면서 빠른 속도로 미국의 기업과 연구자들을 턱밑까지 따라잡았다. 산학 협동은 중국을 이 분야에서 미국과 유일하게 대적이 가능한 진정한 AI 초강국으로 변모시켰다. 두 나라가 AI에서 어떤 협력이나 경쟁 방식을 선택하는가에 따라 세계 경제와 거버넌스도 극적인 영향을 받을 것이다.

마지막으로, 나는 유치원 아이들과 대화를 주고받는 동안 더 본질적인 진실을 퍼뜩 깨달았다. AI의 미래를 이해하는 문제에 있어서 성인들도 유치원생들도 다를 것이 없다는 진실이었다. 우리는 온갖 질문만 던져댈 뿐 답은 알지 못하며, 아이의 감탄과 어른의 우려가 뒤섞인 눈으로 미래를 들여다보려 노력 중이다. 우리는 AI 자동화가 우리의 일자리와 우리의 목적의식에 어떤 의미가 될 것인지 알고 싶어 한다. 우리는 어떤 사람과 어떤 나라가 이 거대한 기술의 수혜자가 될 것인지 알고 싶어 한다. 우리는 AI가 물질적으로 풍요로운 삶으로 우리를 도약하게 해줄 것인지, 인공지능 기계가 굴리는 세상에서 인류가 설 자리가 있을 것인지 알고 싶어 한다.

속 시원하게 답을 알려줄 수정구를 가진 사람은 아무도 없다. 그러나 그 불확실성이라는 핵심 때문에라도 우리는 더더욱 이런 질문들을 던져야 하고 능력이 닿는 데까지 답을 탐구해야 한다. 이 책 역시 그런 탐구심에서 탄생했다. 나는 AI 미래를 정확히 예언해주는 신탁의 예언자가 아니지만, 질문의 답을 탐구하는 과정에서 내가 그동안 중국과 미국에서 AI 연구자와 테크놀로지 기업의 중역과 벤처캐피털 투자자로 일하면서 얻은 경험을 되살릴 수 있었다. 나는 이 책을 통해 우리가 어떻게 여기까지 도달하게 되었는지를 조망하기를, 그리고 앞으로 우리가 갈 곳에 대한 새로운 대화를 나눌 때 조금이나마 영감을 불어넣을 수 있기를 희망한다.

AI 이야기의 결말을 예측하기는 대단히 어렵다. AI 이야기는 단순히 기계만의 이야기가 아니라, 스스로 선택을 내리고 스스로 운명을 만드는 자유의지를 가진 사람을 말하는 이야기이기도 하기 때문이다. 우리가 맞이할 AI 미래를 만들 사람은 우리이고, 거기에는 우리 스스로 내린 선택과 행동이 고스란히 담길 것이다. 나는 우리가 AI의 미래를 탐구하는 과정에서 우리 내부를 깊이 들여다보게 되기를, 서로가 서로를 이끌어줄 가치와 지혜를 발견하게 되기를 바란다.

우리는 그런 마음가짐으로 AI의 미래를 탐구해야 할 것이다.

1
중국판
스푸트니크 모멘트

아무리 봐도 사각테 안경을 낀 이 중국인 소년은 인류 최후의 보루 역할을 할 영웅같지는 않았다. 검은 양복에 흰 셔츠, 검은 넥타이 차림의 커제柯洁는 맥없이 의자에 앉아 관자놀이를 문지르며 당혹한 눈빛으로 앞의 난관을 마주했다. 평소 내뿜던 거만한 자신감은 온데간데 없었고 지금은 가죽 의자에 앉은 채 계속 몸만 뒤척였다. 장소만 아니라면 커제의 모습은 어려운 기하학 증명 때문에 머리를 싸매고 고민하는 사립고등학교 학생이라고 해도 좋을 정도였다.

2017년 5월, 커제는 세계에서 가장 똑똑한 기계이며 명실상부 최고의 테크놀로지 기업으로 손꼽히는 구글이 만든 인공지능인 알파고AlphaGo를 상대로 악전고투를 펼치고 있었다. 전투가 벌어지는 장소는 가로세로 19줄이 그어진 바둑판이었고, 믿기지 않을 정도로 복잡한 이 게임의 병사는 작은 흑돌과 백돌이 다였다. 대국이 진행되는 동안 두 기사는 반상에 번갈아 돌을 올리면서 상대의 돌에 대한 포위 작전을 시도했다. 현재 지구상에서 커제보다 바둑을 잘 두는 사람은 없지만, 오늘 그는 과거 누구도 경험하지 못한 상대와 대국을 펼치고 있었다.

약 2,500년 전에 발명된 것으로 알려진 바둑은 현존하는 다른 어떤 보드게임보다도 역사가 깊다. 고대 중국에서 바둑은 문인이라면 응당 열심히 익혀야 하는 네 가지 기예 중 하나였다. 바둑은 지적 소양을 연마하고 지혜를 기르는 데 도움이 되는 기예였다. 서양의 체스가 깊지 않은 전술에 치중하는 게임이라면, 바둑은 곰곰이 생각하며 돌을 놓고 서서히 상대의 돌을 포위하는 전략을 쓰기 때문에 정신 수양이 중요한 기예였다.

바둑은 유구한 역사에 못지않게 대단히 복잡한 게임이기도 하다. 바둑의 기본 규칙은 단 아홉 문장으로 설명할 수 있지만, 반상에서 펼쳐질 수 있는 경우의 수는 현재까지 알려진 우주에 존재하는 원자의 수보다[1] 많다. 이렇게 경우의 수가 복잡하다보니 인공지능이 바둑 챔피언을 이긴다는 것은 에베레스트산을 등정하는 것과 비슷한 일이었고, 그 어마어마한 높이에 정복 시도는 번번이 좌절 당했다. 시적 표현을 즐기는 사람들은 기계는 바둑의 불가사의한 속성에 담긴 인간적 요소를 포착하지 못하기 때문에 기계가 바둑을 정복하는 일은 절대 일어나지 못할 것이라고 말했다. 엔지니어들은 바둑에는 경우의 수가 너무 많기 때문에 컴퓨터의 능력으로는 그 수를 다 계산하지 못할 것이라고 생각했다.

그러나 이날, 알파고는 단순히 커제를 이기기만 한 것이 아니라 그를 체계적으로 무너뜨렸다. 각각 3시간이 넘는 마라톤 대국이 세 번 진행되는 동안 커제는 모든 패를 다 내보였다. 그는 보수적인 수에서 공격적인 수, 방어적인 수, 예상외의 수까지, 모든 방법을 다 썼다. 다 소용없었다. 알파고는 커제에게 빈틈을 조금도 내주지 않았다. 오히려 커제의 숨통을 천천히 조여갔다.

베이징 사람들의 눈에 비친 대국

커제와 알파고의 대국에서 무엇을 보았는지는 그 대국을 본 장소에 따라 달랐다. 미국 사람들의 눈에 비친 알파고의 승리는 기계가 인간에게 승리한 것을 넘어 서양 테크놀로지 기업들이 세계 나머지 기업들에게 승리한 것이기도 했다. 지난 20년 동안 실리콘밸리 기업들은 세계 테크놀로지 시장을 석권했다. 페이스북 Facebook과 구글은 소셜네트워크와 검색을 할 때 1순위로 찾는 인터넷 플랫폼이 되었다. 그 과정에서 실리콘밸리 회사들은 프랑스에서 인도네시아에 이르기까지 여러 나라의 토종 스타트업을 밀어내고 승리를 차지했다. 이 인터넷 불도저 기업들 덕분에 미국은 디지털 세상에서도 실세계의 군사력과 경제력 못지않은 패권을 거머쥐었다. 영국의 AI 스타트업이며 2014년 구글이 인수한 딥마인드DeepMind가 만든 알파고는 서양의 인공지능 시대 패권을 그대로 이어가게 해줄 것이라는 기대를 한몸에 받았다.

그러나 커제의 대국이 펼쳐지는 동안 사무실 창밖으로 보이는 모습은 어딘가 크게 달랐다. 내 벤처캐피털 본사는 '중국의 실리콘밸리'라고 불리는 베이징 중관춘 기술 특별구에 있다. 현재 중관춘은 중국 AI 운동이 박동하는 심장부이다. 이곳 사람들에게 알파고의 승리는 도전이자 영감이었다. 알파고의 승리는 중국에서는 인공지능 부문의 '스푸트니크 모멘트Sputnik Moment: 기술우위를 확신하던 국가나 기업이 후발 주자의 기술 우위에 충격을 받는 순간을 은유하는 표현-옮긴이'였다.

1957년 10월 소련이 최초의 인공위성을 궤도로 쏘아 올리는 데 성공하면서 미국의 대중과 정부 모두 곧바로 근본적인 영향을 받았다. 이 사건으로 소련이 기술적으로 앞서간다는 두려움이 미국 대중을 휩쓸었고 미국인들은 밤하늘을 도는 스푸트니크호를 추적하면서 그것이 보내는 라디오 전파에 촉각을 곤두세웠다. 스푸트니크호는 미국항공우주국NASA 창설의 도화선이 되었고, 수학과 과학 교육에 대한 대대적인 정부 지원금 정책이 마련되는 계기가 되었고, 결국에는 우주 경쟁의 불씨를 지폈다. 범국가적 동참은 12년 후 닐 암스트롱이 인간 역사상 처음으로 달 표면에 발을 내딛게 되는 결실로 이어졌다.

알파고는 2016년 3월에도 한국의 전설적 바둑기사인 이세돌을 상대로 치른 다섯 번의 대국에서 이미 4:1의 대승을 거둔 바 있다. 미국인들은 이 대국에 거의 관심을 두지 않았지만 중국에서는 2억 8,000만 명이 넘는 시청자가 다섯 번의 대국을 시청했다.[2] 하룻밤 사이에 중국은 인공지능 열풍에 휩싸였다. 스푸트니크호 사건에 미국이 받은 충격만큼은 아니었지만, 알파고의 승리는 중국 테크놀로지계에 불을 지폈고 그 불은 지금도 계속 타오르고 있다.

중국의 투자자, 기업가, 정부 관료가 한 가지 산업을 대대적으로 육성하기로 작정한다면 세계를 뒤집을 만한 거대한 물결이 될 것이다. 실제로도 중국에서는 AI 투자와 연구, 기업가가 기록적인 수준으로 늘고 있다. 벤처투자자, 테크놀로지 대기업, 정부가 물심양면으로 AI 스타트업을 지원하고 있다. 중국의 학생들도 AI 열기에 동참해 고급 프로그래밍 수업에 등록하고 세계 유수 연구자들의 강의를 스마트폰으로 스트리밍해서 듣고 있다. 스타트업 창업자들도 AI 물결에 뒤처지지 않기 위해 회사의 방향을 틀고 리엔지니어링을 하고 재브랜딩을 하고 있다.

커제가 마지막 대국인 3국에서 알파고에게 불계패를 당하고 두 달도 지나지 않아 중국 중앙정부는 인공지능 역량 구축을 위한 야심 찬 계획을 발표했다.[3] 중국의 차세대 AI 발전계획에는 더 큰 규모의 펀딩과 정책적 지원, 그리고 국가 차원의 조정이 필요했다.

이 발전 계획은 2020년, 2025년까지 세워야 할 목표를 명확하게 정해 두었고, 2030년에는 중국이 글로벌 인공지능 혁신의 중심에 서서 이론과 기술, 응용 모두에서 선두를 달릴 수 있을 것이라고 계획했다. 2017년에는 중국 벤처투자자들도 정부 계획에 적극 호응해서 천문학적인 금액을 인공지능 스타트업에 투자했다. 이 금액을 다 합치면 세계 AI 벤처 펀딩 총액의 48%나 된다.[4] 미국의 투자액을 처음으로 넘어선 것이다.

게임, 그리고 게임 체인저

중국 정부가 전폭 지원을 결심한 데에는 인공지능과 경제의 관계가 새로운 패러다임에 들어선 것이 크게 작용했다. 지난 수십 년 동안 꾸준하지만 느리게 발전하던 인공지능은 최근 들어서야 발전에 속도가 붙으면서 학술적 성과를 현실 응용으로 접합할 수 있게 되었다.

바둑으로 인간을 꺾는 것이 기술적으로 얼마나 큰 난제인지는 나도 이미 경험한 바 있다. 나는 카네기멜론대학 박사학위 과정에서 인공지능을 연구했고 그때 내 지도교수는 AI 연구의 선구자인 라즈 레디Raj Reddy였다. 1986년에 내가 만든 프로그램은 8×8 약식 바둑인 오셀로 게임 대회에서 처음으로 세계 챔피언 팀을 누르고 대회 우승을 차지했다.[5] 당시에는 꽤 훌륭한 기술적 개가였지만, 그 기술만 가지고는 정식 바둑의 발끝도 따라잡기 힘들었다.

IBM 딥블루Deep Blue가 '인간 두뇌의 마지막 저항'이라고 불린 1997년 시합에서 세계 체스챔피언 가리 카스파로프Garry Kasparov를 이겼을 때에도 같은 일이 벌어졌다. 이 대결의 결과로 로봇 지배자들이 인류 정복을 시작할 것이라는 염려가 들끓었지만, IBM 주가가 오른 것 말고는 우리 실생활은 아무 유의미한 영향도 받지 않았다. 인공지능의 현실 응용은 여전히 빈약했고, 연구자들은 획기적인 돌파구없이 수십 년을 유야무야로 보냈다.

딥블루가 승리를 거둔 방식은 기본적으로 '브루트 포스brute forced, 무차별 대입 공격: 모든 가능한 경우의 수를 다 따지는 방식-옮긴이'였다. 다시 말해, 말을 둘 수 있는 모든 위치를 다 신속하게 평가해서 수를 놓도록 프로그래밍된 하드웨어가 딥블루를 이끌었다. 게다가 지침으로 삼을 발견법heuristics, 어림법을 보충하려면 인간 체스챔피언의 도움이 필요했다. 그렇다. 딥블루의 승리는 엔지니어링 측면에서는 인상적인 개가였지만, 그 기반 기술은 대단히 제한된 과제를 풀 때나 효과가 있는 오래된 기술일 뿐이었다. 기하학적으로 단순한 가로세로 8줄의 정사각형 체스판이 아니라 다른 상황에 대입한다면 딥블루는 하나도 똑똑하지 않을 것이다. 결론적으로 딥블루의 등장으로 일자리 위협을 받는 사람은 세계 체스챔피언뿐이었다.

그런데 이번 바둑 대국은 달랐다. 커제와 알파고의 대국도 반상이라는 제한된 환경에서 치러진 것은 같았지만 현실 세계의 극적 변화와 밀접한 관련이 있다는 점에서는 달랐다. 알파고 대국이 중국의 AI 열풍에 불씨를 지폈다는 점, 그리고 알파고를 승리로 이 끈 기반 기술이 발전되었다는 점도 그런 변화에 속했다.

알파고의 구동 체제는 기계의 인지능력을 빠른 속도로 강화해 주는 딥러닝deep learning이라는 획기적인 인공지능 기술이다. 현재의 딥러닝 기반 프로그램은 안면인식, 음성인식, 대출 심사와 같은 일을 인간보다 더 잘할 수 있다. 지난 수십 년간 인공지능 혁명은 아직 더 미래의 일이라는 생각이 지배적이었다. 그러나 딥러닝 기술의 개발로 드디어 인공지능 혁명이 도래했다. 이 혁명은 생산성을 눈부시게 증가시킬 것이다. 그러나 인공지능이 모든 산업 부문에서 인간의 일자리를 대신 차지하면서 노동시장 전체의 와해와 사회심리학적으로 헤어나오기 힘든 충격도 선사할 것이다.

커제와 알파고의 대국을 보면서 내가 두려워한 것은 일부 과학기술 전문가들이 경고한 AI 킬러 로봇의 등장이 아니었다. 내가 걱정한 것은 대량 실업과 사회 동요가 실세계에 불러올 악몽이었다. 일자리 위협은 대다수 전문가들의 예상보다 훨씬 빠르게 다가올 것이고, 그 충격파는 화이트칼라와 블루칼라, 고숙련공과 미숙련공을 가리지 않을 것이다. 알파고와 커제가 잊지 못할 대국을 펼친 그 날, 딥러닝은 현존하는 최고의 바둑 챔피언을 왕좌에서 몰아냈다. 이처럼 일자리를 위협하는 새로운 기술이 당신이 일하는 공장과 사무실로 쳐들어올 날도 머지않았다.

바둑 머신의 유령

하지만 이 대국에서 나는 희망의 끈도 발견했다. 2시간 51분의 대국 끝에 커제는 벽에 부딪쳤다. 그는 자기가 둘 수 있는 모든 수를 다 뒀지만 그것으로는 충분하지 않았다. 바둑판 쪽으로 몸을 수그리는 그의 입은 앙다물려 있었고 눈가는 가늘게 떨리기 시작했다. 그는 더는 감정을 억누르지 못하고 안경을 벗고 두 눈에서 흘러나오는 눈물을 손등으로 훔쳤다. 순식간의 일이었지만 그가 느끼는 감정이 모든 시청자에게 훤하게 드러났다.

커제의 눈물은 대중의 동정과 지지를 자아내게 만든 분수령이었다. 세 번의 대국이 펼쳐지는 동안 커제는 롤러코스터처럼 오르락내리락하는 감정을 다 내보였다. 자신감, 초조함, 두려움, 희망, 그리고 절망까지. 거기에는 승부욕도 있었지만 순수한 사랑에서 나오는 행동도 있었다. 거기에는 바둑, 바둑의 역사, 그리고 바둑을 즐기는 사람들에 대한 순수한 사랑으로 난공불락의 적에 맞서 싸우는 의지도 있었다. 커제의 좌절을 본 사람들은 똑같이 좌절했다. 대국의 승자는 알파고였지만 사람들에게 각인된 챔피언은 커제였다. 사랑을 주고받는 인간들의 관계는 내게 인공지능 시대에 우리 인간이 어떤 식으로 일과 의미를 찾게 될 것인지 어렴풋하게나마 알게 해주었다.

중국으로써는 AI를 능수능란하게 응용하는 것이야말로 미국을 따라잡고 어쩌면 추월도 가능하게 해줄 가장 큰 기회가 될 것이다. 그러나 더 중요한 부분이 있다. AI의 적절한 응용은 모든 인간에게 무엇이 우리를 인간으로 만드는지 다시금 깨닫게 해줄 귀중한 기회가 되어줄 것이다.

그 이유를 이해하려면 우선은 AI 기술의 기본을 이해하고 이 기술이 우리 세상을 어떻게 바꿀 것인지부터 짚고 넘어가야 한다.

딥러닝의 역사

딥러닝을 포함해 인공지능의 학습 알고리즘을 통칭하는 머신러닝machine learning은 역사를 바꾸는 기술이지만, 곡절이 심했던 반세기의 연구에서 살아남은 운 좋은 기술이기도 하다. 인공지능은 처음 개시 때부터 지금까지 호황과 불황의 사이클을 수도 없이 오갔다. 위대한 약속의 기간이 오는가 싶으면 다시 'AI의 겨울'이 찾아왔고, 현실의 성과가 실망스러울 정도로 저조해지면 펀딩도 따라서 크게 줄어들었다. 딥러닝 시대 개막이 어떤 점에서 다른지를 이해하려면 지금까지의 과정을 개략적으로나마 볼 필요가 있다.

1950년대 중반에 인공지능 선구자들은 뜬구름처럼 드높지만 명확하기도 한 사명을 정했다. 인간 지능을 기계로 재창조한다는 사명이었다. 이 명확한 목표와 복잡한 과제의 결합에 당시 신진 분야였던 컴퓨터과학의 최고 석학들인 마빈 민스키Marvin Minsky, 존 매카시John McCarthy, 허버트 사이먼Herbert Simon이 관심을 보였다.

1980년대 초, 뉴욕 컬럼비아대학교의 세상 물정 모르는 컴퓨터

과학도였던 내게는 이 모든 것이 상상을 자극했다. 나는 1960년 대 초에 타이완에서 태어났고 열한 살에 테네시주로 이민을 와 그곳에서 중고등학교를 다녔다. 컬럼비아대학교에서 4년의 학부 생활을 마친 후에는 AI를 더 깊이 파 보고 싶다는 생각이 들었다. 1983년 컴퓨터과학 박사과정에 지원할 때에는 지원동기에 거창한 포부까지 적었다. "인공지능은 인간 학습 과정을 설명하고 인간 사고과정을 계량화하며 인간의 행동을 명확히 해석하고 무엇이 지능을 가능하게 만드는지에 대한 이해입니다. 인공지능은 인간이 자기 자신을 이해하기 위한 마지막 단계입니다. 그리고 이 새롭고 전도유망한 과학에 나도 동참하고 싶습니다."

지원동기를 잘 쓴 덕분인지는 모르지만 나는 컴퓨터과학에서 손가락에 꼽히고 최첨단 AI 연구의 온상이기도 한 카네기멜론대학에 합격했다. 하지만 지원동기는 내가 AI 분야에 대해 꾸는 꿈이 얼마나 천진난만한지도 드러냈다. 나는 우리 인간이 자기 자신을 이해하는 능력을 과대평가했고, 지엽적 영역에서 AI가 발휘하는 초인적 지능을 과소평가했다.

내가 박사과정을 시작했던 시절에 인공지능 학계는 '규칙 기반 rule-based' 방식과 '신경망neural-based' 방식으로 나뉘어 있었다. 규칙 기반'기호시스템(symbolic system)'이나 '전문가 시스템(expert system)'이라고도 불린다 진영의 연구자들이 컴퓨터에 생각하는 것을 가르치는 방법은 일련의 논리 규칙을 인코딩하는 것이다. 만약 X라면 Y이다, 라는 식의 논리 규칙이다. 이 방식은 단순하고 정립이 명확한 게임에서는 성과를 거두지만(현실의 문제를 단순화한 '장난감 문제' 등), 선택이나 행동의 가능 영역이 넓어지면 전혀 힘을 쓰지 못했다. 현실 문제에 응용할 수 있는 소프트웨어를 만들기 위해 규칙 기반 연구자들이 사용한 방법은, 해당 문제에 대해 전문가들의 의견을 두루 구하고 그들의 지식을 프로그램의 의사결정 과정에 인코딩하는 것이었다('전문가 시스템'이라는 이름도 여기서 연유한다).

'신경망' 진영은 다른 노선을 걸었다. 그들은 컴퓨터에게 인간 뇌가 습득한 규칙을 일일이 가르치는 것이 아니라 인간 뇌 자체를 재건하려 노력했다. 신경망 진영은 거미줄처럼 복잡하게 얽힌 동물 뇌의 신경만이 이른바 지능이라는 능력을 발휘할 수 있다면 지능의 원천에 곧바로 다가가는 것이 맞는 방식이라고 생각했다. 이 방법은 뇌의 기본 설계를 그대로 본 따 생물학적 신경망과 비슷한 방식으로 신호를 송수신하는 인공 신경층을 만든다는 것이었다. 규칙 기반 방식과 다르게 인공신경망 설계자들은 의사결정 규칙을 신경망에 주입하지 않는다. 대신에 특정 현상에(사진, 체스 게임, 소리 등) 대한 예를 신경망에 풍부하게 제공한 다음 인공신경망 스스로 데이터를 가지고 패턴을 인식하게 한다. 즉, 인간의 개입이 적을수록 더 좋다는 입장이다.

두 방식의 차이는 그림 속에서 고양이를 식별하는 것과 같은 단순한 문제를 풀 때 두드러지게 차이가 난다. 규칙 기반 방식은 프로그램의 의사결정을 돕기 위해 '조건-시행if-then'의 규칙을 설정한다. "둥그스름한 모양 위에 세모난 형상 두 개가 있으면if, 그림 속에 고양이가 있을 것이다then." 반면에 신경망 방식은 '고양이' 또는 '고양이 아님' 사진 수백만 장을 프로그램에 제공한다. 그런 다음 프로그램 스스로 수백만 장의 이미지 중 어느 것이 '고양이'로 정의된 특징과 가장 밀접하게 관련돼 있는지를 찾게 한다.

1950년대와 1960년대에 초기 인공신경망은 기대할 만한 결과를 낳기는 했지만 허풍일 뿐인 결과도 많았다. 그러다 1969년 규칙 기반 진영 연구진의 정면 공세에 인공지능 학자들은 신경망 방식은 믿을 수 없고 용도도 제한적이라고 생각하게 되었다. 신경망 접근법은 어느샌가 유행에서 밀려났고, 1970년대 동안 AI 기술 분야에는 첫 번째 '겨울'이 찾아왔다.

이후 수십 년 동안에도 신경망 방식은 잠시 반짝할 뿐, 다시 냉담하게 버려졌다. 1988년에 나는 신경망과 비슷한 방식은닉 마르코프 모델(Hidden Markov Model): 은닉된 상태와 관찰 가능한 결과라는 두 가지 요소가 시스템을 이룬다는 모델-옮긴이을 이용해 최초의 화자 독립형 연속 음성인식 프로그램인 스핑크스Sphinx를 만들었다.[6] 이 성과 덕분에 나는 〈뉴욕타임스〉 지면에도 소개되었다.[7] 그러나 이미 유행에서 밀려난 AI 기술을 구원하기에는 미흡한 성과였고, AI는 1990년대에 다시 오랜 빙하기에 접어들었다.

그러다 신경망의 핵심 요소 두 가지에 중대한 변화가 일어나고 기술에서도 중요한 돌파구가 마련되면서 신경망 분야는 바야흐로 기사회생하게 되었고, 지금의 AI 중흥기로 발전하기 위한 불씨도 지펴졌다. 신경망 구축에는 대규모 연산력과 데이터가 절대적으로 필요하다. 프로그램은 데이터가 있어야 패턴 인식 방법을 '훈련'하기 위한 무수한 예를 얻을 수 있고, 연산력이 있어야 이 많은 사례를 고속으로 처리할 수 있다.

1950년대 AI 여명기에는 데이터도 연산력도 크게 부족했다. 그 사이 수십 년이 흐르면서 모든 것이 바뀌었다. 지금 당신의 손에 들린 스마트폰의 처리 능력은 나사가 1969년 닐 암스트롱을 달로 보내기 위해 사용한 최첨단 컴퓨터보다 수백만 배는 뛰어나다. 그리고 인터넷은 문자, 이미지, 동영상, 클릭수, 구매, 트윗에 이르기까지 모든 종류의 디지털 데이터를 폭발적으로 증가시켰다. AI 연구자 입장에서는 신경망 훈련에 필요한 방대한 데이터는 물론이고 고속 연산력을 낮은 비용에 마음껏 사용할 수 있게 된 것이다.

하지만 신경망이 할 수 있는 일은 여전히 크게 제한돼 있었다. 복잡한 문제에 대해 정확한 결과를 얻으려면 인공신경을 여러 층으로 겹겹이 쌓아야 했지만, 새롭게 쌓은 신경층을 효율적으로 훈련시킬 방법을 발견하지 못했다는 문제가 남아 있었다. 그러나 2000년대 중반 AI 연구의 개척자인 제프리 힌턴Geoffrey Hinton이 새로 쌓아 올린 인공신경망 층을 효율적으로 훈련하는 방법을 발견하면서 기존의 틀을 깨부순 딥러닝이라는 신기술이 등장했다. 새

훈련법을 적용한 낡은 신경망은 스테로이드를 들이마시기라도 한 듯 음성인식과 사물인식 등의 과제 해결 능력이 몇 배나 더 올라 갔다.

스테로이드를 들이마신 신경망은－현재의 '딥러닝' 기법－다양한 과제에서 기존 모델들의 성적을 월등히 앞질렀다. 그러나 수십 년 동안 신경망 방식을 뿌리 깊은 편견의 눈으로 바라보던 대다수 AI 연구자들은 탁월한 결과가 나왔다고 주장하는 이 '변두리' 집단을 여전히 무시했다. 전환점은 2012년 힌턴의 연구팀인 슈퍼비전팀이 만든 신경망 프로그램이 세계 최대 이미지인식 경연대회에서 경쟁 프로그램들을 압도적으로 제치고 우승을 하면서 찾아왔다.[8]

오랫동안 AI의 변경에서 천대받던 신경망 연구는 딥러닝이라는 새 모양으로 단장하고 하룻밤 사이에 주류로 올라섰다. 이 혁신적인 기술로 그전까지 단단하게 얼어있던 AI 겨울의 얼음이 녹기 시작했고, 처음으로 AI의 힘을 현실의 여러 문제에 응용하는 것도 꿈이 아니게 되었다. 연구자, 미래학자, 그리고 테크놀로지 회사 CEO들은 인간의 언어를 판독하고, 문서를 번역하고, 이미지를 인식하고, 고객 행동을 예측하고, 사기를 식별하고, 대출 승인 여부를 결정하고, 로봇이 '진찰'하도록 도와주고, 심지어 차를 운전할 수도 있는 인공지능의 무궁무진한 잠재력을 쉴새 없이 말하기 시작했다.

딥러닝의 커튼을 젖히다

　딥러닝은 이런 일들을 어떻게 다 하는가? 딥러닝의 알고리즘은 특정 도메인에서 가져온 대량의 데이터를 이용해 원하는 결과에 최적화된 결정을 내린다. 깊숙이 숨은 패턴과 상관관계를 인식하는 방법을 스스로 훈련해 데이터 포인트와 원하는 결과를 연관시킨다. 이때 원하는 결과에 맞게 데이터가 라벨링되어 있으면 패턴을 찾는 과정이 한결 수월해진다. 이를테면 '고양이'와 '고양이 아님', '클릭했음'과 '클릭하지 않았음', '게임 승리'와 '게임 패배'라는 식으로 라벨링하는 것이다. 그러면 딥러닝은 이런 방대한 상관관계 정보를 활용해-상관관계의 상당수는 인간 관찰자의 눈에는 보이지 않거나 무의미해 보인다-인간보다 더 훌륭하게 의사결정을 내릴 수 있다.

　이런 작업을 처리하려면 방대한 양의 관련 데이터, 강력한 알고리즘, 국지적 도메인, 구체적 목표가 필요하다. 이 중 하나라도 충족되지 않으면 효과가 나오지 않는다. 데이터가 너무 적으면 알고리즘은 충분한 예를 얻지 못한 탓에 유의미한 상관관계를 찾지 못한다. 목표가 광범위하면 알고리즘은 최적화 달성에 알맞은 뚜렷한 기준점을 마련하지 못한다.

　딥러닝을 다른 말로 '좁은 AInarrow AI'라고 하는데, 특정 도메인에서 가져온 데이터를 응용해 구체적 결과에 맞게 최적화한다는 뜻이다. 훌륭한 능력이기는 하지만 인간이 하는 모든 일을 대신할 수 있는 다목적 기술인 '일반 AI^general AI'와는 거리가 한참이나 멀다.

딥러닝을 가장 자연스럽게 응용할 수 있는 분야는 보험과 대출 심사다. 차입자에 대한 유의미한 데이터가 풍부하고(신용점수, 소득, 최근 신용카드 사용액 등), 최적화해야 할 목표도 뚜렷하다(연체 가능성 최소화). 여기서 한 걸음 더 나아가면 자동차가 알아서 주변 상황을 '보도록' 만드는 자율주행차에도 딥러닝 기술을 활용할 수 있다. 카메라 픽셀에 잡힌 패턴을 인식하고(붉은색 표시판), 이것이 무엇과 연관이 있는지 알아내고(정지 표시), 그 정보로 의사결정을 내려(브레이크를 천천히 밟는다) 원하는 결과(목표)에 맞는 최적의 행동을 만드는 것이다(나를 가장 빠른 시간에 집까지 안전히 데려다준다.).

사람들이 딥러닝에 그토록 흥분하는 이유는 그 핵심 능력을-패턴을 인식하고 특정 결과에 최적화된 결정을 내리는 능력-일상의 다양한 문제에 두루 응용할 수 있기 때문이다. 구글과 페이스북 같은 회사들이 얼마 있지도 않은 딥러닝 전문가를 싹쓸이해 그들에게 수백만 달러의 연봉을 주며 대규모 연구 프로젝트를 맡기는 이유도 여기에 있다. 2013년에 구글은 제프리 힌튼이 세운 스타트업을 인수했고, 다음 해에는 영국의 AI 스타트업인 딥마인드를-알파고를 만든 그 회사다-5억 달러가 넘는 가격에 인수했다.[9] 그들의 행보는 문화적 시대상을 바꾸고 있으며, 위압적 능력을 얻은 기계가 새 시대의 벼랑 끝으로 우리 인간을 무자비하게 내몰 것 같은 느낌이 들게 한다.

세계의 AI 연구

여기서 중국의 위치는 어디쯤이었는가? 딥러닝 탄생사의 주요 무대는 거의 전적으로 미국과 캐나다, 영국이었다. 그 후 소수의 중국 기업가들과 내 회사와 같은 벤처캐피털 펀드가 중국에서의 투자를 시작하기는 했다. 그러나 중국 테크놀로지 집단 대부분은 2017년 스푸트니크 모멘트가 찾아왔을 때에야 비로소 딥러닝 혁명에 충격을 받았다. 학계 논문이 기술의 획기적 돌파구가 마련되었음을 입증하고 10년이 지나서야, 그리고 컴퓨터비전 대회에서 딥러닝이 진가를 입증하고도 4년이 지난 후의 일이었다.

미국의 대학과 IT 기업들은 수십 년 동안 세계 유수의 인재들을 끌어들이기 위한 역량을 착실히 길렀고 그 보상을 거두고 있다. AI 분야의 발전도 다르지 않았다. 미국이 지닌 압도적 우위는 실리콘밸리의 풍성한 펀딩 환경과 독특한 문화, 강력한 대기업이라는 배경 덕분에 늘면 늘었지 줄어들 것 같지 않았다. 대다수 분석가들은 중국 테크놀로지 산업이 지난 수십 년간 세계에서 맡았던 역할을 글로벌 AI에서도 그대로 이어나갈 것이라고 생각했다. 한참 뒤처져 첨단 제품을 베끼기만 하는 카피캣copycat, 모방자, 이것이 그들이 보는 중국 산업이었다.

앞으로 설명하겠지만 틀린 분석이다. 중국의 테크놀로지 환경에 대한 케케묵은 가정을 고집하고 지금도 진행 중인 AI 혁명의 추진력이 무엇인지 근본적으로 헛짚었기 때문에 이런 틀린 분석이 나오고 말았다. 딥러닝의 불씨를 지핀 것은 서구이지만, 불붙은 AI가 만들어내는 열기의 최대 수혜자는 중국일 것이다. 세상은 두 가지 시대적 변화를 맞이했다. 세상은 발견의 시대age of discovery에서 실행의 시대age of implementation로 바뀌었고, 전문지식의 시대age of expertise에서 데이터의 시대age of data로 바뀌었다.

미국이 AI에서 크게 우세하다는 오해가 가시지 않은 이유는 무엇인가? 우리가 사는 시대가 발견의 시대라는 착각을, 정상의 AI 연구자들이 계속해서 낡은 패러다임을 무너뜨리며 오랫동안 미궁이었던 미스터리를 마침내 풀고 있다는 착각을 벗어던지지 못하고 있기 때문이다. 연일 언론이 쏟아내는 최근의 AI 업적에 대한 보도도 이런 착각을 부채질한다. 특정 암 진단에서 의사보다 더 훌륭한 결과를 냈다거나, 심리전이 중요한 카드게임인 텍사스홀덤에서 인간 챔피언을 이겼다거나, 인간이 개입하지 않았는데도 AI가 스스로 알아서 새로운 능력을 기르는 방법을 터득했다는 보도까지. AI의 최신 성과에 대한 보도 기사들을 매일같이 접하다 보면 평범한 관찰자는 물론이고 전문 분석가마저도 인공지능 연구에서 하루가 멀다 하고 새 지평이 마련되고 있다는 착각을 하는 것도 당연하다.

이런 착각이 우리를 오도한다. 인공지능계가 새롭게 선보이는 중요한 성과는 지난 십 년의 기술 돌파구를-대부분은 딥러닝이지만 강화학습reinforcement learning과 전이학습transfer learning도 있다-새로운 문제에 응용한 것에 불과하다. 정상급 연구자들의 작업에는 높은 기술과 깊은 지식이 필요하다. 복잡한 수학 알고리즘을 조정하고, 대량의 데이터를 처리하고, 신경망을 다양한 문제에 맞게 적응하는 능력이 필요하다. 대개는 박사급 수준의 전문지식이 있어야 한다. 그러나 지금의 기술 발전은 딥러닝의 획기적 도약을 발판으로 삼은 점증적 향상이자 최적화이다.

실행의 시대

이런 연구가 가진 진정한 의미는 딥러닝의 놀라운 패턴 인식과 예측 능력을 질병 진단이나 보험 발행, 차량 운행, 중국어 문장을 그럭저럭 알아볼 수 있는 영어로 번역하는 등 다양한 분야에 응용할 수 있게 되었다는 것이다. 그러나 이런 현실 응용이 '일반 AI'로 향한 전진이 딥러닝에서 지금의 성과를 뒤엎는 또 다른 돌파구를 의미하지는 않는다. 지금은 실행의 시대이고, 그런 시대에서 기업은 돈을 벌기 위해 재능 있는 기업가와 엔지니어, 제품 매니저가 필요하다.

딥러닝의 개척자인 앤드류 응Andrew Ng은 AI를 토머스 에디슨의 전력 실용화 성공에 비유했다.[10] 전기는 그 자체로도 기술 혁신이었지만, 이것을 응용할 수 있게 되면서 수십 개 산업에 혁명이 일어났다. 19세기의 기업가들이 전력이라는 기술 혁신을 응용해 요리를 하고 방을 밝히고 산업설비의 동력원으로 사용했던 것과 마찬가지로, 오늘날의 AI 기업가들도 딥러닝으로 똑같은 일을 하고 있다. 어렵고 추상적인 AI 연구들은 상당수 완료되었다. 이제는 기업가들이 팔을 걷어붙여야 할 차례이다. 그들이 현장에 뛰어들어 알고리즘을 지속 가능한 사업으로 바꿀 때가 되었다.

그렇다고 지금의 AI 열풍이 줄어든다는 뜻은 절대로 아니다. 실행의 시대는 학술적 발전에 의미를 부여해주고, 결국에는 우리 사회의 결을 완전히 뒤바꿀 것이다. 실행의 시대가 왔다는 것은 수십 년 동안 약속만 거듭하던 연구가 드디어 현실 응용이라는 결실을 맺고 있다는 뜻이다. 어른이 된 이후로 내내 고대해왔던 결과가 다가오고 있다.

그러나 AI가 우리의 삶을 어떻게 형성하고 무엇이—또는 어떤 나라가—AI의 발전을 주도할지 이해하기 위해서는 발견과 실행의 개념을 분명하게 구분해야 한다. 발견의 시대에는 사실상 미국과 캐나다에 몰려있는 소수의 최정예 학자들이 AI 발전을 주도했다. 그들이 연구로 보여준 통찰과 비할 데 없는 지식 혁신 덕분에 컴퓨터 처리 능력도 하루가 다르게 눈에 띄게 발전할 수 있었다. 딥러닝 여명기 이후로 그만한 혁신을 일궈낸 연구자나 엔지니어 집단은 없었다.

데이터의 시대

실행의 시대로 변하면서 따라온 두 번째 중요한 변화는 전문지식의 시대에서 데이터의 시대가 되었다는 것이다. 오늘날 성공적인 AI 알고리즘에 반드시 필요한 세 가지는 빅데이터, 연산력, 그리고 강력한-그렇다고 정상급이어야 하는 것은 아니다-AI 알고리즘 엔지니어다. 딥러닝의 힘을 새 문제에 제대로 응용하려면 이 셋이 다 필요하지만, 실행의 시대에서 가장 핵심이 되는 것은 데이터다. 연산력과 엔지니어의 능력은 일정 기준만 넘어서면 되지만 알고리즘 전체의 힘과 정확성은 데이터의 양에 따라 크게 달라지기 때문이다.

딥러닝에서 데이터는 과유불급이 없다. 특정 현상에 대해 접하는 데이터가 많을수록 네트워크는 더 정확하게 실세계에서 패턴을 찾아내고 사물을 식별할 수 있다. 중급 수준의 AI 엔지니어가 설계했고 데이터를 아주 많이 얻은 알고리즘은 세계 최고의 연구자가 설계하고 데이터는 빈약한 알고리즘보다 더 훌륭하게 문제를 처리한다. 가장 똑똑하고 유능한 학자들이 모든 것을 독점하던 시절은 지나갔다.

세계 최고의 AI 연구자들이 주도해서 나오는 비약적 발전은 수십 년에 한 번에 불과하다. 다음번 기술 혁명을 기다리고만 있을 수는 없다. 그러는 동안 딥러닝은 눈덩이처럼 불어나는 데이터의 가용성을 추진력으로 삼아 세계 곳곳에서 산업을 무수히 교란하고 와해할 것이다.

중국의 어드밴티지

한 세기 전 전력사용이라는 신기원을 현실화하는 데에는 네 가지 인풋이 필요했다. 전기를 만들어낼 화석연료, 전기를 사용하는 새 사업을 만들 기업가, 전기를 조종할 전문 엔지니어, 그리고 공공 기반시설을 개발할 정부의 지원이었다. 오늘날 AI의 실용화에도-이건 21세기의 '전력'이다-마찬가지로 네 가지 인풋이 있어야 한다. 풍부한 데이터, 굶주린 기업가, AI 과학자, 그리고 AI 친화적인 정책 환경이다. 이 네 범주에서 중국과 미국의 상대적 강점을 관찰하면 앞으로 AI 질서에서 등장할 힘의 균형을 예측할 수 있다.

앞에서 언급한 두 가지 변화는-발견의 시대에서 실행의 시대로의 변화, 전문지식의 시대에서 데이터의 시대로의 변화-중국의 약점을 최소화하고 강점을 증폭시키며 운동장을 중국 쪽으로 기울이고 있다. 발견의 시대에서 실행의 시대로 이동하면서 틀에 박혀있던 연구 방식은 자유롭게 되었고, 건실한 사업 구축에 필요한 기업가들의 날카로운 본능 역시 그 진가를 전면에 발휘할 수 있게 되었다. 전문지식의 시대에서 데이터 시대로 바뀐 것도 중국에는 마찬가지로 유리하게 작용한다. 중국이 부족한 세계 최정상 연구진의 중요성이 줄어들었고 중국이 풍성하게 가지고 있는 또 다른 핵심 자원인 데이터의 가치가 극대화되었다.

실리콘밸리 기업가들은 미국에서 그 누구보다도 열심히 일하는 사람들이다. 열정적인 젊은 창업가들은 밤잠을 미뤄가며 미친 듯이 노력해 제품을 개발하고, 그 제품의 개선을 반복하고, 그러면서도 대박을 터트릴 후발주자 제품을 모색하는 것도 게을리하지 않는다. 실리콘밸리 기업가들이 몸이 부서지게 일하는 사람들인 건 맞다. 하지만 나는 실리콘밸리와 중국의 테크놀로지 무대 모두 수십 년을 깊숙이 발을 담갔던 사람이고, 중국에서 수십 개의 스타트업을 기르고 투자하기 전에는 애플과 마이크로소프트Microsoft, 구글에서도 일했다. 장담하는데, 실리콘밸리 기업가들의 노력은 태평양 건너 경쟁자들에 비하면 새발의 피에 불과하다.

중국에서 성공한 인터넷 기업가들은 세계에서 가장 무자비한 경쟁의 장을 정복하고 지금의 자리에 오른 사람들이다. 그들이 터전으로 삼은 곳에서는 속도가 생명이고, 모방은 당연시되는 관행이며, 경쟁자들은 시장에서 이기기 위해 물불을 가리지 않는다. 중국의 스타트업 무대는 원형경기장의 검투사들처럼 매일 목숨을 걸고 싸워야 하는 곳이다. 사느냐 죽느냐가 걸린 싸움이고, 상대는 일말의 자비심도 없다.

이런 치열한 싸움에서 이기려면 다른 수가 없다. 끊임없이 제품을 개선해야 하는 것은 물론이고 사업모델을 혁신하고 '해자'를 둘러 회사를 단단히 보호해야 한다. 경쟁의 무기가 참신한 아이디어 뿐이라면, 어느샌가 아이디어는 모방당하고 중요 직원들을 빼앗기고 VC 투자를 받은 다른 경쟁사들에 의해 시장에서 쫓겨날 것이다. 이런 무자비한 경쟁 환경은 실리콘밸리와는 크게 대조된다. 실리콘밸리에서 모방자는 2류라는 낙인이 찍히고 한 가지 독창적 아이디어나 요행수만 있어도 그럭저럭 성공이 가능하다. 이런 미적지근한 경쟁은 안주하는 마음을 낳았고, 그곳의 기업가들은 첫 번째 혁신 제품을 할 수 있는 데까지 반복해서 탐구하려는 태도가 없다. 혼탁한 시장과 치졸한 술수가 판을 치는 중국 '카피캣' 시대는 의심스러운 기업들도 탄생시켰지만, 세계에서 가장 민첩하고 시류를 잘 읽고 누구보다 열심히 일하는 기업가 세대가 탄생하기 위한 인큐베이터도 되었다. 이 기업가들이야말로 새롭게 다가온 실행의 시대에 중국의 비밀 병기가 되어 중국에게 막대한 부를 가져다 줄 것이다.

중국의 기업가들은 이 나라가 보유한 다른 '천연자원'인 풍성한 데이터에도 접근할 수 있다. 중국이 미국을 앞질러 제1의 데이터 생산자가 된 지 오래다. 중국의 데이터는 양도 양이지만, 제품과 기능 면에서 다른 곳에서는 볼 수 없는, 대체 우주alternative universe를 이루는 중국의 독특한 테크놀로지 생태계 덕분에 수익성 높은 AI 기업을 구축하는 데 필요한 맞춤형 데이터도 생산할 수 있다.

약 5년 전까지는 중국과 미국 인터넷 기업들의 발전을 하나의 경주선 상에 올려놓고 직접 비교해보는 것이 가능했다. 두 나라는 어느 정도 평행선을 달리고 있었으며, 미국이 중국보다 약간 앞서 있었다. 하지만 2013년 경에 중국이 우회전을 했다. 중국 기업가들은 미국 기업가들의 발자국을 그대로 따르거나 제품을 모방하는 대신에 실리콘밸리에 없는 제품과 서비스를 개발하기 시작했다. 분석가들은 실리콘밸리를 중심에 두고 '중국의 페이스북'이나 '중국의 트위터' 등등으로 중국 기업을 아류인 양 묘사하지만, 지난 2~3년 동안 이런 꼬리표가 들어맞지 않는 기업들이 늘어났다. 중국 인터넷 사업은 대체 우주로 변신했다.

중국 도시인들은 스마트폰에 내장한 바코드로 실세계의 물건을 구매하기 시작했다. 세계 어디에도 없는 모바일 결제 혁명의 일부가 중국에서 등장하고 있다. 전기 스쿠터를 몰고 고객에게 찾아가는 식품 배달원들과 온디맨드on-demand: 온라인이나 모바일에서 수요자가 상품이나 서비스를 요구하면 이를 제공하는 형태의 경제 활동—옮긴이 마사지사들이 중국 도심 거리를 채웠다. 그들은 전자상거래의 편리함을 실세계의 레스토랑 음식 배달이나 네일 서비스 등에 접목하는 O2Oonline-to-offline 서비스 스타트업의 물결을 대변했다. 그리고 얼마 후에는 이용자가 스마트폰 바코드를 찍기만 하면 어느 곳에서나 타고 보관대에 걸어놓을 수 있는 화려한 색의 공유 오토바이 수백만 대가 등장했다.

이 모든 서비스를 한데 묶은 것이 현대판 디지털 스위스아미 나이프라고 할 수 있는 중국의 슈퍼앱 위챗WeChat, 微信이다. 위챗 사용자들은 여러 앱을 오갈 필요 없이 이 앱 하나에서 친구에게 문자와 음성 메시지를 보내고, 식료품을 구입해서 결제하고, 의사 진료를 예약하고, 세금을 신고하고, 공유 오토바이의 잠금을 해제하고, 비행기표를 사는 일을 다 했다. 위챗은 다양한 종류의 단체가(동료끼리, 친구끼리, 같은 관심을 가진 집단끼리) 채팅방을 만들어 거래를 협상하고 생일 파티를 준비하고 현대 미술을 논하는 보편적인 소셜 앱이 되었다. 위챗은 미국과 다른 나라에서는 수십 개 앱으로 흩어져 있던 필수 기능들을 한자리에 모았다.

중국의 대체 인터넷 우주는 실세계에 대한 데이터로 이뤄진 바다를 창조하고 담는다. 사용자에 대한 풍부한 데이터는—이용자가 있는 실시간 위치 정보, 그들의 출퇴근 방식, 그들이 좋아하는 음식, 그들이 식품과 맥주를 사는 시간과 장소 등—실행의 시대에는 가치를 매길 수 없을 정도로 귀중한 것이다. 대체 인터넷 우주는 기업에게 상세한 이용자 취향 정보라는 보물창고를 안겨주고, 기업은 이것을 딥러닝 알고리즘과 결합해 재무감사에서 도시계획에 이르기까지 맞춤형 서비스를 제공할 수 있다. 이 우주는 당신의 검색이나 '좋아요', 온라인 구매를 판독하는 실리콘밸리 기업들의 능력을 한참이나 앞서고 있다. 이 귀중한 실세계 데이터 보물창고는 중국 기업이 AI 서비스를 개발하는 데 무엇보다도 큰 도움이 될 것이다.

저울에 얹어진 손

최근의 강력한 발전은 힘의 균형을 자연스럽게 중국으로 기울게 만들고 있다. 그러나 자연스럽게 균형이 재조정되는 것에 만족하지 못한 중국 정부는 저울추를 기울게 만들려 모든 수를 다 동원하고 있다. 중국 정부는 AI 초강국이 되기 위한 대대적 발전계획을 발표하면서 AI 연구에 전폭적인 지원과 자금 제공을 약속했다. 그러나 무엇보다도, 중국 지방정부들이 중앙정부를 등대 삼아 따를 수 있게 되었다는 점이 가장 중요하다. 중국의 거버넌스 구조는 사람들이 생각하는 것보다 훨씬 복잡한데, 중국 중앙정부의 역할은 지방정부들이 즉시 시행해야 할 조치들을 명령만 하는 것으로 끝이 아니다. 장기 목표를 선정해 주고 목표 추진에 투입해야 할 중요 자원을 동원해주는 것도 중앙정부의 일이다. 중국 전역을 거미줄처럼 잇는 고속철도망의 눈부신 추진 속도는 중앙정부의 역할이 얼마나 큰지를 잘 보여준다.

지방정부 단체장들은 밀려오는 AI 물결에 출발 신호를 들은 경주 선수들처럼 힘껏 달려나가며 경쟁하고 있다. 그들은 AI 기업과 기업가들을 관할 지역으로 끌어들이기 위해 후한 보조금과 특혜를 약속했다. 경주는 이제 막 시작되었기 때문에 그들의 치열한 경쟁이 중국 전체의 AI 발전에 어떤 영향을 미칠지는 두고 볼 일이다. 그러나 어떤 결과가 나타나건, 그들의 태도는 창업에는 의도적으로 수수방관하는 정책을 취하고 틈만 나면 기초연구비 지원을 삭감할 기회만 노리는 미국 정부의 태도와는 크게 차이가 난다.

　이런 모든 상황을 종합하면 - 실행의 시대와 데이터 시대로의 변화, 중국의 뛰어난 기업가들, 적극적인 정부 - 중국은 AI 개발과 배치에 있어서만큼은 미국을 곧 따라잡거나 추월할 것이다. 앞장선 AI 배치는 산업혁명 이후 최고 수준의 생산성 증대로 연결될 것이다. 프라이스워터하우스쿠퍼스Pricewaterhouse Coopers, 이하 PwC는 AI로 인해 2030년까지 세계 GDP가 15.7조 달러 늘어날 것이라고 추산한다.[11] 그중에서 중국이 차지하는 증가분은 7조 달러로 북미의 증가분인 3.7조 달러의 거의 두 배에 달한다. 경제적 힘의 균형이 중국으로 기울면서 정치적 영향력도 마찬가지가 될 것이고, 세계로 확산되는 한 나라의 문화와 이데올로기의 힘을 의미하는 '소프트 파워'도 역시 중국이 한 수 우위에 올라설 것이다.

　AI 세계질서의 재편은 테크놀로지 패권을 거의 독점하다시피 하며 살아온 미국인들에게는 정신이 번쩍 드는 일일 것이다. 우리가 기억할 수 있는 얼마 전까지만 해도 미국의 테크놀로지 기업들은 세계 이용자들의 호불호를 무시하고 자사의 제품과 가치를 떠안기듯 밀어붙였다. 그 결과 미국 기업들과 시민들과 정치가들은 이런 '기술 식민지화'와 비슷한 거래에서 받아들이는 쪽이 되는 것이 어떤 기분인지 까맣게 잊었다. 중국이 AI 시대의 우위를 발판 삼아 기술 식민지를 건설하려는 의도가 있건 없건, AI가 몰고 올 정경 질서의 파괴는 나라마다 디지털 세계화 현상을 경험하는 방식에 커다란 변화를 불러일으킬 것이 분명하다.

진짜 위기

두 초강국의 경합이 아무리 중요해도 AI가-두 나라 안에서 그리고 두 나라 사이에-소환할 실직과 불평등 증가 문제에 비교하면 색이 바랜다. 글로벌 경제를 샅샅이 휩쓸 딥러닝은 사다리의 위와 아래를 상관하지 않고 수십 개의 일자리를 없앨 것이다. 회계사도, 조립라인 근로자도, 물류센터 직원도, 주식 분석가도, 검품 담당자도, 트럭 운전사도, 법률 사무관도, 심지어 방사선 전문의도 그 파급력을 피하지 못할 것이다.

인간의 문명은 과거에도 기술이 던지는 비슷한 충격을 견뎌낸 경험이 있다. 19세기에도 20세기에도 수억 명의 농부들은 농촌을 떠나 공장 노동자가 되어야 했다. 그러나 그때의 변화는 AI로 인한 변화만큼 급작스럽지는 않았다. 지금의 기술 발전과 채택 속도로 보건대 앞으로 15년이면 인공지능은 미국 내 모든 업무의 약 40~50%를 대체할 능력을 갖게 된다는 것이 내 생각이다. 인공지능 대체가 실제 실직으로 이어지기까지는 거기서 또 10년이 흘러야 하겠지만, 취업 시장의 와해는 굉장히 심각하고 무지막지하게 그리고 빠르게 다가올 것이다.

한쪽에서는 실업률이 늘어나지만 한쪽에서는 새로운 AI 거인들의 손에 천문학적 부가 쥐어질 것이다. 우버Uber는 요금의 75%를 운전자가 가져가는 수익배분 구조에서도 세계에서 가장 가치 있는 스타트업 중 하나로 등극했다. 앞으로 몇 년 뒤 우버가 인간 운전자가 모는 자동차를 AI 자율주행차량으로 전부 바꾼다면 이 회사의 가치는 얼마로 늘어날 것인가? 은행이 모기지 심사담당자를 다 해고하고 더 똑똑하게 대출을 심사하고 연체율을 낮출 수 있는 알고리즘을 사용한다면 어떤 결과가 나올 것인가? 사람의 손을 타지 않고 이 모든 일이 이뤄진다면? 비슷한 변화가 트럭 운전, 보험, 생산, 심지어 소매 등 모든 산업에서 조만간 펼쳐질 것이다.

AI 분야가 승자 독식의 추세로 자연스럽게 흘러가고 있다는 것도 이익을 더욱 집중시키는 요인이 된다. 딥러닝과 데이터의 관계는 1등 제품과 1위 기업을 굳건하게 받쳐주는 선순환의 고리를 만들어낸다. 남들보다 많은 데이터는 남들보다 좋은 제품으로 이어지고, 이것이 더 많은 이용자를 모으며, 더 많은 이용자는 더 많은 데이터를 만들어 제품 개선에 기여한다. 데이터와 현금을 두둑하게 가진 최상위 기업들은 우수한 AI 인재들을 쓸어담고, 그럼으로써 선두와 후발주자의 차이는 더 크게 벌어진다.

과거에는 물리적 상품의 비중이 큰 것과 지리적 제한이라는 요소가 소비자 독점을 어느 정도 막아 주었다(미국의 반독점법은 제지 효과가 별로 크지 않았다.). 그러나 앞으로는 디지털 상품과 서비스가 소비자 파이에서 차지하는 비중이 커질 것이고, 자율주행트럭과 드론은 물리적 상품의 운송비용을 극적으로 낮출 것이다. 결국 여러 회사와 여러 지역이 업종의 이익을 골고루 나눠 가지는 것이 아니라, 소수 기업에 천문학적인 이익이 갈수록 집중되는 시대가 올 것이다. 그리고 일자리를 구하는 실직자의 줄은 더 길어질 것이다.

AI 세계질서

불평등 문제도 국경을 넘어 세계적인 문제가 될 것이다. 지금도 중국과 미국은 인공지능에서 다른 나라들보다 크게 앞서나가면서 새로운 종류의 양극형 세계질서를 형성할 채비를 하고 있다. 다른 나라들도-영국, 프랑스, 캐나다 등-훌륭한 AI 연구실과 우수한 인재들을 보유하고 있지만, 벤처캐피털 생태계가 미흡하고 무엇보다 실행의 시대에 중요한 관건인 데이터를 만들 대규모 이용자 기반이 낮다는 약점이 있다. 미국과 중국이 데이터와 인재를 차곡차곡 쌓을수록 데이터와 성능 개선이 서로를 이끌어주는 선순환은 다른 나라들이 따라잡을 엄두를 못 낼 정도까지 격차를 벌리고 있다. 중국과 미국은 글로벌 시장을 지배하고 전 세계 소비자들의 지갑을 열게 만들 AI 거인들을 키우는 데 박차를 가하고 있다.

이와 동시에 AI가 불러올 공장 자동화는 역사적으로 개발도상국들이 그나마 점유했던 경제우위인 저임금 노동에 직격탄을 날릴 것이다. 큰 시장 근처로 로봇이 일하는 공장들이 이전하면서, 중국, 한국, 싱가포르 등 과거 개발도상국들이 지금의 고소득, 기술주도형 경제국가로 발전하게 된 기존의 방식은 더 이상 통하지 않을 것이다.

AI 세계질서는 승자 독식 경제학도 모자라 미국과 중국의 소수 기업이 유례없는 수준으로 부를 독점하는 결과를 불러올 것이다. 모두에게 불어닥치는 실업과 심화되는 불평등으로 인한 걷잡을 수 없는 사회불안과 정치적 붕괴, 이것이야말로 인공지능이 우리에게 가할 가장 중대한 위협이다.

취업 시장의 동요와 사회 전반의 혼란이 발생하는 배경에는 훨씬 심각한 개인적, 인간적 위기가 존재한다. 바로 목적의식의 상실이다. 수세기 동안 인간의 하루를 채우는 것은 일이었다. 우리는 시간과 땀을 내주고 집과 음식을 얻었다. 우리는 이런 법칙을 바탕으로 문화적 가치를 견고하고 깊숙하게 건설했고, 우리 중 대다수는 하루의 노동 활동에서 자긍심을 얻도록 조건화되었다. 인공지능의 부상은 허무할 정도로 순식간에 이런 가치를 흔들고 있으며 삶의 목적의식마저도 크게 위협하고 있다.

인공지능의 도전은 거세지만 넘어서지 못할 정도는 아니다. 최근 몇 년 동안 나는 심각한 위협도 겪었고 내 삶의 목적이 흔들릴 정도로 큰 위기도 겪었다. 그런 경험이 나를 변화하게 했고, AI가 불러올 일자리 위기를 해소할 잠재적 해결책에도 눈을 뜨게 했다. AI가 불러올 문제를 올바로 다루기 위해서는 우리 삶에 중요한 것들을 명민하게 분석하고 철학적으로 검토해야 한다. 정신과 마음이 다 올바로 서야 하는 작업이다. 이 책을 마무리하면서 나는 인간이 AI와 공존하고 융성할 수 있는 세계를 내 나름의 시각으로 구상할 것이다.

기술적으로도 사회적으로도 개개의 인간으로서도 AI와 공존하고 융성하는 세계를 만들려면 우선은 우리가 지금까지 오게 된 과정을 이해해야 한다. 그러기 위해 15년 전, 중국이 카피캣 기업들의 천국이라고 조롱을 받고 미국이 기술의 첨단을 오만하게 독보하던 시절부터 되돌아봐야 한다.

2
원형경기장의
모방자들

그에게 붙은 별명은 복제자Cloner였다.[1] 중국의 인터넷 초창기 시절, 왕싱王兴은 실리콘밸리가 숭배하는 연쇄 창업가serial entrepreneur: 새로운 아이디어와 사업모델을 가지고 계속 창업을 하는 기업가-옮긴이의 기괴한 대칭 이미지인 연쇄 모방자serial copycat로서 중국 인터넷 초창기에 확실하게 족적을 남겼다. 2003년, 2005년, 2007년, 그리고 2010년에도 왕싱은 그해 미국에서 가장 화제가 된 스타트업을 그대로 모방해 중국 이용자들에게 선보였다.

　이 모든 것의 시작은 왕싱이 델라웨어대학교에서 공학박사학위를 밟는 중에 우연히 최초의 소셜네트워크사이트인 프렌드스터

Friendster를 알게 되면서였다. '가상세계의 친구 사귀기'라는 콘셉트는 컴퓨터 네트워킹을 전공하는 왕싱의 배경에도 딱 들어맞았다. 그는 박사 과정을 중단하고 고향인 중국으로 돌아가 프렌드스터를 그대로 본뜬 사이트를 만들었다. 이 첫 번째 프로젝트에서 왕싱은 프렌드스터의 디자인을 그대로 복제하지는 않았다. 대신에 그와 두세 명의 친구들은 디지털 소셜네트워크의 핵심 개념을 가져와 그들 나름의 사용자 인터페이스를 만들었다. 왕싱의 말을 빌리면 그 사이트는 '못난이'였고 채 이륙도 못하고 끝났다.

2년 후 페이스북이 깔끔한 디자인과 학생들을 겨냥한 틈새 공략으로 대학가에 열풍을 일으키기 시작했다. 왕싱은 페이스북의 디자인과 틈새 전략을 다 베낀 '캠퍼스에서'라는 뜻의 시아오네이Xiaonei, 校内 사이트를 만들었다. 이 소셜네트워크는 중국 대학생들만 가입할 수 있었고, 사용자 인터페이스는 마크 저커버그Mark Zuckerberg의 사이트를 그대로 가져왔다. 왕싱은 이 팔로알토 스타트업의 홈페이지와 프로필, 툴바, 심지어는 컬러 배치까지도 하나하나 다 그대로 가져왔다. 중국 언론 보도에 따르면, 시아오네이의 최초 버전은 심지어 '마크 저커버그 프로덕션'이라는 페이스북 고유의 태그라인마저 도용했다.[2]

시아오네이는 히트를 쳤지만 왕싱은 그것을 너무 성급하게 팔았다. 급성장하는 사이트의 서버 비용을 감당할 만큼 빨리 돈을 끌어올 수 없었던 왕싱에게 매각은 어쩔 수 없는 선택이었다. 주인이 바뀐 시아오네이는 '모두'라는 뜻의 런런Renren, 人人으로 이름을 바꿨고, 2011년 뉴욕증권거래소에 상장하면서 7억 4,000만 달러의 자본을 조달했다. 2007년에 다시 복귀한 왕싱은 이번에는 트위터라는 신생기업을 그대로 베꼈다. 워낙에 정교하게 잘 만들어진 복제품이었기 때문에 언어와 URL을 바꾼다면 이용자들은 진짜 트위터에 들어갔다고 착각하게 될 정도였다. 중국판 트위터인 판포우Fanfou, 舀는 잠시 잘 나가는 듯 하다가 정치적으로 민감한 주제를 건드리면서 2007년에 신장위구르 자치구에서 일어난 폭동을 정부가 강제 진압하면서 수천 명의 사상자가 발생했고 이 사건은 판포우를 통해 그대로 생중계되었다-옮긴이 강제 폐쇄의 길을 걸었다. 그러다 3년 후 왕싱은 이번에는 뜨거운 인기몰이중인 그루폰Groupon의 사업모델을 가져와 중국판 공동구매 사이트인 메이투안Meituan, 美团을 만들었다.

실리콘밸리의 엘리트들이 보기에 왕싱은 철면피였다. 실리콘밸리의 신념 상, 기성 제품을 그대로 흉내 내는 것만큼 낯부끄러운 일은 없었다. 그들이 보기엔 그런 카피캣 기업은 중국의 발목을 잡고 중국 안에서 '세상을 바꿀' 진정으로 혁신적인 테크놀로지 기업이 성장하는 데에도 방해가 될 것이 분명했다.

중국의 일부 기업가들마저도 왕싱의 이른바 페이스북과 트위터 '복사해서 붙이기'가 도를 넘었다고 생각했다. 중국 회사들이 미국 기업을 모방하는 것은 흔한 일이긴 하지만, 최소한의 현지화나 자신만의 스타일로 조금 각색하는 노력이라도 해야 한다. 그런데 왕싱의 복제 사이트에는 그런 노력이 조금도 없었다. 모방은 퍼즐의 한 조각일 뿐, 어느 사이트를 복사하고 또 어떤 기술적, 사업적 전선을 추구할지는 본인이 직접 선택했다는 것이 왕싱의 설명이었다.

결국 마지막에 웃은 사람은 왕싱이었다. 2017년 말에 그루폰의 시가총액은 25억 8,000만 달러로 쪼그라들었고 주가는 2011년 최초주식공개IPO의 5분의 1도 안 되는 수준으로 내려앉았다. 미국 스타트업 세계의 총아였던 그루폰은 몇 년이나 실적이 부진했고 공동구매 열풍이 시들해졌을 때에도 굼뜨게 반응했다. 반면에 왕싱의 메이투안은 인정사정없는 경쟁 환경에서도 승승장구하면서 공동구매 시장을 지배하던 수천 개의 다른 웹사이트들을 앞서 나 갔다. 메이투안은 사업 라인을 수십 개 확장했다. 지금 메이투안은 시가총액이 300억 달러에 달하는 세계에서 4번째로 가치 있는 스타트업이 되었으며, 왕싱이 앞으로 겨냥하는 주요 경쟁 상대는 알리바바Alibaba, 阿里巴巴와 아마존Amazon이다.

서구 관찰자들은 왕싱의 성공을 분석할 때 한 가지 중요한 실수를 했다. 그들은 메이투안이 승리한 이유가 현지 기업들이 비교적 경쟁에 덜 시달리며 안전하게 보호를 받을 수 있는 중국 인터넷 환경에 미국의 위대한 아이디어를 그대로 가져와 모방했기 때문이라고 생각한다. 그러나 이는 중국 시장의 역학을 심각하게 오해해서 생겨난 잘못된 분석이다. 한마디로 모든 인터넷 혁신을 실리콘밸리의 잣대에만 맞춘 미국 중심주의를 그대로 드러낸 해석이었다.

왕싱이 처음에 페이스북과 트위터 복제품을 만들 때 실리콘밸리의 교본을 그대로 따른 것이 사실이기는 했다. 1차 카피캣 시대-중국 스타트업들이 실리콘밸리 웹사이트를 복제하던 시대-는 당시 중국이 걸음마조차 떼지 못했던 기본적인 엔지니어링과 디지털 창업 기술을 구축하는 데 도움이 되었다. 그러나 2차 카피캣 시대-중국 스타트업들이 미국 사업모델에서 영감을 얻고 그것을 중국 이용자에게 맞게 바꾸고 최적화하면서 서로 치열하게 경쟁하던 시대-에는 왕싱도 세계 수준의 기업가로 거듭났다.

왕싱이 300억 달러 가치의 기업을 일군 것은 공동구매 사업모델을 중국에 그대로 가져왔기 때문이 아니었다. 그루폰까지 포함해 5,000개가 넘는 회사가 똑같은 일을 했다. 그루폰은 심지어 현지의 카피캣들보다 유리한 고지에 올라서기 위해 중국 선두를 달리는 인터넷 포털 업체와 제휴 관계도 맺었다. 2010년부터 2013년까지 그루폰과 중국의 모방 기업들은 시장점유율을 높이고 고객 충성을 확보하기 위해 전면전을 펼쳤다. 그들은 수십억 달러를 쏟아부었고 경쟁자를 이기기 위해 어떤 방법이든 가리지 않았다.

중국 공동구매 시장의 먹고 먹히는 배틀로얄은 중국 인터넷 생태계의 축소판이었다. 그곳은 수백 명의 모방자 검투사들이 사투를 벌이는 원형경기장이었다. 혼돈과 피 튀기는 난전이 펼쳐지는 그곳에서 외국계 선발주자의 행보는 별로 중요하지 않았다. 그곳에서 더 빠르고 더 민첩하고 더 군더더기 없고 더 교활하게 움직이도록 만드는 것은 국내의 경쟁자들이었다. 그들은 공격적으로 서로의 제품 혁신을 모방했고 출혈을 감수하며 가격을 낮췄고 중상모략을 서슴지 않았고 경쟁사 소프트웨어를 억지로 삭제하게 만들었고 심지어 상대편 CEO를 공안에 고발하기도 했다. 이 검투사들은 치졸한 수법도, 비열한 암수도 가리지 않았다. 그들은 우버의 창업자 트래비스 캘러닉Travis Kalanick도 쥐구멍으로 숨고 싶을 만한 전술도 마다하지 않았다. 또한 이 검투사들은 구글 직원들보다도 더 오래 일하는 광적인 일중독자들이었다.

실리콘밸리에서 그런 모방은 비신사적인 행동이고 경멸받아 마땅한 짓일 것이다. 물론 좋은 행동은 아니었다. 그러나 중국 기업들의 혁신을 재촉한 것도 나라 전체에 퍼진 복제와, 수천 개 모방 기업들의 사투였다. 인터넷 원형경기장에서 살아남으려면 미친 듯이 제품 프로세스를 반복 개선하고, 비용을 통제하고, 기술적으로 완벽하게 이행을 하고, 긍정적인 PR을 만들고, 가치를 높게 평가받아 자본을 모으고, 다른 카피캣이 접근하지 못하도록 튼튼한 사업 '해자'를 만들 방도를 강구해야 했다. 카피캣으로만 남는 회사들은 절대 위대한 기업이 되지 못하고 이 무서운 원형경기장에서 살아남지도 못했다. 그러나 하나의 기업을 이빨을 드러낸 여러 카피캣이 에워싸는 형태의 무자비한 경쟁 환경은 결과적으로 이 지구상에서 가장 집요한 기업가 세대를 탄생시켰다.

서로를 물어뜯는 이 잔인한 창업 환경은 AI 실행의 시대로 접어든 중국이 머신러닝 주도형 경제를 일구도록 도와주는 핵심 자산 중 하나가 될 것이다. 딥러닝을 통해 세계 경제를 극적으로 변화시킬 주역은 세상과 동떨어져 MIT나 스탠퍼드의 고고한 컴퓨터공학 연구실에서 새로운 학술적 발견을 이뤄낼 엘리트 집단이 아니다. 현실 세상과 몸으로 부딪치며 일하고, 이익에 굶주려 있고, AI 전문가들과 팀을 이뤄 딥러닝이 가진 변혁의 힘을 실세계 산업에 구현하는 기업가들이 그 주역이 될 것이다.

앞으로 10년 동안 중국의 검투사 기업가들은 이익잠재력이 조금이라도 엿보이는 분야라면 어디든 다 딥러닝을 응용하면서 수백 개의 산업에서 창업을 할 것이다. 인공지능이 새로운 전력이라면, 중국의 기업가들은 가전제품에서 주택보험에 이르기까지 모든 곳에 이 전력을 사용하는 거인이자 사상가가 될 것이다. 지치지 않고 사업모델을 개선하고 이익 기회를 예민하게 알아채는 그들의 행동은 현실에 맞는—어쩌면 삶까지 변화시키는—응용을 수도 없이 만들어낼 것이다. 그들이 만들어낸 AI 응용은 중국에서만이 아니라 해외로도 뻗어 나갈 것이고 아마도 세계의 개발도상국 시장 대부분을 장악하게 될 것이다.

미국계 기업들은 이 복제자들의 성공 비결을 근본적으로 잘못 이해하고 있기 때문에 중국발 AI 파도를 제대로 막을 준비가 돼 있지 않다. 왕싱이 성공한 것은 뛰어난 카피캣이어서가 아니었다.

그는 검투사였기 때문에 성공했다.

대조되는 문화

스타트업과 그 기업가들도 진공 상태에서 태어나지는 않는다. 그들의 사업모델과 제품, 핵심 가치는 그들이 자라온 문화적 시기와 장소를 반영한다.

실리콘밸리와 중국의 인터넷 생태계를 길러낸 문화적 토양은 서로 대단히 이질적이다. 실리콘밸리 기업가들의 부모는 대개 컴퓨터과학자나 치과의사, 엔지니어, 학자 등 성공한 전문직 종사자들이다. 그래서 그들은 어린 시절부터 그들이 – 그렇다, 누구도 아닌 '그들'이 – 세상을 바꿀 수 있다는 말을 듣고 자랐다. 대학에서는 세계 최고 학자들로부터 코딩 기술을 배웠지만 교양 수업에서는 철학을 토론하는 여유도 누렸다. 실리콘밸리에 취직한 후에는 캘리포니아 교외의 가로수가 우거지고 완만하게 구부러진 길을 따라 직장까지 출퇴근했다.

드높은 꿈을 꾸고 추상적 문제에 대해 기술적 해결책을 구상하는 것이 가능한 풍요로운 환경이다. 컴퓨터과학에서 오랜 혁신의 역사를 자랑하는 실리콘밸리에 입성해서는 오랫동안 이곳을 정의한 '현실을 초월한 자신만의 이상'을 꿈꿀 수 있다. 어떤 개인도 어떤 회사도 혁신적 사고를 통해 세상을 뒤바꿀 수 있다는 천진난만하고 뜬금없는 기술낙관주의에 사로잡힌다. 이곳에서는 아이디어나 제품 특징을 모방하는 것은 시대정신에 대한 배신이고 진정한 기업가의 윤리강령을 위반하는 행위이다. 실리콘밸리에서는 스티브 잡스Steve Jobs가 말한 '우주에 흔적'을 만들어내는 완전히 독창적 제품을 만드는 '순수한' 혁신이 가장 중요하다.

이런 환경에서 성장한 스타트업들은 대개 '사명 중심mission-driven'이다. 그들은 참신한 아이디어나 이상적 목표에서 출발하고 회사를 키울 때도 그 출발점을 잊지 않는다. 회사는 세속적인 관심사나 재무적 동기와는 동떨어진 드높고 고상한 사명을 기치로 내건다.

중국의 스타트업 문화는 정반대다. 실리콘밸리의 스타트업 문화가 양陽이라면 중국의 스타트업 문화는 음陰이다. 중국 기업에는 '시장 중심market-driven'이 가장 우선이고 가장 중요하다. 그들의 최종 목표는 돈을 버는 것이고, 이 목표를 이루기 위해서는 어떤 제품이든 만들고 어떤 사업모델이든 다 받아들이고 어떤 사업에든 뛰어들 각오가 돼 있다. 이런 각오는 실리콘밸리가 찬양하는 '린 스타트업lean startup' 모델의 완벽한 정수인 놀라울 정도로 유연한 사업모델과 사업수행으로 이어진다. 어디서 시작되었고 누가 구상한 아이디어인지는 중요하지 않다. 이 아이디어를 실행해 진짜 재무적 이익을 벌 수 있는지가 중요하다. 중국의 시장 중심 기업가들에게 중요한 동기는 명예도 영광도 세상을 바꾸는 것도 아니다. 이것은 덤으로 얻어지면 좋은 결과일 뿐, 그들이 원하는 그랑프리는 부자가 되는 것이다. 따라서 어떻게 부자가 되는지는 큰 문제가 되지 않는다.

대다수 미국인들은 중국 스타트업들이 돈만 밝힌다고 눈살을 찌푸릴 수 있지만 역사적으로나 문화적으로나 깊은 뿌리가 있는 행동이다. 수천 년 동안 중국 교육의 핵심은 주입식 암기였다. 조정의 관리가 되려면 고서를 달달 외워야 했고, 엄격한 문장과 운율에 따라 완벽한 팔고문八股文: 명과 청 시대의 과거 시험에 요구되는 문체-옮긴이을 지을 줄 알아야 했다. 소크라테스는 제자들에게 모든 것에 질문을 던져 진실을 탐구해야 한다고 가르쳤다면, 고대 중국의 학자들은 옛 성현의 말과 행동을 그대로 따라야 한다고 가르쳤다. 있는 그대로 완벽하게 모방하는 것이 진정으로 지혜를 터득하는 바른 길이었다.

문화적으로 대대로 내려온 모방 성향에 20세기의 중국에 깊숙이 밴 결핍의 심리까지 더해졌다. 중국의 테크 기업가들 대부분은 수세기를 이어온 극심한 빈곤에서 탈피한 겨우 1세대에 불과하다. 그들 상당수가 지금은 폐지된 '한자녀 정책'으로 인해 외동으로 자랐다. 그들은 더 나은 미래를 위해 모든 희망을 아이 하나에 오롯이 건 두 부모와 네 조부모의 기대를 한몸에 지고 있었다. 그들이 자라는 동안 부모는 그들에게 세상을 바꾸라고 말하지 않았다. 대신에 생존에 대해, 늙어서 밭에서 일할 기력이 떨어진 부모를 부양할 수 있도록 돈을 벌어야 할 책임에 대해 말했다. 대학교육은 수세대를 괴롭힌 극심한 빈곤에서 탈출할 수 있는 열쇠였고, 악명

높을 정도로 경쟁률이 높은 중국 대학 입학시험에 합격하려면 수만 시간을 주입식 암기 교육에 매달려야 했다. 이 기업가들이 자라오면서 중국은 과감한 정책과 뼈를 깎는 노력 덕분에 가난을 떨쳐 냈고, 식량 배급권은 월급과 스타트업의 지분으로 바뀌었다.

중국의 숨 가쁜 경제 발전 속도도 그런 결핍의 심리는 줄이지 못했다. 중국 시민들은 격렬한 시장 경쟁을 바로잡으려 안간힘을 쓰며 규제 정책을 펼치는 무법 서부와 같은 서구 사회에서 산업과 도시와 개개인의 부가 하루아침에도 흥망성쇠를 거듭하는 것을 목격했다. 중국을 마오쩌둥식 평등주의 사회에서 시장 중심 경쟁 체제로 나아가도록 밀어붙인 덩샤오핑Deng Xiaoping, 鄧小平은 중국이 발전하려면 "우선은 몇몇 사람이 부자가 되게 해야 한다"라고 말했다.[3] 하지만 섬광처럼 빠른 경제 발전 속에서 내가 빠르게 움직이지 못한다면—새로운 트렌드에 올라타지 못하거나 새로운 시장에 뛰어들지 못한다면—남들은 다 부자가 돼도 나는 여전히 가난할지도 모른다는 두려움과 염려는 더욱 커져만 갔다.

모방을 용인하는 문화적 분위기, 결핍의 심리, 그리고 발전 가능성이 있는 신산업에 뛰어들려는 의지, 이 세 가지 기류를 종합하면 중국 인터넷 생태계를 이루는 심리적 기반이 무엇인지 이해할 수 있다.

문화적 결정론을 설파하거나 할 생각은 없다. 두 나라와 두 문화를 오가며 다 겪어본 내 입장에서 말하자면, 출생지와 문화적 유산만이 행동을 결정하는 것은 아니다. 기업의 행동이 형성되는 데에는 개인 특유의 성향과 정부 규제가 대단히 중요하게 영향을 미친다. 베이징의 기업가들은 페이스북이야말로 다른 스타트업을 스스럼없이 모방하는 것과 저커버그의 남다른 승부욕 때문에 "실리콘밸리에서 가장 중국적인 기업"이라고 농담 삼아 말하곤 한다. 나는 마이크로소프트에서 일하면서 정부 반독점 정책이 어떻게 승냥이같은 기업을 무장해제시키는지 직접 목격했다. 역사와 문화가 중요하게 작용하는 것은 맞으나, 실리콘밸리와 중국 테크놀로지 세계의 진화를 비교하려 한다면 애초에 성격이 다른 문화는 만들어내는 기업의 유형부터 다르다는 것을 이해하는 과정이 반드시 선행돼야 한다.

중국의 문화적 잡탕이 만들어낸 모방 제품들은 오랫동안 실리콘밸리 엘리트들의 비웃음을 샀다. 그것들은 최초의 창작자를 당황하게 하고, 진짜 혁신자라면 눈길을 줄 가치조차 없는 싸구려 복제품일 뿐이었다. 그러나 이들 외부자들, 즉 실리콘밸리는 중국의 문화적 잡탕 냄비 속에서 무엇이 끓고 있는지 간과했다. 중국의 카피캣 시대가 탄생시킨 가장 귀중한 결과물은 물적인 제품이 아니었다. 그것은 기업가들이었다.

황제의 새 시계

하루에 두 번 펑셴뎬奉先殿, 봉선전이 살아난다. 베이징 자금성에 있는 펑셴뎬은 명나라와 청나라 황제들이 선대 천자들을 기리기 위해 향을 지피고 제례를 올렸던 곳이다. 오늘날 펑셴뎬은 과거의 정교하고 복잡한 시계들을 선보이는 전시실로 활용되고 있다. 전시된 시계들은 그 자체로도 훌륭한 장인정신을 엿보게 하지만, 아침과 저녁의 행사에 구름 같은 관중이 몰리는 이유는 이 시계들의 구조물 안에 내장된 믿을 수 없을 정도로 복잡한 기계적 기능 때문이다.

초침이 딸깍하며 맞는 순간, 금속 새가 금으로 된 새장 주위를 돈다. 채색된 나무 연꽃잎이 오무렸다 벌렸다를 반복하면서 그 안에서 깊은 명상에 잠긴 작은 부처상을 드러낸다. 섬세하게 조각된 코끼리는 코를 올렸다 내렸다 하면서 빙빙 돌며 작은 마차를 끈다. 유럽 학자 차림을 한 중국인 기계 인형이 붓을 들어 미니어처 두루마리에 고사성어를 적는다. 기계 인형은 시계를 선물 받은 중국 황제의 필체를 그대로 모사해 경구를 적는다.

진정한 장인정신은 시대를 초월한다는 것을 보여주는 눈부신 전시물이다. 예수회 선교사들은 앞선 유럽 문물을 선물해 황궁에 입궁할 기회를 얻기 위한 '시계 외교'의 일환으로 여러 개의 시계를 중국에 들고 왔다. 청나라 건륭제는 그 시계들을 대단히 마음에 들어했고, 영국 상인들은 천자의 마음을 얻기 위해 곧바로 특별한 시계 제작에 들어갔다. 펑셴뎬에 전시된 시계들은 대개 17세기와 18세기 유럽 최고의 장인 공방에서 만들어진 수공예품들이다. 이 공방들은 예술성과 디자인, 기능성이 모두 완벽하게 결합된 시계를 만들었다. 오늘날 실리콘밸리의 기업들에도 낯설지 않은 특별한 전문지식의 연금술인 셈이었다.

구글 차이나의 초대 사장으로 일할 때 중국을 방문한 구글 임원들을 데리고 펑셴뎬에 전시된 시계들을 보러 가려 했으나 그들이 유럽 선조들의 천재성에 흥분하는 모습을 보고는 그러려던 마음을 접었다. 누구라도 조금 자세히 보면 유럽 장인정신을 가장 훌륭하게 보여주는 시계들 상당수가 당시 광둥이라고 불리던 중국 남부 광저우시에서 만들어진 것임을 알 수 있기 때문이었다.

황제가 유럽 시계에 마음을 뺏긴 것을 본 중국 각지 장인 공방들은 이 서양 수입품을 앞다퉈 연구하고 직접 만드는 작업에 들어갔다. 서양인들과의 무역이 활발한 남부 항구 도시에서는 중국 최고의 장인들이 유럽산 시계를 분해해 모든 연동 장치와 디자인 장식을 남김없이 살펴보았다. 시계의 기본 원리를 터득한 중국 장인들은 유럽 시계와 거의 똑같은 복제품을 만들기 시작했다. 그때부터 장인들은 시계 제작의 기본 원칙을 받아들이면서도 한편으로는 거기에 생생하게 묘사한 실크로드 대상 행렬, 실물을 그대로 옮긴 것 같은 베이징 거리, 차분한 평정심을 전하는 불교 경전에 이르기까지 중국 고유의 디자인과 문화적 전통을 녹여낸 시계를 만들기 시작했다. 중국 공방들은 결국 유럽의 것들에 필적하거나 더 뛰어나고 중국 고유의 감수성까지 집어넣은 시계들을 만들었다.

펑셴덴의 기원은 중국 명나라 시절까지 거슬러 올라가고, 중국 카피캣 시계 장인들의 역사만도 수백 년은 된다. 그러나 지금도 똑같은 문화적 물살이 흐르고 있다. 이 기계적 경이가 추를 돌리며 시간을 알리는 것을 보면서 나는 그 시계에서 이어진 물살이 내 주위를 둘러싼 21세기 장인들을 휩쓸 날도 얼마 남지 않았다는 생각이 들었다.

초창기 카피캣들

외부의 눈에 비친 중국 초창기 시절의 카피캣들은 마냥 귀여울 뿐 거의 해가 없는 회사들이었다. 1990년대 말에 중국에서 처음 인터넷 붐이 불었을 때 중국 기업들은 실리콘밸리에서 인재와 자금을 구했고 심지어 스타트업의 이름까지 따라 붙였다. 중국 최초의 검색엔진 사이트를 세운 사람은 MIT에서 물리학 박사학위를 받은 장차오양Charles Zhang, 张朝阳이었다. 유학하는 동안 미국의 인터넷이 이륙을 시작하는 것을 본 장차오양은 고국에서도 인터넷 사업이 날개를 달기를 원했다. 그는 MIT 교수들로부터 모은 투자금을 가지고 중국으로 돌아왔다. 그의 목표는 중국에 핵심 인터넷 인프라를 구축한다는 것이었다.

그러나 야후Yahoo 창업자인 제리 양Jerry Yang을 만난 후 장차오양은 중국어 검색엔진과 포털 사이트를 세우는 것으로 목표를 바꿨다. 회사 이름은 소후Sohoo, 搜狐로 정했는데, 검색을 뜻하는 중국어

'소搜'와 미국 롤모델 기업의 이름을 합친 누가 봐도 노골적인 이름이었다. 얼마 후에는 야후를 연상시키는 것을 없애기 위해 영어 철자를 'Sohu'로 바꾸었지만, 실리콘밸리 인터넷 거인들이 보기에 이런 모방 행동은 위협이라기보다는 애교에 가까웠다. 그 당시에 실리콘밸리가 보는 중국 인터넷은 기술 후진국이 펼치는 참신하고 흥미로운 실험의 장일 뿐이었다.

그때는 모방이 중국 경제의 많은 부분에 불을 지펴준 시기였다는 것을 기억해야 한다. 중국 남부의 공장들은 모조 명품 가방을 찍어냈다. 중국 자동차회사들은 해외 자동차를 거의 판박이로 만들어냈고, 일부 딜러들은 고객에게 중국 회사의 로고를 없애고 좀 더 있어 보이는 해외 브랜드 로고를 달아주는 것을 옵션으로 제공하기도 했다. 심지어 베이징 외곽에는 가짜 디즈니랜드까지 있었다. 실소가 나오는 이 놀이동산에서는 직원들이 짝퉁 미키마우스와 미니마우스 옷을 입고 아이들에게 포옹을 해주었다. 공원 입구에는 "디즈니랜드는 너무 멀어요, 스징산 놀이동산으로 오세요!"라는 슬로건까지 과감하게 내걸었다.[4] 중국의 놀이공원 운영자들이 철면피가 되어 디즈니랜드를 그대로 모방하는 동안 왕싱은 페이스북을, 그리고 나중에는 트위터를 열심히 베꼈다.

구글 차이나 대표로 있을 때 나는 이들 복제품들이 브랜드 이미지에 미치는 악영향을 직접 체감했다. 당시 구글 차이나는 이용자들의 신뢰를 얻으려 모든 노력을 다 기울이고 있었다. 그런데 중국의 한 대형 TV 방송국이 구글 차이나의 검색 결과가 얼마나 유해한지를 보여주는 6분짜리 특집 뉴스를 전국에 내보냈다. 뉴스는 이용자들이 구글 차이나에서 의학 정보를 검색하면 가짜 치료제를 판매하는 곳으로 링크가 걸린 광고가 뜬다고 보도했다. 카메라는 컴퓨터 화면을 크게 줌인했고, 위험한 가짜 처방약 사이트 광고 위로 구글 차이나 중국어 로고가 으스스하게 맴돌았다.

구글 차이나에 대한 대중이 신뢰가 완전히 땅에 떨어질 수도 있는 위기였다. 그 화면을 본 후 나는 곧바로 컴퓨터로 달려가 똑같이 검색엔진을 실행했지만 보도에 나온 것과 같은 결과는 전혀 뜨지 않았다. 검색 단어와 설정을 조금 바꾸어서 재검색을 해봤을 때도 그 유해한 광고로 들어가는 링크는 나오지 않았다. 그러는 동안 나한테는 구글 차이나의 호도 광고에 대한 해명을 요구하는 기자들의 메시지가 빗발쳤지만, 내가 할 수 있는 말이라고는 어설픈 변명이 전부였다. 구글에서는 문제의 소지가 될만한 광고는 조속히 내리려 노력하고 있으며, 혹시라도 차질이 생길 수도 있으며, 가끔은 몇 시간 동안 유해한 광고가 떠 있을 수 있다는 식의 말이었다.

폭풍은 가라앉지 않았고 우리 팀이 총동원해 뉴스에 나온 유해 광고를 찾아내려 했지만 허사였다. 그날 밤 늦게 우리 엔지니어 하나가 잔뜩 흥분해 내게 메일을 보냈다. 그는 우리가 검색 결과를 똑같이 재현하지 못한 이유를 알아냈는데, 뉴스에 보도된 검색엔진은 구글이 아니었다. 그것은 레이아웃과 폰트, 느낌까지 구글을 거의 깨알같이 모방해서 만든 중국판 카피캣 검색엔진이었다. 이 사이트의 검색엔진과 광고는 자체 운영되는 것이었지만 온라인에 뜬 모습은 구글과 거의 구분이 가지 않을 정도로 흡사했다. 메일을 보낸 엔지니어는 폰트 하나의 색깔이 미묘하게 다르다는 아주 사소한 차이점 한 가지만 겨우 발견했다. 그 가짜 사이트의 모방이 워낙 훌륭했던 덕분에 700명이나 되는 구글 차이나 직원들은 한 사람만 빼고 스크린에 매달려서도 진짜와 가짜를 전혀 구분하지 못했다.

정밀한 모방은 가장 우아한 첨단 하드웨어에도 손길을 뻗었다. 스티브 잡스가 첫 아이폰을 출시하고 몇 주도 지나지 않아 중국 전역의 전자상가에서 '미니 아이폰'이 버젓이 팔리기 시작했다. 이 축소판 아이폰 복제품은 생김새는 진짜와 똑같았지만 크기는 손바닥 안에 쏙 잡히는 절반 수준의 크기였다. 게다가 이 가짜 아이폰이 제공하는 데이터 서비스로는 인터넷 접속이 되지 않는, 아닌 말로 출시된 중에서 가장 멍청한 '스마트폰'이었다.

베이징을 방문한 미국인들은 미니 아이폰을 집어 보고는 미국의 친구들을 놀려먹을 좋은 선물을 찾아냈다고 생각하며 감탄성을 질렀다. 실리콘밸리의 혁신 신화에 푹 빠진 그들에게 미니 아이폰은 카피캣 시대 중국 기술의 현주소를 알려주는 완벽한 은유였다. 외관은 미국 것을 그대로 모방해 반짝이지만, 실제로는 혁신이

나 기능은 전혀 담지 못한 빈껍데기라는 것이었다. 왕싱이 페이스북의 모양과 느낌을 흉내 낼 수 있을지 몰라도 오늘의 실리콘밸리를 만든 신비한 혁신의 마법에는 절대로 다가가지 못할 것이라는 생각이 미국인들의 일반적인 태도였다.

주춧돌과 장애물

순수한 혁신 정신이 구글과 페이스북, 아마존, 애플을 만든 토대가 되었다는 것은 실리콘밸리 투자자들에게는 흔들릴 수 없는 신념이다. "다르게 생각하라"라는 억누를 수 없는 충동이 스티브 잡스, 마크 저커버그, 제프 베조스Jeff Bezos로 하여금 세상을 바꿀 회사를 세우도록 이끌었다. 이런 신념에서 생각한다면 중국의 모조 시계 제작자들은 진창에 빠진 사람들이었다. 모방의 태도는 진짜 혁신으로 가는 길을 가로막는 장애물이다. 그런 식의 이론에서는 남을 맹목적으로 모방하면 자신만의 상상력을 발휘하지 못하고 독창적이고 혁신적인 제품을 만들 기회도 사라진다는 것이다.

그러나 내가 보기에 왕싱의 트위터와 같은 유사 사이트나 제품들은 장애물이 아니라 주춧돌이었다. 초기 인터넷 시절의 모방 행위는 반反혁신 정신으로 이어지지도 않았고 그 모방자들 역시 거기에 연연하지 않았다. 그것은 더 독창적이고 현지에 맞는 테크놀로지 제품으로 나아가는 과정에서 꼭 밟고 지나가야 할 디딤돌이었다.

세계 수준의 테크놀로지 제품을 만드는 데 필요한 엔지니어링 노하우와 디자인 감수성은 허공에서 뚝 떨어지지 않는다. 미국의 대학과 기업과 엔지니어들은 수세대에 걸쳐 그런 기술들을 배양하고 전수했다. 세대마다 틀을 깨는 기업이나 제품이 등장했지만, 그런 혁신의 바탕에는 교육과 멘토십, 인턴십, 그리고 영감이라는 토대가 깔려 있었다.

중국은 그런 사치를 누리지 못했다. 빌 게이츠Bill Gates가 마이크로소프트를 세운 1975년의 중국은 여전히 문화혁명의 고통에 휩싸여 거대한 사회적 동요와 반지식 열풍에 몸살을 앓고 있었다. 세르게이 브린Sergei Brin과 래리 페이지Larry Page가 구글을 창업한 1998년 중국의 인터넷 접속자는 전체 인구의 0.2%에 불과했다.[5] 같은 시기 미국의 인터넷 접속자 수는 전체 인구의 30%였다. 중국 초기 테크 기업가들은 자국 안에서 멘토나 모델이 될 회사를 찾으려 했지만 찾지 못했다. 그래서 그들은 해외로 눈을 돌려 능력껏 베꼈다.

두서없는 과정이었고 가끔은 당혹스러운 일도 있었다. 그러나 이런 과정을 통해 중국의 카피캣들은 사용자 인터페이스 디자인과 웹사이트 아키텍처, 백엔드 소프트웨어 개발의 기본을 배웠다. 이런 복제 사이트가 본격 가동에 들어가면서 시장 위주 기업가들은 이용자 만족과 반복적 제품개발을 위해 악전고투해야 했다. 시장에서 이기고 싶으면 단순히 실리콘밸리에서 영감을 얻는 것만이 아니라 고만고만한 카피캣 무리를 앞서 나가야 했다. 그들은 중국 이용자들에게 먹히는 것과 그렇지 않은 것이 무엇인지 배웠다. 그들은 고객에게 더 나은 제품과 서비스를 제공하기 위해 반복하고 개선하고 현지화하기 시작했다.

게다가 중국 고객들에게도 독특한 습관과 선호가 존재했다. 그들이 소프트웨어를 사용하는 방식은 실리콘밸리가 만든 천편일률적인 글로벌 제품 모델에는 들어맞지 않았다. 구글과 페이스북 같은 기업들은 핵심 제품이나 사업모델을 현지에 맞게 바꾸는 것에 자주 혐오감을 보이곤 한다. 그들은 한 가지를 잘 만들면 된다고 믿는다. 이런 접근 방식은 대다수 나라가 기술이 크게 뒤처져 있어 현지화된 제품을 제공할 능력이 없던 초기 인터넷 시절에 세계 시장을 빠르게 정복하는 데에는 도움이 되었다. 하지만 기술 노하우가 전 세계로 퍼져 나갈수록 미국에서 미국인을 위해 쿠키 틀에 찍어내듯 만든 한 가지 제품을 모든 나라와 모든 문화의 사람들에게 강요하는 것은 소용이 없다.

실리콘밸리 선조들과 맞대결이 가능해진 중국 카피캣들은 미국 기업들의 현지화 거부 태도를 역이용했다. 중국 이용자의 선호와 글로벌 제품의 차이는 현지 경쟁사들에게는 공격의 기회가 되었다. 중국 기업들이 현지인들의 니즈에 맞는 독자적인 제품과 사업모델을 개발하기 시작하면서 중국 인터넷 이용자들과 실리콘밸리 사이의 틈은 점점 더 벌어졌다.

"공짜는 사업모델이 아니다"

마윈은 알리바바의 초창기 시절에 이런 종류의 전술을 선보였다. 마윈이 1999년에 알리바바를 세우고 처음 2~3년 동안 그의 주요 경쟁사는 중국 현지 기업들이었다. 하지만 2003년에 이베이가 중국 시장에 들어오면서 상황이 바뀌었다. 그 당시 이베이는 세계 최대 전자상거래 회사이자 실리콘밸리와 월스트리트의 총아였다. 알리바바의 온라인 마켓은 실리콘밸리의 거물들과는 같은 방에 있을 자격조차 없는 또 다른 중국판 카피캣 취급을 받았다. 그래서 마윈은 이베이를 상대로 5개년 게릴라전을 선포했다. 그는 이 외국계 회사의 비대한 크기를 역이용하는 한편, 현지 조건에 맞게 적응하지 못하는 침입자를 무자비하게 응징했다.

이베이는 2002년 중국 시장에 진출하기 위한 포석으로 알리바바가 아니라 중국 최대 온라인 경매 사이트이며 이베이의 모방 사이트이기도 한 이치넷EachNet, 易趣網을 인수했다. 세계 최대 전자상거래 사이트와 중국 1위의 경매 사이트의 결합으로 최강의 커플이 탄생했다. 이베이는 이치넷의 사용자 인터페이스UI를 없애고 이베이의 글로벌 제품 이미지를 가지고 사이트를 재구성했다. 중국 사업부의 경영진은 모두 해외에서 데려온 인사들이었고, 그들은 모든 트래픽을 미국 본사에 있는 서버를 통해 처리했다. 하지만 새 사용자 인터페이스는 중국인들의 웹서핑 습관에 맞지 않았고, 경영진은 중국 시장을 전혀 이해하지 못했으며, 태평양을 오가는 트래픽 라우팅에 페이지 로딩 속도는 거북이걸음처럼 느려졌다. 한 번은 태평양 해저 지진으로 인해 중요 케이블이 심각한 손상을 입어 사이트가 며칠이나 먹통이 되기도 했다.

그러는 동안 알리바바의 창업자 마윈은 이베이eBay의 핵심 기능을 열심히 베끼고 중국 시장에 맞게 사업모델을 수정했다. 그는 이베이의 핵심 사업과 직접 경쟁하기 위해 경매 방식 플랫폼인 타오바오Taobao, 淘宝를 만들었다. 마윈의 팀은 타오바오를 계속해서 수정하면서 중국 시장 특유의 니즈에 부응하는 특징들을 조금씩 보태나갔다. 마윈의 가장 강력한 현지화 전략은 결제시스템과 수익 모델이었다. 온라인 구매에 대해 이용자들의 신뢰가 부족한 것을 보완하기 위해 마윈은 구매자가 상품 수취확인을 하기 전까지는 구매 대금을 에스크로 상태로 묶어두는 결제시스템인 알리페이Alipay, 支付宝, 즈푸바오를 만들었다. 또한 타오바오는 구매자와 판매자가 오픈마켓 플랫폼에서 실시간으로 대화를 나눌 수 있는 인스턴트 메시지 기능도 추가했다. 이런 사업 혁신을 연달아 소개하며 타오바오는 시장점유율을 야금야금 뺏어갔지만 이베이는 글로벌 제품 전략에만 연연했고, 의사결정권도 실리콘밸리 본사에 심하게 집중돼 반응 속도도 기능 추가도 둔하기 짝이 없었다.

더 나아가, 마윈이 휘두른 가장 치명적인 무기는 기본 기능을 무료로 유지하고 프리미엄 서비스에만 요금을 부과하는 '프리미엄freemium' 수익 모델이었다. 이베이는 판매자에게 목록에 올리는 모든 제품에 대해 수수료를 부과하고, 제품이 팔릴 때에도 수수료를 매기고, 마지막으로 이베이의 페이팔Paypal 결제시스템을 이용할 때에도 수수료를 요구했다. 전통적 사고에 따르면 이런 수수료는 경매 사이트나 전자상거래 사이트가 안정적 수익흐름을 유지하기 위해 꼭 필요한 것이었다.

그러나 이베이와 경쟁이 뜨거워지면서 마윈은 새로운 접근법을 개발했다. 그는 타오바오에 올리는 모든 제품 리스팅과 거래에 대해서는 앞으로 3년 동안 수수료를 물리지 않겠다고 약속했고 얼마 후에는 무기한으로 기한을 연장했다. 기발하면서도 똑똑한 사업 행보였다. 이 정책으로 여전히 인터넷 거래를 미심쩍어하는 중국인 판매자들의 호의가 단시간에 올라갔다. 제품 리스팅 수수료 무료 정책은 마윈이 저신용 사회에서 번성하는 온라인마켓을 구축하는 데에도 도움이 되었다. 시간은 제법 걸렸지만 결국 이 온라인마켓의 크기가 대단히 커져서 판매자들은 제품을 눈에 잘 띄게 하기 위해서라도 마윈에게 광고료와 검색 순위 상단에 올려주는 비용을 치르지 않을 수 없었다. 판매자들은 심지어 타오바오의 자매 사이트이고 상대적으로 고가 제품들을 모아 놓은 티몰Tmall, 天猫, 톈마오에 제품을 올리기 위해 더 높은 프리미엄도 냈다.

이베이의 대응은 어설펐다. 이베이는 언론 보도를 통해 마윈에게 "공짜는 사업모델이 아니다"라며 훈계를 했다.[6] 나스닥 상장 회사로서 이베이는 매출과 이익을 지속적으로 증가시켜야 하는 압박감이 상당했다. 미국 상장회사들에게 있어 해외 시장은 가외 수익의 원천이 되어줄 캐시카우일 뿐이었고, 그 가외 수익보다 더 중요하게 여기는 조건은 미국 국내 시장에서의 승리였다. 실리콘밸리에서 가장 돈이 많은 전자상거래 회사는 성가시게 구는 중국 짝퉁 회사의 거침없는 선전포고에 맞서 글로벌 모델에 예외를 적용할 생각이 전혀 없었다.

이 근시안적 옹고집이 중국 시장에서 이베이의 앞길을 가로막았다. 타오바오는 미국 거인이 보유한 이용자와 판매자를 무서운 속도로 잠식했다. 이베이의 시장점유율이 수직낙하하자 CEO인 메그 휘트먼Meg Whitman은 신속하게 중국으로 날아가 실적 상승을 꾀했다. 아무 소용이 없자 그녀는 최종 담판을 짓기 위해 마윈을 실리콘밸리로 초대했다. 그러나 마윈은 물속에 떠도는 피 냄새를 맡았고, 그는 완전한 승리를 원했다. 1년도 지나지 않아 이베이는 중국 시장에서 전면 철수했다.

전화번호부와 시장

구글 차이나를 운영할 때 나도 똑같이 글로벌 제품과 현지 이용자 사이의 단절을 목격했다. 세계 최고 인터넷 기업의 지사인 만큼 우리에게 탄탄한 브랜드 우위가 있는 것은 사실이었다. 그러나 실리콘밸리 본사와의 연결고리는 더 방대한 중국 청중에게 맞게 제품을 수정하려는 순간 득이 아니라 장애물로 변해버렸다.

2005년 내가 구글 차이나를 운영하기 시작했을 때 최대 경쟁사는 중국 검색엔진인 바이두Baidu, 百度였고, 이 회사의 창업자는 중국 태생으로 실리콘밸리에서 업무 경험을 쌓은 검색엔진 전문가 리옌훙李彦宏이었다. 바이두는 핵심 기능과 미니멀한 디자인에서는 구글의 것을 흉내 냈지만 중국 이용자의 검색 습관에 맞게 사이트를 과감하게 수정하고 최적화했다.

검색 습관의 차이는 이용자들이 검색 결과 페이지를 다루는 방식에서 가장 두드러지게 나타났다. 포커스 그룹을 통해 우리는 특정 검색 결과 페이지에서 이루어지는 이용자의 시선 이동과 클릭을 추적할 수 있었다. 여기서 나오는 데이터를 가지고 페이지 위에서 벌어지는 활동을 시각적 이미지로 표현한 히트맵heat map을 만들 수 있다. 초록색 하이라이트는 이용자가 잠깐 눈길을 주었던 부분을 보여주고, 노란색 하이라이트는 열심히 쳐다본 곳을, 붉은색 점은 클릭을 한 곳을 보여주었다. 미국인 이용자들과 중국인 이용자들의 데이터를 가지고 만든 히트맵은 꽤 극명한 대조를 보여준다.

미국인 이용자들의 히트맵은 최상위 검색결과가 뜨는 왼쪽 상단 코너에 초록과 노란색이 빽빽하게 몰려있었고, 그중 상위 결과 두 개에서 클릭을 했다는 빨간 점이 두세 개 정도 나타났다. 미국인 이용자들은 십여 초 정도 페이지에 머물다가 다른 페이지로 이동했다. 반면에 중국인 이용자들의 히트맵은 중구난방이었다. 왼쪽 상단 코너를 가장 많이 응시하고 클릭도 많이 했지만, 페이지의 다른 부분에도 초록색이 얼룩덜룩 덮여 있었고 빨간색도 점점이 나타났다. 중국인 이용자들은 페이지에 30~60초 정도 머물렀으며, 그들은 여기저기 다 클릭을 해보면서 거의 모든 결과를 눈으로 훑었다.

시선 추적 지도는 두 이용자 집단의 검색 방식에 대해 더 깊은 진실을 드러냈다. 미국인들에게 검색엔진은 특정 정보를 찾는 데에만 이용하고 끝인 전화번호부 같은 도구였다. 중국인 이용자들에게 검색엔진은 쇼핑몰이었다. 다양한 제품을 알아보고, 하나하나 시험해 보고, 마지막에 가서 최종 구매 결정을 내리는 시장이나 다름없었다. 인터넷을 처음 접하는 수천만의 중국인 이용자들에게 검색엔진은 다양한 정보를 처음으로 접하게 해주는 장소였고, 그들은 가능한 한 모든 것을 다 시험해 보고 싶어 했다.

이 놀랍도록 근본적인 이용자 태도의 차이를 고려하면 중국 이용자에 맞게 다양한 제품 수정이 이뤄져야 마땅했다. 구글의 글로벌 검색 플랫폼에 들어간 이용자는 검색 결과에 뜬 링크를 클릭하면 앞서의 검색 결과 페이지를 자연스럽게 빠져나오게 된다. 다시 말해 중국 '쇼퍼'에게 구매할 상품을 하나만 고르게 하고 그런 다음에는 쇼핑몰을 나가라고 강요하는 것이나 다름없었다. 이와 반대로 바이두는 이용자가 링크를 클릭할 때마다 브라우저 창을 새로 열었다. 이용자는 '쇼핑몰을 나갈 필요 없이' 여러 검색결과를 두루 둘러볼 수 있었다.

나는 구글 본사에 이용자 니즈의 차이가 확연하게 입증되었으므로 중국에서는 예외를 적용해 바이두처럼 이용자가 클릭할 때마다 새 창이 뜨게 하는 것이 좋겠다고 권했다. 그러나 본사는 길고 복잡한 검토 절차를 거쳐야 한다는 태도였는데, 핵심 제품에 변화를 취하려면 코드 '포크fork: 소스코드를 복사해 독립적인 소프트웨어를 개발하는 작업-옮긴이'가 필요하고 유지관리도 힘들어지기 때문이었다. 구글도 실리콘밸리의 다른 기업들도 실리콘밸리에서 나온 우아한 제품은 나무랄 데가 없으므로 전 세계 이용자들 모두에게 통할 수 있다고 생각하면서 제품의 현지화 노력은 최대한 기피했다. 나는 몇 달이고 본사에 내 생각을 전했지만 결국 내가 졌고, 그러는 동안 바이두는 중국에 특화된 제품을 제공해 더 많은 이용자를 확보했다.

4년간 구글에 있는 동안 이런 전투는 수도 없이 반복되었다. 구글도 할 말은 있었다. 구글 본사가 구글 차이나에 준 재량권은 실리콘밸리의 다른 기업들이 중국 지사에 준 재량권보다 많은 편이었고, 우리도 그런 재량권을 십분 활용해 현지에 최적화된 여러 특징을 개발하고 그동안 구글이 잃었던 시장점유율을 상당 부분 되찾을 수 있었다. 그러나 본사가 소스코드를 포킹하는 것을 본질적으로 거부하는 통에 새로운 특징을 추가할 때마다 치르는 힘겨운 싸움에 우리는 점점 지치고 만신창이가 되었다. 본사와의 싸움에 넌덜머리가 난 직원들은 좌절하며 사표를 냈다.

왜 실리콘밸리의 거인들은 중국에서 실패하는가

이베이, 구글, 우버, 에어비앤비Airbnb, 링크드인, 아마존에 이르기까지, 미국 거인들이 중국 시장 공략에 연달아 실패하자 서구 분석가들은 실패의 원인을 중국 정부의 통제 탓으로 돌렸다. 그들은 미국에서 몰려온 경쟁자들을 철저히 막아준 정부 보호주의가 중국 기업들이 살아남은 유일한 이유였다고 가정했다.

이런 미국 대기업들에서 오랫동안 일하고 지금은 중국 기업들에 투자를 하면서 내가 얻은 결론은 실리콘밸리의 중국 시장 접근법이 그들을 실패로 이끈 원인이었다는 것이다. 미국 기업들에게 중국은 글로벌 시장 목록에 오른 또 하나의 시장일 뿐이다. 그들은 자원에 투자하지도 인내심을 발휘하지도 않으며, 중국의 우수한 기업가들과 경쟁하는 데 필요한 유연성을 현지 사업부에 주지도 않는다. 미국 거인들이 중국에서 가장 중요하게 생각하는 업무는 기존 제품을 중국 이용자들에게 '마케팅'하는 것이다. 하지만 현실에서 그들이 해야 할 일은 제품을 중국 이용자들에 맞게 '조정'하거나, 아니면 시장 수요에 부응해 완전히 새로운 제품을 '구축'하는 것이다. 현지화를 거부하는 태도는 제품의 반복적 개선과 개발 속도를 늦추고, 현지 팀은 자신들이 삐걱대는 기계의 톱니바퀴에 불과하다고 생각하게 된다.

게다가 실리콘밸리 기업들은 최고 인재 영입에서도 패배했다. 중국 스타트업도 성장할 기회가 얼마든지 있기 때문에 유능하고 야심찬 인재들은 중국 토종 기업에 입사하거나 직접 회사를 세운다. 미국계 기업에 입사해봤자 본사 경영진의 눈에는 고작 모국에서나 능력을 써먹을 수 있는 '현지 인력'으로 비치는 것이 전부라는 사실을 잘 알기 때문이다. 그들에게 실리콘밸리 본사에서의 승진 기회는 주어지지 않고 '국가 담당 경영자'라는 천정이 그들이 더 이상 올라가는 것을 가로막는다. 야심이 크고 세계를 노리는 젊은 인재들은 그런 한계에 분노하면서 직접 회사를 세우거나, 중국 테크 대기업에서 승승장구하는 쪽을 선택한다. 외국계 테크 기업에 남은 사람들은 주로 야심이 크지 않은 관리자나 헬리콥터를 타고 바다를 건너온 세일즈 전문가들이다. 그들의 관심사는 중국 시장을 제패하기 위해 피 터지게 싸우는 것이 아니라 연봉과 스톡옵션을 제대로 간수하는 것이다. 자기 보신을 중시하는 사람들이 중국 시장이라는 목숨을 내걸어야 하는 원형경기장에서 이를 악물고 싸우는 검투사형 기업가들과 제대로 맞붙을 수 있을까? 승자는 당연히 검투사들이다.

해외 분석가들이 미국 대기업이 중국 시장에서 이기지 못하는 이유가 무엇인지 같은 질문을 되풀이하는 동안 중국 기업들은 더 나은 제품을 만드는 일에 열심히 매달렸다. 트위터에 영감을 받아 만든 마이크로블로그 플랫폼인 웨이보Weibo, 微博는 빠른 속도로 멀티미디어 기능을 추가했고, 지금 이 회사의 순자산가치는 트위터보다 높다. 우버와 치열한 경합을 벌인 중국판 차량공유회사 디디추싱Didi, 滴滴出行은 제품 종류를 확대했고, 지금 디디추싱의 하루차량 공유 수는 우버가 전 세계에서 제공하는 차량 공유 수보다많다. 중국판 버즈피드Buzzfeed라고 불린 터우탸오Toutiao, 今日头条는선진 머신러닝 알고리즘을 이용해 이용자 맞춤 콘텐츠를 제공하고 있으며, 현재 이 회사의 가치는 버즈피드의 몇 배에 달한다. 이런 회사들을 중국 정부의 보호에 기대 성공한 카피캣에 불과하다고 무시하면서 실리콘밸리 분석가들은 다른 곳에서 벌어지는 최고의 혁신에는 눈을 감고 있다.

중국의 경쟁이 치열해진 데에는 미국 거인들과의 경쟁보다는중국 내 기업가 생태계가 무르익을 대로 무르익은 것이 훨씬 크게작용했다. 알리바바와 바이두, 텐센트Tencent, 腾訊를 통해 중국 인터넷 시장의 수익성이 높다는 것이 입증된 후로 벤처투자와 인재들이 물밀 듯 쏟아져 들어오기 시작했다. 시장이 과열되었고 중국스타트업의 수는 기하급수적으로 늘어났다. 이 스타트업들은 처음에는 바다 건너에서 영감을 얻었을지 몰라도 그들의 진짜 경쟁상대는 중국 내 기업들이었고, 그들은 치졸한 주먹다짐을 하는 형제처럼 모든 유치한 충돌을 다 보여주었다.

실리콘밸리와의 싸움이 중국 토종 인터넷 골리앗을 탄생시켰다면, 중국 국내 시장의 치열한 경쟁은 검투사 기업가 세대를 만들어냈다.

스타트업과 전쟁에서는 모든 것이 공정하다.

저우홍이周鸿祎는 중장비 옆에 서서 사진을 찍는 것을 즐긴다. 저우홍이는 1,200만 명의 팔로워들에게 보여주기 위해 대포 옆에서 포즈를 취하거나 고성능 활과 화살로 휴대전화를 관통하는 자신의 사진을 자주 올리곤 한다. 4년 동안 그의 사무실 한쪽 벽에는 사격 연습을 위한 표적지가 빼곡하게 붙어 있었다. 홍보팀은 연기가 자욱하게 피어오르는 정글을 배경으로 전투복을 입고 기관총을 옆에 두고 앉아 있는 저우홍이의 사진을 언론에 보도 자료로 제시하곤 한다.

불같은 성격의 저우홍이는 중국에서 가장 성공적인 초창기 인터넷 기업의 창업자이기도 하다. 저우홍이는 처음 세운 회사를 야후에 팔았고, 야후는 중국 사업부 운영을 그에게 맡겼다. 실리콘밸리 경영진과 충돌이 끊이질 않았고, 한 번은 그가 고래고래 소리를 지르다가 창밖으로 의자를 내던졌다는 소문도 있다. 나는 구글 차이나 대표로 있을 때 저우홍이를 초대해 중국 시장의 독특한 성격에 대해 회사 경영진에게 조언을 해달라고 부탁한 적이 있었다. 그는 미국 경영진을 질타할 기회를 놓치지 않았다. 그는 그들이 순진해 빠졌고 중국 시장에서 경쟁하려면 어떻게 해야 하는지 전혀 알지 못한다고 비난했다. 차라리 자기처럼 싸움에 이골이

난 전사에게 경영을 전적으로 맡기는 것이 더 나을 것이라고도 했다. 나중에 그는 웹 보안회사인 치후 360 Qihoo 360, 奇虎 360 을 세웠고, 인터넷 익스플로러 로고를 초록색으로만 바꿔 그대로 베낀 브라우저도 출시했다.

저우훙이는 중국 인터넷 기업가들의 검투사 기질을 가감없이 구현한다. 그의 세상에서 경쟁은 전쟁이고 그는 승리를 위해 물불을 가리지 않는다. 실리콘밸리에서 그와 같이 행동하면 사회의 외면과 반독점 조사, 천문학적 비용의 소송 행진을 불러올 것이지만 중국의 원형경기장에서는 그런 제약이 없다. 상대의 반칙에는 나도 더 파괴적인 반칙으로 응수하는 것이 유일하게 효과적인 해결책이다. 제품 베끼기, 상대에 대한 중상모략, 심지어 구금도 동원한다. 치후 360과 인터넷 거인 텐센트의 메시지 플랫폼인 QQ 사이에 벌어진 이른바 '3Q 전쟁'은 세 가지 방법을 다 주고받았다.

나는 2010년 어느 날 저녁에 전쟁의 서막을 직접 목격했다. 그날 저우훙이는 그의 직원들과 베이징 외곽에서 벌이는 레이저태그건 대회에 나를 비롯해 새로 창업한 시노베이션벤처스 Sinovation Ventures, 創新工場의 직원들을 초대했다. 저우훙이가 실력을 한껏 발휘하며 상대 팀을 쏘아 맞히고 있는데 그의 휴대전화 벨이 울렸다. 나쁜 소식을 전하는 직원의 전화였다. 텐센트가 치후 360의 안티바이러스 소프트웨어 모방품을 출시했으며 QQ 이용자 컴퓨터에 자동으로 설치하고 있다는 소식이었다. 텐센트는 QQ 이용자 기반을 통해 막대한 영향을 휘두르는 강력한 회사였다. 저우훙이는 그의 자서전 『전복자顺覆者』에서 이번 일을 치후 핵심 사업에 대한 정면 도전이자 회사 사활이 걸린 중대 사건이라고 적었다.[7] 그는 곧바로 직원들을 불러 모았고, 그들은 본사로 달려가 반격 준비에 들어갔다.

그 후 두 달 동안 저우훙이는 그가 생각할 수 있는 모든 치졸하고 극단적인 수법을 다 동원해 텐센트에게 앙갚음했다. 첫 번째로 텐센트 소프트웨어를 열 때마다 으스스한 안전 경고 문구가 같이 뜨는 새 '개인 정보 보호' 소프트웨어를 만들어 배포했다. 이 경고 문구는 실제로 보안 취약성이 발견돼 뜨는 것이라기보다 더 강한 상대를 효과적으로 비방하기 위한 것이었다. 그런 다음 치후는 QQ의 모든 광고를 걸러 이 회사의 주요 수익원을 원천 차단할 수 있는 '보안' 소프트웨어를 배포했다. 얼마 후 저우훙이가 사무실로 향하고 있는데 전화가 왔다. 30명이 넘는 경찰들이 치후 360 본사를 급습했고, 조사 차 저우훙이를 구금하기 위해 그곳에 대기하고 있다는 것이었다. 경찰이 들이닥친 배후에 텐센트가 있다고 확신한 저우훙이는 곧장 공항으로 가서 홍콩으로 도망갔고 그곳에서 다음 행보를 준비했다.

텐센트는 마지막 핵폭탄을 남겨 두고 있었다. 2010년 11월 3일, 텐센트는 치후 360을 이용하는 모든 컴퓨터에서 앞으로는 QQ 메시지를 사용할 수 없다고 발표하며 이용자들에게 양자택일을 강요했다. 비유하자면, 페이스북이 구글 크롬을 이용하는 모든 이용자의 페이스북 접속을 차단한다고 발표한 것이나 다름없었다. 두 회사는 중국 이용자들의 컴퓨터를 전장 삼아 전면전을 펼치고 있는 셈이었다. 치후는 이용자들에게 나흘간의 'QQ 파업'을 벌이자고 선동했고, 결국은 피 흘리며 난타전을 벌이는 두 검투사를 떼어 놓으려 정부가 개입했다. 일주일 후 QQ와 치후는 정상 영업에 들어갔지만 전투의 흉터는 두 회사에도 기업가들에게도 오랫동안 지워지지 않았다.

저우훙이가 유독 공격적이고 전투적인 기업가이기는 하지만, 치졸한 수법이나 경쟁자를 응징하는 행동은 중국 테크놀로지 산업의 관행이었다. 왕싱의 페이스북 모방작인 시아오네이를 기억하는가? 그가 2006년에 매각한 후 런런왕으로 이름을 바꾼 이 사이트는 페이스북과 똑같은 분위기를 풍기며 소셜네트워크의 강자가 되었다. 그러나 2008년 런런왕은 카이신001^{Kaixin001, 开心001}이라는 듣도 보도 못한 사이트의 도전을 받았다(카이신은 베이징어로 '행복한'이라는 뜻이다.). 카이신001은 이미 런런왕에 가입한 대학생들이 아니라 젊은 도시인들을 초기 공략 목표로 삼아 이용자 수를 늘려나갔다. 카이신001은 소셜네트워크와 '스틸 베지터블스^{Steal Vegetables}'와 같은 게임을 통합한 서비스를 제공했다. 팜빌^{Farmville}의 아류작인 스틸 베지터블스는 이용자들이 협동 농업이 아니라 다른 이용자의 정원에서 채소를 훔칠 때 보상을 받는 게임이다. 카이신001은 창업하자마자 가장 급성장하는 소셜네트워크 사이트가 되었다.

카이신001은 제품은 탄탄했지만 이 사이트의 창업자는 검투사가 아니었다. 이 소셜네트워크 사이트를 만들면서 사용하고 싶었던 URL kaixin.com이 이미 선점돼 있는 것을 보고는 도메인을 사올 생각을 접었다(그럴 돈이 없어서였을 수도 있다.). 대신에 그는 kaixin001.com을 사용했는데, 이것은 투구 없이 검투장에 들어간 것이나 마찬가지인 치명적인 실수였다.

카이신001이 위협을 가하자 런런왕의 소유주는 www.kaixin.com을 원래의 소유주에게서 사들였다. 그리고는 카이신001의 사용자 인터페이스를 색깔만 바꾼 채 똑같이 만든 다음 "진짜 카이신 넷"이라는 별칭까지 버젓이 붙였다. 새롭게 뜨는 인기 소셜네트워크 사이트에 가입하려던 이용자들 다수는 자기도 모르게 런런왕의 네트워크에 가입하게 되었다. 두 사이트의 차이를 구분하는 사람은 거의 없었다. 런런왕은 나중에 가서 런런왕과 카이신.com(치엔시앙 카이신왕千像开心)의 합병을 발표했고 이로써 카이신001 이용자를 훔쳐오는 작업을 효과적으로 완료했다. 이런 대응 행보에 카이신001의 이용자 증가는 된서리를 맞았고 성장 모멘텀이 수그러들면서 런런왕의 SNS 시장 지배에 대한 위협적 공세도 풀이 꺾였다.

카이신001은 비겁한 라이벌을 고소했지만 전투에서 입은 피해는 소송으로도 복구할 수 없었다. 소장이 접수되고 18개월이 흐른 2011년 4월, 베이징 법원은 런런왕이 카이신001에게 6만 달러를 배상해야 한다고 판결했지만, 한때 앞날이 창창했던 도전자의 모습은 간데 없고 빈껍데기만 남아 있었다. 그로부터 한 달후 런런왕은 뉴욕증권거래소에 상장해 7억 4천만 달러의 자본을 모았다.

원형경기장이 주는 교훈은 분명했다. 죽이지 않으면 죽는다는 것이었다. 경쟁자를 막을 완벽한 보호구가 없는 회사는 기술이건 사업이건 심지어 개인의 신변이건 다 공격 대상이다. 모든 전리품은 승자에게 간다. 그리고 전리품의 금액은 많으면 수십억 달러에 달할 수도 있다.

이런 문화 체계는 끔찍할 정도로 광적인 직업윤리에도 영감을 준다. 실리콘밸리는 밥 먹듯 하는 야근을 자랑스럽게 생각하고, 무료 식사 제공과 사내 체육관, 무료 생맥주면 야근도 그럭저럭 참을 만하다고 생각한다. 그러나 중국의 스타트업 현장과 비교하면 실리콘밸리 기업들은 무기력해 보이고 엔지니어들은 게을러 보인다. 딥러닝 개척자이며 구글 브레인 프로젝트를 창설했고 바이두의 AI 연구를 주도한 앤드류 응은 먼로파크에서 열린 시노베이션 행사에서 두 환경의 차이를 비교했다.[8]

중국에서의 속도는 상당히 빠른 편이다. 나는 중국에서 연구팀을 이끌 때 토요일이건 일요일이건 마음이 내키면 아무 때나 회의를 소집했다. 모두가 불평 한마디 없이 참석했다. 내가 저녁을 먹다가 7시에 문자 메시지를 보냈는데 저녁 8시까지 답이 없으면 혹시 무슨 일이 있는 것은 아닌지 걱정이 될 정도였다. 그런 의사결정 속도가 꾸준하게 이어졌다. 시장에서 뭔가가 벌어지면, 더 잘 대응해야 한다는 것이다. 중국 생태계가 놀라울 정도로 혁신을 잘 이해하고 시장에 무엇을 전달해야 할지 잘 알게 된 것도 그 때문이 아닐까 싶다……미국에서 나는 한 소프트웨어 판매자와 같이 일한 적이 있었다. 이름을 밝히진 않겠지만, 하루는 그 판매자가 내게 전화를 해 이렇게 말했다. "앤드류, 여기는 실리콘밸리입니다. 중국에 있을 때처럼 우리를 가르치려고 하지는 말아 주세요. 그래 봤자 우리한테서 기대하는 속도는 나오지 않습니다."

린 검투사

카피캣 시대에 중국 테크놀로지 기업가들이 배운 것은 비겁한 술수와 숨 가쁜 일정만이 아니었다. 과감한 재무적 위험 부담, 모방을 거부하지 않는 성향, 시장 중심 사고는 '린 스타트업' 방법론을 구현하는 기업들을 배양하는 결과로 꽃을 피웠다.

이 방법론은 실리콘밸리에서 처음 구체적으로 모습을 드러냈고 2011년《린 스타트업The Lean Startup》이라는 책을 통해 대중에게 널리 알려졌다.[9] 린 스타트업의 핵심 철학은 창업자는 시장이 어떤 제품을 필요로 하는지 모르며, 시장이 필요로 하는 제품은 시장이 안다는 것이다. 다시 말해 스타트업은 수년의 시간과 수백만 달러의 돈을 들여 완벽한 제품을 극비리에 개발하는 것이 아니라 시장 수요에 따라 언제라도 다양한 기능을 추가하고 뺄 수 있는 '최소 기능 제품minimum viable product'를 출시하는 방향으로 하루빨리 옮겨가야 한다는 것이다. 인터넷 계통 스타트업들은 고객 활동이 즉각적인 피드백을 제공하므로 뜸들일 필요 없이 제품 개발을 반복할 수 있다. 사용되지 않는 특징은 버리고 새 기능을 추가하고 시장 수요의 바다를 계속해서 시험 운행해야 한다. 린 스타트업은 소비자 행동이 미묘하게 변하는 것을 감지해야 하고, 그런 요구에 부응하기 위해 쉬지 않고 제품을 수정하고 개선해야 한다. 린 스타트업은 이익이 나지 않는 제품이나 사업을 과감하게 폐기해야 하며 돈이 흐르는 곳을 좇아 방향을 바꾸고 재배치하는 일에도 거침이 없어야 한다.

2011년이 되면서 실리콘밸리 기업가들과 투자자들은 '린'이라는 말을 입에 달고 살았다. 컨퍼런스와 강연회의 기조연설은 린 기업가정신의 복음을 설파했지만, 실리콘밸리가 추구하는 사명 중심 스타트업에 언제나 자연스럽게 맞아떨어지는 것은 아니었다. 미디어나 벤처투자회사에 스타트업을 알릴 때는 '사명'이 강한 서사의 힘을 발휘하지만 급변하는 시장에서 사명은 큰 부담이 될 수 있다. 시장의 요구와 사명의 지시가 어긋나기 시작할 때 창업자는 무엇을 해야 하는가?

중국의 시장 중심 기업가들은 그런 딜레마를 겪을 소지 자체가 없었다. 그들은 고상한 사명 설명서나 '핵심 가치'에 구애받지 않기 때문에 이용자 활동의 트렌드를 좇아 추적하면서 필요한 곳 어디에 행보를 옮겨도 문제가 없었다. 트렌드를 좇다가 그 해의 인기 시장에 뛰어들어 경쟁하는 판박이 복제품들이 수백 개나 되는 산업으로 향하기도 했다. 타오바오가 이베이와 경쟁할 때 그랬듯 이 모방자들은 자사 소프트웨어를 무료로 제공하는 등 이용자 공략을 위해서는 저가 출혈 경쟁도 서슴지 않았다. 발 디딜 틈 없는 치열한 경쟁과 거침 없는 가격 인하 의지는 기업들로 하여금 제품 개발에 매진하게 했다. 그들은 제품을 수정하고 새로운 수익 창출 모델을 만들면서 카피캣 경쟁자들이 쉽사리 넘보지 못할 높은 장벽을 두른 탄탄한 사업을 구축해 나갔다.

모방이 일상인 시장에서 이 기업가들은 경쟁자들보다 더 열심히 일하고 더 유능하게 일해야 했다. 실리콘밸리는 모방을 기피하는 태도에 자부심을 가지지만 이런 태도는 더러 안주를 이끌기도 한다. 남을 따라하거나 독창성이 없어 보이는 것을 기피하는 실리콘밸리 문화에서 선발주자는 새 시장에 금방 안착한다. 중국 기업들은 그런 사치를 누리지 못한다. 회사는 시장이 원하는 제품을 만드는 데 성공해도 승리를 선포하지 못한다. 그들은 전쟁을 선포해야 한다.

왕싱의 복수

천 개 그루폰의 전쟁War of a Thousand Groupons은 이런 현상을 구체적으로 보여주었다. 사업을 개시한 2008년 이후로 그루폰은 미국 스타트업 세계의 총아였다. 사업 개념은 단순했다. 이용자가 일정 수준 이상 모일 때만 쓸 수 있는 쿠폰을 제공한다는 것이다. 구매자는 할인을 받았고, 판매자는 대량 판매를 보장받는다. 공동구매 할인은 금융위기 후 미국에서 큰 인기를 얻었고 그루폰의 시가총액은 6개월 만에 10억 달러를 넘어섰다. 증권가 역사상 가장 빠른 성장이었다.

공동구매 할인 쿠폰은 쇼퍼들이 할인에 열광하고 흥정도 기술이라고 생각하는 중국에도 안성맞춤인 사업 개념이었다. 다음번 괜찮은 시장을 물색 중이던 중국 기업가들은 재빨리 공동구매 사업에 뛰어들어 그루폰의 '오늘의 최저가Deal of the Day' 모델에 기반한 중국판 플랫폼을 시작했다. 대형 인터넷 포털 사이트들은 자체 공동구매 사업부를 시작했고, 수십 개의 스타트업이 경쟁에 뛰어들었다. 수십 개였던 스타트업은 어느샌가 수백 개, 그리고 수천 개의 카피캣으로 불어났다. 2011년 그루폰이 IPO를 했을 때에는—2004년 구글 IPO 이래 최대 규모의 IPO였다—중국에서만 5,000개가 넘는 공동구매 회사들이 우후죽순으로 난립하고 있었다.

외부인이라면 배를 잡고 웃을 일이었다. 뻔뻔하게 모방을 하고 독창적 아이디어라고는 찾아볼 길 없는 인터넷 생태계를 그토록 잘 희화한 장면도 볼 수 없을 것이었다. 실제로도 5,000개가 넘는 이 카피캣 떼거리는 비웃음을 당해도 할 말이 없었다. 그들은 야심만 높고 무능한 데다 이어질 혈전에서 살아남을 가능성은 눈곱만큼도 없는 기업가들의 무리에 불과했다.

그러나 이 막무가내 집단에서도 가장 사나운 싸움이 벌어지는 한 가운데에 왕싱이 있었다. 지난 7년 동안 왕싱은 미국 테크놀로지 제품 세 개를 모방하고 두 개의 회사를 차렸으며 원형경기장에서 살아남는 데 필요한 기술을 연마했다. 미국 웹사이트를 그대로 베끼던 괴짜 엔지니어였던 왕싱은 테크놀로지 제품과 사업모델과 검투사 싸움에 대한 안목을 날카롭게 벼른 연쇄 창업가로 탈바꿈했다.

그는 천 개 그루폰의 전쟁 동안 자신의 실력을 유감없이 발휘했다. 2010년 초에는 '아름다운 집단'이라는 뜻의 소셜커머스인 메이투안Meituan, 美团을 창업하고 앞서 페이스북과 트위터 짝퉁 사이트 시절을 겪으며 싸움에 단련된 베테랑들에게 선봉장을 맡겼다. 메이투안에서는 페이스북과 트위터를 모방할 때처럼 그대로 갖다 붙이는 전법은 쓰지 않았다. 대신에 촘촘한 인터페이스를 선호하는 중국 이용자들의 기호에 맞게 인터페이스를 새로 구축했다.

메이투안이 사업을 개시했을 때는 전투가 과열 양상으로 치달으며 경쟁자들이 오프라인 광고에 수억 달러를 퍼붓는 상태였다.

군중에서 두드러져 보이려면 돈을 많이 끌어모으고 그 돈을 광고와 보조금에 써서 무조건 고객을 많이 확보하는 쪽이 이긴다는 논리였다. 시장점유율이 높아지면 그것을 이용해 더 많은 돈을 모았고 똑같은 순환이 반복되었다. 욕심에 눈이 먼 투자자들은 거기서 거기인 기업들에 자본을 대었고, 중국 도시민들은 높은 할인가를 제공해주는 곳을 찾아 우르르 몰려 다녔다. 중국의 벤처투자계가 합심해서 국민 전체에게 저녁 식사를 대접해주고 있다고 해도 과언이 아닐 정도였다.

왕싱은 그런 현금 출혈이 얼마나 위험한지 잘 알고 있었다. 그도 페이스북을 흉내 낸 시아오네이를 같은 방식으로 잃었다. 그는 단기 할인으로 장기적인 고객 충성을 사려는 시도의 앞날이 뻔할 것임을 예감했다. 보조금 지급이 유일한 경쟁 전략이면 고객들은 철새처럼 이 플랫폼에서 저 플랫폼으로 계속해서 옮겨 다닐 것이다. 경쟁사들이 식당 할인쿠폰 보조금을 지급하고 시장 교육에 돈을 얼마나 쓰는지는 중요하지 않았다. 왕싱은 그들이 뿌린 씨앗을 수확하면 그뿐이다. 그래서 왕싱은 비용을 낮추고 대신에 제품 개발을 반복하는 데 주력했다. 메이투안은 모든 오프라인 광고를 자제했으며, 제품을 개선하고 이용자 확보와 유지 비용을 낮추고 복잡한 백엔드를 최적화하는 데 자원을 투입했다. 수백만 구매자로부터 대금을 수취하고 수만의 판매자에게 대금을 지불하는 결제 처리 시스템을 간소화하는 백엔드 작업도 행했다. 10년간 현장 경험을 쌓으며 실력을 다진 왕싱에게도 만만치 않은 엔지니어링 작업이었다.

메이투안은 시장점유율에 집착하는 스타트업이 흔히 간과하는 판매자와의 관계 강화를 핵심 차별화 전략 중 하나로 삼았다. 메이투안은 판매자에게 대금을 더 빨리 넘겨주는 자동 결제시스템을 개척했는데, 공동구매 스타트업들의 폐업이 연달아 이어지고 식당들의 미수금이 날로 쌓이는 시기에 찾아온 반가운 변화였다. 메이투안의 안정성은 충성을 불러 모았고, 왕싱은 늘어난 충성을 이용해 더 큰 독점 제휴 관계망을 구축하기 시작했다.

그루폰은 2011년 초 텐센트와 합작투자를 통해 중국 시장에 공식 진출했다. 즉, 세계 최대 공동구매 회사가 중국 시장에 대한 노하우와 소셜미디어에서의 큰 영향력을 갖고 있는 터줏대감과 밀월 관계를 시작한 것이다. 그러나 그루폰-텐센트 제휴는 시작부터 헛발질투성이였다. 텐센트는 전자상거래 회사와의 성공적인 제휴 관계를 꾸리는 방법을 알지 못하는 탓에 그루폰의 해외 확장 지침서를 무조건 따르며 수십 명의 경영 컨설턴트를 고용하고 인력파견업체인 맨파워Manpower에서 파견한 하위직 세일즈팀을 대거 이용했다. 맨파워 헤드헌터들은 수수료로 떼돈을 벌었고, 그루폰은 중국 현지 경쟁사를 초라해 보이게 만들 정도로 어마어마한 고객 획득 비용을 썼다. 이 외국계 거인은 빛의 속도로 돈을 탕진했고 굼벵이보다 느리게 제품을 최적화했다. 중국 스타트업들이 출혈 경쟁을 계속하면서 그루폰의 존재감은 있는 듯 없는 듯 희미해졌다.

외부인이 보기엔 이렇게 벤처투자 자본을 등에 업고 하는 시장 점유율 전투는 가장 많이 자본을 모으고 가장 오래 버티기만 하면 이기는 승부로 비친다. 그건 절반의 진실이다. 자본을 많이 조달하는 것도 중요하지만, 번 레이트burn rate라고 하는 경비 지출 속도와 보조금 지급을 통해 확보한 고객의 점착도stickness도 중요하다. 이런 전투를 치르는 스타트업들은 당장은 이익이 거의 나지 않지만, 고객 1인당 손실을 최저로 낮추는 회사가 투자 자본을 많이 모으는 회사보다 더 오래 버틸 수 있다. 출혈 전쟁이 끝나고 가격이 오르기 시작한 순간부터는 효율성 제고를 위한 가차없는 노력은 수익성으로 향하는 귀중한 자산이 된다.

천 개 그루폰의 전쟁이 무르익으면서 전투 참가자들은 여러 방법으로 생존을 도모했다. 검투사들이 원형경기장에서 파벌을 만든 것처럼 약한 스타트업들은 규모의 경제를 노리며 합병을 추진했다. 어떤 스타트업들은 잠깐이라도 1등 자리를 얻기 위해 거액의 광고 노출에 의존했다. 그러나 메이투안은 뒤로 물러서 있었다. 10위권 안의 자리는 꾸준히 유지하되 1등 자리를 노리는 행동은 취하지 않았다.

왕싱은 14세기 반군의 수장으로서 다른 반군 수장들 수십 명보다 오래 버티며 결국 명나라를 건국하고 황제에 오른 주원장의

"성벽을 높이 짓고 곡식을 저장하고 때를 기다려 왕좌에 올랐음을 선포한다"라는 정복 철학을 실천했다. 왕싱에게 있어 벤처를 통한 자본 조달은 곡식이었고 뛰어난 제품은 그의 성벽이었으며 10억 달러 시장은 왕좌였다.

2013년이 되면서 중국 역사상 가장 거칠었던 모방자 전쟁의 소란이 가라앉기 시작했다. 대다수 검투사들은 물불 가리지 않는 공격에 당해 사라지거나 잘못된 경영으로 스스로 발목이 잡혔다. 여전히 버티고 서 있는 검투사는 단 셋, 메이투안과 디엔핑Dianping, 大众点评, 누오미Nuomi, 諾米뿐이었다. 디엔핑은 오래전 공동구매 시장에 진출한 미국의 크라우드 소싱 리뷰 포럼인 옐프Yelp를 모방한 사이트였고, 누오비는 왕싱이 페이스북을 모방해 창업했다가 매각한 런런왕의 공동구매 계열사였다. 이 세 회사가 시장의 80% 이상을 점유했고 왕싱의 메이투안은 가치가 30억 달러로 성장했다. 미국 웹사이트들을 갖다 붙이는 일을 몇 년이나 한 끝에, 그는 마침내 기업가로서의 기교를 익혔고 거대한 새 시장에서 높은 점유율을 확보했다.

그러나 오늘날 메이투안을 있게 한 것은 공동구매를 고집해서가 아니다. 그루폰은 공동구매 할인이라는 독창적 아이디어에 심취해서는 처음의 사업을 유지하는 데에만 전념했다. 2014년에 그루폰의 주가는 IPO 때의 반토막도 안 되는 가격으로 주저앉았다. 지금 이 회사는 껍데기만 남았다고 해도 과언이 아니다. 반대로 왕싱은 메이투안의 사업 라인을 끊임없이 확장하고 핵심 제품도 계속해서 바꾸었다. 소비자 인기 판도가 변하며 중국 경제를 새롭게 휩쓸 때마다-박스 오피스 예매 붐, 음식 배달 서비스 폭증, 국내 관광 급증, O2O 서비스 인기 등-왕싱은 사업 방향을 바꾸고 결국에는 회사 모습까지 변신했다. 그는 왕성한 식욕으로 새 시장을 먹어치웠고 지치지 않는 에너지로 신제품을 반복적으로 개선하고 개발했다. 시장 위주 린 스타트업의 뛰어난 모범이었다.

2015년 말에 메이투안은 경쟁업체인 디엔핑과 합병했고, 새롭게 탄생한 합병회사의 경영은 왕싱이 맡기로 했다. 2017년에 이 거대 합병회사는 매달 2,000만 건의 주문을 접수했으며 적극 이용자 수는 2억 8,000만에 달한다. 메이투안이 공동구매 사이트로 출발했다는 사실은 대다수 고객의 뇌리에서는 사라진 지 오래다. 고객들은 이 사이트가 요리 주문부터 영화표 예매, 호텔 예약에 이르기까지 다루지 않는 것이 없는 소비자 제국이 되었다는 사실만 기억한다. 현재 메이투안-디엔핑美团点评의 시가총액은 300억 달러로, 에어비앤비와 엘론 머스크Elon Musk의 스페이스 XSpace X를 넘어 세계에서 네 번째로 가치 있는 스타트업이 되었다.

기업가, 전기, 그리고 석유

왕싱은 카피캣의 성공보다 더 중요한 이야기를 전달한다. 그의 변신은 중국 테크놀로지 생태계의 진화와, 그 생태계의 가장 귀중한 자산인 포기를 모르는 기업가의 모습을 보여주고 있다. 중국의 기업가들은 그들의 터전에서 펼쳐진 게임에서 실리콘밸리 거인들을 무찌르고 있으며, 세계에서 경쟁이 가장 치열한 스타트업 환경에서 살아남는 방법을 터득했다. 그리고 그들은 중국의 인터넷 혁명과 모바일 인터넷의 폭발적 성장을 이용해 중국에서 새롭게 일기 시작한 소비자 중심 경제에 생명의 숨결을 불어넣었다.

그러나 이 기업가들이 지금까지 이룬 놀라운 성취는 그들이 앞으로 인공지능의 힘을 이용해 이룰 성취에 비하면 아무것도 아니다. 중국 인터넷 여명기는 전보가 발명됐을 때처럼 거리를 좁히고 정보 흐름을 빠르게 하고 상거래를 원활하게 하는 효과를 만들었다. 중국의 AI 여명기는 비유하자면 전력의 상용화와 비슷하다. AI는 산업의 경계선을 넘어 모든 산업의 역량을 최대치까지 끌어올릴 것이다. 원형경기장에서 실력을 연마한 중국 기업가들은 AI라는 신기술이 가진 막대한 힘을 잘 알고 있으며, 이미 한발 앞서 AI 에너지를 이익으로 바꿔줄 산업과 응용 분야를 물색하기 시작했다.

이런 노력이 성공하려면 실전으로 쌓은 비즈니스 감수성만 가지고는 충분하지 않다. 인공지능이 새로운 전기라면 빅데이터는 발전기를 돌아가게 만드는 석유이다. 2012년 중국만의 독특하고 생동감 넘치는 인터넷 생태계가 발돋움을 시작하면서 이 나라는 인공지능 시대에 걸맞은 세계 최대 산유국이 되었다.

3
중국의 대체 인터넷 우주

귀훙郭紅은 정부 관료이자 스타트업 창업가다. 중년의 귀훙은 언제나 수수한 검정 양복 차림에 두꺼운 안경을 끼고 다닌다. 개회식에서 공식 사진을 찍으려고 서 있는 모습은, 똑같이 짙은 양복 차림 일색으로 리본 커팅을 하고 축하 연설을 하러 온 수십 명의 베이징시 공무원들과 다를 것이 없다.

2010년까지 20년 동안 중국은 엔지니어 집단이 지배했다고 해도 과언이 아니다. 중국 관료사회는 물리적 실체를 만드는 학문을 공부한 사람들이 진을 이루었고, 그들은 그 지식을 밑천 삼아 중국을 가난한 농경사회에서 바쁘게 움직이는 공장과 거대한 도시로 이뤄진 국가로 탈바꿈시켰다. 그러나 궈훙은 물리적 실체와 창의적 아이디어를 동시에 추구해야 하는 새로운 시대의 중국에 필요한 새로운 종류의 정부 일꾼이었다.

궈훙은 다른 기업가들이나 기술 전문가들이 있는 자리에 동석하면 사람이 달라진다. 아이디어를 무수히 쏟아내고 말이 빨라지고 열심히 듣는다. 차세대 기술이라는 말만 들어도 귀를 쫑긋하고, 새로운 기술 트렌드를 스타트업 사업에 응용할 방법도 구상한다. 궈훙은 틀을 넘어 생각하는 사람이고, 생각은 곧바로 실천으로 옮기는 사람이다. 그와 같은 창업자가 있다면 벤처투자자는 돈을 얼마를 투자해도 아깝다고 생각하지 않을 것이다.

궈훙의 이런 면모는 자신이 담당한 베이징시 구역을 중국판 실리콘밸리이자 창의적 혁신이 넘치는 온실로 바꾸기로 결심했을 때 진가를 발휘했다. 그때가 2010년이었고, 궈훙의 담당 구역은 나름 위세를 떨치고 있는 베이징 북서부의 중관춘 기술 개발구였다. 이곳은 오래전부터 중국판 실리콘밸리를 표방했지만 그 실상은 이름에 걸맞지 못했다. 중관춘에는 저가 스마트폰과 해적판 소프트웨어를 파는 전자상가들이 즐비할 뿐, 진짜 혁신 스타트업은 거의 없었다. 궈훙은 이곳을 바꾸고 싶었다.

변신을 시작하기 위해 궈훙은 시노베이션벤처스로 나를 만나러 찾아왔다. 중국에서 가장 강력한 미국계 테크놀로지 기업의 대표로 10년을 지내다가 2009년 가을 나는 구글 차이나를 떠나 중국 스타트업에 초기 인큐베이팅스타트업이 사업 기술을 기르도록 도와주고 자금 지원이나 전문 네트워크 등을 마련해 주는 사업-옮긴이과 엔젤투자를 해주는 시노베이션을 세웠다. 중국 스타트업 생태계에 새 에너지가 약동하는 것을 감지하고 내린 결정이었다. 카피캣 시대는 우수한 기업가들을 대거 길러냈고, 그들은 그간의 기술을 응용해 중국 특유의 문제를 해결하려는 시도를 하고 있었다. 모바일 인터넷을 향한 중국의 빠른 발걸음과 붐비는 도심들은 혁신적 제품과 새 사업모델이 융성할 수 있는 완전히 다른 환경을 만들어냈다. 그들이 최고의 역량을 발휘하도록 멘토링을 해주고 자금을 대주는 일에 나도 동참하고 싶었다.

귀홍이 시노베이션을 방문했을 때 전직 구글 직원들과 나로 이뤄진 핵심 팀은 중관춘 북동부에 있는 작은 사무실에서 일하고 있었다. 우리는 우리의 인큐베이팅에 동참하고 중국의 초기 스마트폰 이용자들을 타깃으로 하는 스타트업 창업에 도움을 줄 장래가 촉망되는 엔지니어들을 모집 중이었다. 귀홍은 자기가 어떻게 하면 그 일에 도움이 될지 알고 싶어 했다. 나는 스타트업 육성에 들어가야 할 돈에서 큰 부분을 임대료가 잡아먹고 있다고 말했다. 임대료가 조금이라도 줄면 제품과 기업 구축에 그만큼 더 돈을 쓸 수 있다고도 말했다. 그는 걱정하지 말라고 말하고는 몇 군데 전화를 걸었다. 그리고는 우리가 중관춘 근린지구로 옮기면 지방정부가 3년 치 임대료를 보전해줄 수 있다고 했다.

이것만으로도 근사한 소식이었지만, 궈훙의 활약은 이제 시작에 불과했다. 궈훙은 인큐베이터 한 곳에 돈만 대는 것으로는 만족하지 않았다. 궈훙은 실리콘밸리를 움직이게 만드는 진짜 동력이 무엇인지 알고 싶었는지 내가 1990년대 실리콘밸리에서 일하며 보냈던 시간에 대해 질문 세례를 퍼부었다. 나는 실리콘밸리의 초기 기업가들이 어떻게 엔젤투자자와 멘토가 되었는지, 지리적 근접성과 촘촘한 사회적 연결망이 어떻게 위대한 아이디어에 영리한 한판 승부를 거는 자립형 벤처투자 생태계를 탄생시켰는지 설명했다.

이야기를 나눌수록 궈훙의 머리가 재빠르게 돌아가고 있는 것이 훤히 보였다. 그는 모든 설명을 다 흡수했고 계획의 대략적인 윤곽까지도 구상하고 있었다. 실리콘밸리가 지금의 유기적 모습을 갖추는 데는 수십 년이 걸렸다. 만약 중국이 반강제로 지리적 근접성을 조성해 그 과정에 속도를 높일 수 있다면? 중관춘의 거리 한 곳을 선택해 기존 거주민들을 다른 곳으로 이주시키고 그 공간을 생태계의 핵심 구성원인 벤처투자 회사, 스타트업, 인큐베이터, 서비스제공자에게 개방한다면? 그는 이미 이름까지 생각해 두었다. '창업 거리'라는 뜻의 추앙예다지创业大街였다.

이렇게 톱다운 방식으로 혁신 생태계를 건설하는 것은 실리콘밸리의 정통 방식과는 정면으로 대치된다. 실리콘밸리의 관점에서 볼 때 실리콘밸리를 특별하게 만드는 것은 추상적인 문화적 시대정신과 독창적 사고를 위한 헌신, 그리고 혁신이다. 건물을 올리고 임대료 보조금만 지급한다고 해서 실리콘밸리가 특별해지는 것은 아니다.

귀홍과 나는 이런 고아한 사명의식도 중요하지만 중국의 처지는 다르다고 생각했다. 지금의 중국에 혁신 거리를 만들려면 돈과 부동산, 정부 지원도 중요했다. 그러기 위해 궂은일도 마다하지 않아야 하며 실리콘밸리가 추구하는 고매한 혁신 윤리를 지금 중국의 물리적 현실에 맞게 바꿀 수 있어야 한다. 실리콘밸리의 핵심 메커니즘 일부를 차용하기는 하지만 중국의 인터넷 생태계는 완전히 다른 방향으로 나아가게 될 것이다.

중국 인터넷 생태계는 독립성과 자립성을 갖추기 시작했다. 중국 창업가들은 해외 벤처투자자들의 입맛에 맞춘 스타트업 투자 설명회를 할 필요가 없어졌다. 그들은 중국의 문제 해결을 겨냥한 중국 특유의 제품을 구축할 수 있게 되었다. 이 거대한 변화의 바다는 중국 도시들의 결을 바꾸었고 더 나아가 중국 인터넷 발전에 새 시대가 다가오고 있음을 알렸다. 또한 AI 시대를 위한 귀중한 천연자원 생산이 폭발적으로 급증하는 결과도 낳았다.

미지의 AI 영역

카피캣 시대의 중국에 있어 실리콘밸리는 모방하고 경쟁하고 따라잡아야 할 대상이었다. 그러나 2013년을 기점으로 중국 인터넷이 방향을 선회했다. 중국 인터넷은 기능성 면에 있어서 실리콘 밸리보다 뒤지지는 않았지만 그렇다고 추월하는 것도 아니었다. 대신에 중국 인터넷은 독자적인 원재료와 행성계와 물리학 법칙을 가진 대체 우주로 변신했다. 이 우주에서 이용자들은 저가 스마트폰으로만 인터넷에 접속했고, 스마트폰이 신용카드 기능도 겸했으며, 인구밀도가 높은 도시들은 디지털 세상과 물리적 세계를 혼합하는 풍부한 실험의 장이 되었다.

이런 세계를 지배하는 중국 테크기업들은 실리콘밸리에서는 생각할 수도 없는 결과였다. '중국의 아마존'이나 '중국의 페이스북' 같은 단순한 표현으로는 중국 소셜앱 시장을 지배하는 위챗과 같은 앱을 제대로 설명할 수 없다. 위챗은 마트 계산, 배달음식 주문, 의사 진료예약까지도 가능한 '디지털 맥가이버칼'로 진화했기 때문이다.

이런 변신의 토대에는 여러 핵심 구성 요소들이 깔려 있었다. 모바일 우선 인터넷 이용자들, 전국민 슈퍼앱 역할을 하는 위챗, 그리고 모든 스마트폰을 디지털 지갑으로 바꾼 모바일 결제가 여기에 해당했다. 이런 요소들이 제자리를 찾아 안착하면서 중국 스타트업들은 진정한 혁신을 폭발적으로 쏟아내기 시작했다. 그들은 O2O 서비스를 개척하면서 중국 경제의 씨실과 날실 깊숙이 인터넷을 새겨넣었다. 그들은 중국 도시들을 물물경제 시대 이래 처음으로 무현금 사회로 바꾸었다. 그리고 그들이 인공지능 자전거 공

유 앱으로 도심 대중교통에 불러일으킨 혁명은 세계 최대 사물인
터넷[IoT] 네트워크를 만들어냈다.

유례없을 정도로 전폭적인 정부의 혁신 지원도 여기에 더욱 불
을 붙였다. 궈훙이 사명으로 삼은 창업거리 건설이라는 작은 물줄
기는 2014년에는 거대한 물줄기로 변했다. 공무원들은 테크 창업
을 적극 지원하는 공공 정책을 추진했다. 중국 시장들은 '대중창
업, 만중창신大衆創業, 萬衆創新' 구호를 외치면서 자신들의 시에 궈훙
의 창업거리를 본뜬 새 혁신지구와 인큐베이터, 정부지원 벤처투
자 기금을 만들었다. 서구의 분석가들이 비효율적이고 오도하는
행위라고 무시했던 이 전국 혁신 운동은 중국 인터넷 산업의 대체
우주로의 진화에 터보엔진을 달아주었다.

이런 환경에서 꽃을 피우려면 엔지니어링 기량과 밑바닥 인력
이 다 필요했다. 스쿠터를 타고 시를 누비며 뜨끈한 식사를 배달
할 인력, 거리 행상들에게 모바일 결제를 홍보하고 다니는 수만 명
의 영업사원들, 그리고 트럭으로 운반되어 도시 곳곳에 배치되는
수백만 대의 공유 자전거까지. 이런 서비스가 폭발적으로 증가하
면서 중국 기업들은 팔을 걷어붙이고 실세계로 나가 비지땀을 흘
리며 힘든 일도 마다하지 않고 다 해야 했다.

내가 볼 때 실세계에서 직접 손에 때를 묻힐 각오가 섰다는 것
이 중국 테크기업들과 실리콘밸리 기업들의 차이였다. 미국 스타
트업들은 자기들이 아는 것만 열심히 하려는 성향이 강하다. 다시

말해 깔끔한 작업인 디지털 플랫폼을 구축해 정보 교환을 돕는 일만 잘하면 된다고 생각한다. 비지땀을 흘리며 일하는 소상공인들이 쓰라고 만든 플랫폼이기는 하지만, 실리콘밸리 기업들은 손에 때를 묻히는 일에 대해서는 오만한 자세로 거리를 유지한다. 그들은 최소 인원만 갖춘 해커 집단이 샌프란시스코의 다락방에 죽치고 앉아 10억짜리 사업을 세우는 과정을 풍자한 HBO 시트콤 「실리콘밸리」에 나오는 방법론을 교본으로 삼고 싶어 한다.

중국 테크기업들은 그런 사치를 부릴 여유가 없다. 괜찮은 디지털 제품이 나오면 언제라도 뜯어볼 준비가 된 경쟁자들이 사방에 진을 치고 있기 때문에 그들은 몸을 움직여야 하는 작업에서도 규모와 비용과 효율성을 차별화 요소로 사용해야 한다. 그들은 사업모델에서 수익을 내기 위해 미친 듯이 현금을 써 대고 저임금 배달 인력에 의존한다. 바로 이것이 실리콘밸리 정통론에 사로잡힌 미국 분석가들이 머리를 쥐어짜도 이해하지 못하는 중국 대체 인터넷 우주의 결정적 특성이다.

데이터 시대의 사우디아라비아

힘든 일을 마다하지 않는 중국 테크기업들의 태도는 중국이 AI 실행의 시대를 주도할 수 있는 토대가 되고 있다. 음식 배달이나 자동차 수리, 자전거 공유, 구멍가게에서의 물건 구입 등 잡다한 일까지 다 하면서 이 기업들은 중국을 데이터 시대의 사우디아라비아로 바꾸고 있다. 어느 순간부터 이 나라에는 테크놀로지 시대의 연료인 데이터가 산더미처럼 쌓였다. 중국은 미국을 추월해 세계 최대 디지털 데이터 생산국이 되었으며 그 격차는 하루가 다르게 벌어지고 있다.

첫 장에서 언급했듯이 딥러닝 기술의 개발은 우리가 전문지식의 시대에서 데이터 시대로 넘어가고 있다는 것을 의미한다. 딥러닝 알고리즘을 성공적으로 훈련하려면 연산력과 기술적 재능, 무수한 데이터가 필요하다. 그러나 이 셋 중에서도 발전에 가장 중요한 요소는 데이터의 양이다. 기술적 재능은 어느 정도 문턱을 넘어선 다음부터는 그 영향력이 낮아진다. 그때부터 모든 차이를 결정하는 것은 데이터이다. 평범한 엔지니어 한 사람이 방대한 데이터에 접속해서 조정하는 알고리즘이 세계 최고 전문가가 적은 데이터를 가지고 조정하는 알고리즘보다 기능 면에서 훨씬 뛰어날 수 있다.

중국은 데이터의 양만이 아니라 데이터의 질에 있어서도 우위에 있다. 이 나라의 방대한 인터넷 이용자 수는-미국과 유럽 전체를 합친 것보다도 많다-많은 양의 데이터를 주기도 하지만, 그 이용자들이 온라인에서 하는 행동은 데이터의 질을 높이는 효과도 있다. 중국 대체 인터넷 우주가 가진 성격 덕분에 AI 중심 기업을 구축할 때에도 수집한 데이터는 대단히 큰 도움이 된다.

실리콘밸리 공룡기업들은 이용자들의 플랫폼 활동을 통해 데이터를 축적하지만 대개는 검색 내용이나 업로드한 사진, 시청한 유튜브 동영상, '좋아요'를 누른 포스트 등 '온라인' 활동에 집중돼 있다. 반대로 중국 기업들은 '진짜' 세상의 데이터를 모은다. 다시 말해 무엇을 언제, 어디서 물리적 구매를 하고 식사를 하고 화장을 하고 교통수단을 이용했는지에 대한 데이터를 수집한다. 딥러닝은 데이터를 통해 '본' 것만을 최적화할 수 있고, 물리적 토대가 가미된 중국의 기술 생태계는 딥러닝 알고리즘이 우리 일상생활의 면면을 더 잘 볼 수 있도록 더 많은 눈을 달아준다. AI가 신산업에 '전력을 공급'하기 시작하면서 몸을 쓰는 잡다한 일까지 마다하지 않는 태도는 중국에 실리콘밸리가 가지지 못한 장점을 안겨줄 것이다.

중국의 갑작스런 데이터 노다지는 마스터플랜의 결과물이 아니다. 궈훙이 2010년 나를 보러 왔을 때 그는 중국의 대체 우주가 정확히 어떤 형태로 진화할 것인지, 그리고 어떻게 머신러닝이 데이터를 하루아침에 귀중한 자원으로 바꾸게 될 것인지 전혀 예상하지 못했다. 하지만 그는 적절한 환경과 기금과 약간의 자극만 주어진다면 중국 스타트업들이 세상 어디에도 없는 가치 높은 무언가를 만들 것이라고 믿었다. 궈훙의 기업가 본능이 맞았다.

모바일로의 도약

나는 구글이 중국 본토 시장에서 철수를 결정하기 몇 달 전에 구글 차이나를 떠나 시노베이션벤처스를 세웠다. 구글의 시장 철수 결정에 구글 차이나의 경쟁력을 높이기 위해 몇 년을 노력했던 우리 팀은 크게 실망했다. 그러나 구글의 철수는 가장 역동적으로 움직이는 신기술 트렌드인 모바일 인터넷 시장에서 지금까지와는 다른 제품을 구축하기를 원하는 중국 스타트업들에게 또 하나의 기회가 되었다.

아이폰이 2007년 세상에 등장한 후 테크놀로지 세상은 스마트폰 접속에 알맞도록 웹사이트와 서비스를 조금씩 바꾸기 시작했다. 이것은 아주 간단히 말해 웹사이트를 컴퓨터 스크린에서 작은 스마트폰 화면으로 그대로 가져다 옮겨도 기능에 아무 이상이 없게 해야 한다는 뜻이었다. 그러나 그러기 위해서는 앱 스토어, 사진편집 앱, 안티바이러스 소프트웨어 등 새로운 툴이 필요했다. 구글이 중국을 철수하면서 이와 관련된 안드로이드 기반 앱 시장은 무주공산이 되었다. 시노베이션의 초창기 인큐베이터에 들어온 스타트업들이 그 빈틈을 메워줄 수 있을 것 같았다. 그리고 그 과정에서 나는 우리팀과 함께 실리콘밸리가 아직은 지배적이지 않은 모바일 인터넷에서 새롭고 짜릿하게 상호행동하는 방법도 탐구해보기를 원했다.

카피캣 시대의 중국에서 미국인처럼 데스크톱이나 랩톱 컴퓨터로 인터넷에 접속하는 인구 비율은 적었다. 중국인들의 인터넷 이용 방식은 미국인들과는 크게 달랐지만 기본 툴은 똑같았다. 대다수 중국인에게 컴퓨터는 여전히 너무 비쌌고, 2010년에도 인터넷에 접속하는 중국 인구는 3분의 1 정도에 불과했다. 이런 상황에서 저가형 스마트폰이 인기를 얻자 평범한 중국인들은 PC를 완전히 건너뛰고 스마트폰으로 난생처음 온라인 세상에 들어갔다.

간단한 변천사처럼 들리지만 중국 인터넷이 독특한 형태를 잡게 되는 데 큰 영향을 미친 중대한 사건이었다. 스마트폰 이용자들은 데스크톱 이용자들과 행동 방식 뿐만 아니라 원하는 것도 달랐다. 모바일 이용자들에게 있어 인터넷이란 자리에 가만히 앉아서 접속하는 추상적인 디지털 정보의 집합체가 아니었다. 그들에게 인터넷이란 시내 곳곳을 함께 누비며 밥을 먹을 때 쇼핑을 할 때 여행을 할 때 심지어는 시내 반대편으로 갈 때 부딪치는 문제를 해결하는 데 도움이 되는 도구여야 했다. 중국 스타트업들은 이런 니즈에 맞는 제품을 구축해야 했다.

이런 상황은 중국 벤처캐피털의 자금 지원을 받는 중국 스타트업들이 중국식 혁신을 이끌 수 있는 기회가 되었다. 시노베이션은 1차 투자라운드 결과로 9개의 스타트업을 인큐베이팅하게 되었는데, 이중 상당수가 나중에 바이두와 알리바바, 텐센트에 인수되거나 경영권이 넘어갔다. 이 중국의 세 인터넷 공룡기업들은(Baidu, Alibaba, Tencent, 합쳐서 'BAT'라고 불린다) 이 스타트업들을 이용해 모바일 인터넷 기업으로 변신하는 속도를 높였다. 스타트업들을 인수하면서 세 공룡기업은 모바일 사업의 토대를 탄탄히 닦는 효과를 얻었다. 그러나 이른바 중국 대체 인터넷 우주의 잠재력을 처음으로 요란하게 드러낸 것은 텐센트의 사내 비밀 프로젝트였다.

위챗: 미미한 시작, 창대한 야망

세계에서 가장 강력한 앱이 왈츠를 추며 무대에 올라오는 순간을 알아챈 사람은 거의 없었다. 2011년 1월 텐센트의 새 소셜 메신저 앱 위챗의 등장을 언급한 영어판 언론은 테크놀로지 전문 사이트인 넥스트웹Next Web이 전부였다.[1] 텐센트는 각각 수백 만의 이용자가 있는 인스턴트 메시지 플랫폼인 QQ와 소셜네트워크사이트 큐존Q-Zone, 空间으로 중국에서는 강력한 소셜네트워크 입지를 구축했지만, 미국 분석가들은 두 앱을 미국 사이트의 또 다른 모방작으로 치부하며 무시했다. 텐센트는 새 스마트폰 앱에 '마이크로 메시지'라는 뜻의 '웨이신微信'이라는 이름만 붙이고 영어식 이름은 아직 짓지도 않았다.

하지만 텐센트는 이 앱에 몇 가지 기능을 야심 차게 추가했다. 위챗에서는 문자 메시지와 함께 사진과 짧은 음성 녹음도 함께 보낼 수 있다. 그 당시 휴대전화로 중국어 한자를 입력하기가 얼마나 힘든지를 생각하면 음성 녹음 송신 기능은 커다란 장점이었다. 게다가 위챗은 스마트폰 맞춤형 앱이었다. 텐센트는 이용자 기반이 넓은 데스크톱 플랫폼인 QQ를 스마트폰 앱으로 바꾼 것이 아니라 모바일 용의 더 뛰어난 앱을 구축해 자사의 기존 제품을 파괴하는 쪽을 선택했다. 시장 입지가 탄탄한 공룡기업으로서는 위험천만하지만 한판 승부를 거는 전략이기도 했다.

위챗은 처음에는 군더더기 없이 깔끔한 기능을 제공했다가 이용자가 점점 늘어나면서 몇 가지 기능을 덧붙였다. 불과 1년 만에 위챗의 등록 이용자 수는 1억 명을 돌파했고, 출시 2주년이 되는 2013년 1월에는 3억 명이 되었다. 그러는 동안 음성통화와 영상통화, 화상회의 기능도 추가되었다. 지금이야 대수롭지 않은 기능이지만 위챗의 글로벌 경쟁사인 왓츠앱WhatsApp도 2016년이나 되어서야 추가한 기능들이었다.

위챗의 초기 개선과 최적화는 시작에 불과했다. 이 앱은 곧바로 혁신적인 '앱인앱app-within-an-app' 모델을 처음으로 선보이며 미디어와 광고주들의 소셜 플랫폼 이용방식을 바꾸었다. 이 위챗 '공식계정'은 앱 안에서 재생되는 구독 기반 외부 콘텐츠로, 페이스북의 미디어용 페이지에 비유되기도 했다. 그러나 페이스북이 콘텐츠 게시를 위한 최소한의 플랫폼만 제공한다면, 위챗 공식계정이 제공하는 다기능의 독립실행형 앱에서는 따로 앱을 구축하는 번거로운 일을 할 필요가 없었다. 위챗은 순식간에 소셜미디어 공간을 지배했고, 많은 미디어와 소비재 회사들은 자체 앱 제작을 멈추고 위챗 안에서만 살았다.

무명의 앱이었던 위챗은 2년 만에 메시지 전송과 미디어, 마케팅, 게임의 절대 강자가 되었다. 그러나 텐센트는 그 이상을 원했다. 텐센트는 이용자의 디지털 생활을 독점하고 있었지만, 위챗의 기능을 스마트폰 너머로 확장하고 싶어 했다.

이후 5년 동안 텐센트는 온갖 노력 끝에 위챗을 세계 1등 슈퍼 앱으로 구축했다. 위챗은 이용자의 디지털 세상을 지배하는 것만이 아니라 그들의 식당 결제, 택시 콜, 공유 자전거 이용, 투자 운용, 의사 진료예약, 그리고 처방전 발송도 가능한 '생활 리모컨'[2]이 되었다. 이런 전이성은 온라인과 오프라인의 경계를 흐리게 만들 것이며, 중국 대체 인터넷 우주를 형성하고 더 튼튼하게 만들 것이다. 그러나 이런 일들을 완수하려면 위챗은 이용자의 지갑으로 들어가야 했고, 그것은 곧 디지털 전자상거래의 최강자를 공격해야 한다는 뜻이었다.

모바일 결제 세상의 진주만 습격

공격 개시일은 중국이 가장 떠들썩하게 즐기는 최대 명절인 춘절 전날 밤(2014년)이었고, 공격 무기는 춘절 전통과 관련이 있었다. 중국의 설날인 춘절에는 겉을 화려하게 장식한 붉은 봉투인 '홍바오紅包'에 돈을 담아 주는 풍습이 있다. 서양의 크리스마스 선물과 비슷하다고 보면 되는데, 보통은 어른이 아이에게 주거나 상사가 부하직원들에게 돈을 줄 때 이 봉투에 담아 준다.

텐센트의 혁신은 단순하면서도 이용자에게는 순수한 재미를 극대화해 주었기 때문에 그 안에 담긴 엄청난 힘은 전혀 드러나

지 않았다. 위챗의 홍바오 기능을 통해 이용자들은 같은 위챗 친구들에게 진짜 돈을 담아 보낼 수 있다. 이용자는 은행계좌와 위챗을 연동한 다음에 금액을 정해 홍바오를 한 사람이나 집단에게 보낸 다음, 친구들끼리 시합을 벌이게 해 누가 제일 먼저 홍바오를 '열어' 돈을 받는지 지켜볼 수 있다. 상대가 받은 돈은 위챗의 새 하위 앱인 위챗 지갑Wechat Wallet에 담긴다. 이 돈은 물건을 사거나 송금을 하는 데 사용할 수 있고, 아니면 위챗에 연동된 본인의 은행계좌로 보낼 수도 있다.

오랜 중국 풍습을 어떤 잡음도 없이 디지털로 바꾸면서 거기에 재미까지 더한 훌륭한 전략이었다. 위챗 홍바오는 이용자들에게 큰 인기를 끌면서 춘절에 보내진 홍바오 개수는 1,600만 개나 되었고 위챗 지갑에도 새로 500만 개의 은행계좌가 연동되었다.

이를 지켜보고 있는 마윈은 전혀 즐겁지 않았다. 그는 텐센트의 이번 행보를 알리바바의 디지털 전자상거래 지배에 정면 도전하는 '진주만 습격'이라고[3] 칭했다. 알리바바는 2004년 중국 이용자들을 위한 디지털 결제시스템인 알리페이를 개발했고 이후 스마트폰에도 사용이 가능하도록 시스템을 개선했다. 그러나 위챗이 선보인 새로운 유형의 결제시스템에 전세는 하루아침에 역전되었고, 수백만의 이용자들은 원래도 중국에서 가장 강력했던 소셜 앱에 자신들의 은행계좌를 연동했다. 마윈은 알리바바 직원들에게 모바일 결제시스템의 주도권을 유지하는 싸움에서 지면 회사의 운명도 끝날 것이라고 경고했다. 당시의 관찰자들은 마윈의 이 말이 카리스마를 가진 천재 기업가가 직원들의 전투욕을 부추기기 위해 한 뻔하디뻔한 독려의 말일 뿐이라고 생각했다. 그러나 4년이 지난 지금 생각해보면, 마윈은 다가올 미래를 내다보고서 한 말이었다.

텐센트의 진주만 습격이 있기까지 4년 동안 중국 대체 인터넷 우주는 조각들이 상당 부분 제 자리를 찾아 맞춰졌다. 중국 카피캣 스타트업들의 피 튀기는 검투사 싸움은 실전에 강한 인터넷 기업가들을 연마시켜 주었다. 2009년에서 2013년까지 스마트폰 이용자 수는 2억 3,300만 명에서 5억 명으로 두 배 이상 늘어났다. 초창기 벤처 기금은 중국 시장에 맞는 혁신적 모바일 앱을 만드는 새로운 세대의 스타트업들을 길러냈다. 그리고 위챗은 거의 모든 중국인의 스마트폰에 깔린 강력한 슈퍼앱이자 중국 모바일 생태계로 들어가는 올인원 관문이 되었다.

텐센트가 불러일으킨 홍바오 홍수의 매력에 흠뻑 빠진 수백만 중국인들이 은행계좌를 위챗에 연동하면서 소비 혁명의 마지막 결정타가 되는 조각이 맞춰졌다. 스마트폰으로 어느 것이든 무엇이든 다 결제되는 기능이 완성된 것이다. 이후 몇 년 동안 알리바바와 텐센트, 그리고 수천 개의 스타트업들은 이런 결제 툴을 중국 도시 생활의 모든 구석구석에 다 응용하기 위해 경합을 벌였다. 음식 배달, 전기요금 납부, 유명인사의 라이브 스트리밍, 온디

맨드 네일 서비스, 공유 자전거 이용, 열차표 예매, 영화표 예매, 그리고 교통 위반 딱지 등 해당하지 않는 것이 없었다. 중국의 온라인과 오프라인 세상은 다른 나라에서는 본 적 없는 방식으로 사이좋게 나아가기 시작했다. 두 세상의 결합은 중국 도심에 새로운 풍광을 만들어냈고 세계에서 가장 풍성한 실세계 데이터를 만들어냈다.

하지만 중국 경제의 모든 구석에 살살이 스며든 대체 우주를 구축하는 작업은 가장 중요한 참여자의 도움 없이는 불가능했을 것이다. 바로 중국 정부였다.

네가 만들면 그들은 따라온다

정부 지원이라는 함수의 곡선을 이끈 사람은 궈홍이었다. 내 사무실을 처음 방문하고 몇 년 후, 창업거리를 만들겠다는 궈홍의 꿈은 구체적 계획으로 발전했고 계획은 행동으로 발전했다. 궈홍은 이것을 실험해 볼 장소로 서점과 식당, 짝퉁 전자상가가 어지럽게 밀집한 중관춘의 한 보행자 전용도로를 선택했다.

1980년대 중국 정부는 경제의 체질 개선을 위해 이 거리를 한차례 바꾼 바 있었다. 그때 중국은 수출주도형 성장과 도시화가 한창 진행 중이었고, 두 과제를 성공으로 이끌려면 중국에 없는 엔지니어링 전문지식이 필요했다. 그래서 중국 관료들은 이 보행자 전용도로를 인근 칭화대와 베이징대 학생들이 탐독할 만한 현대과학과 공대용 교과서들을 파는 서점들이 밀집한 '북 시티'로 바꾸었다. 중국 인터넷 산업이 성장하면서 2010년 들어 상당수 서점들이 폐업을 했고 값싼 전자제품과 해적판 소프트웨어를 파는 가판대들이 그 자리에 들어섰다. 중국 카피캣 시대의 원재료가 만들어진 것이다.

하지만 귀홍은 진정한 혁신의 새 시대를 향한 체질 개선을 하루라도 빨리 이루고 싶었다. 시노베이션벤처스와 함께 움직이며 임대료 보조금을 지급하는 작은 첫 실험이 성공을 거둔 후 그는 이 거리를 하이테크 임차인들로 다시 채우겠다는 계획을 세웠다. 그와 담당 지구 부서는 이 거리의 전통적인 사업체들 거의 전부에게 현금과 공간을 지급하면서 다른 곳으로의 이전을 추진했다. 2013년, 텅 빈 거리에 착암기도로에 구멍을 내는 장비 - 옮긴이와 포장 장비를 든 건설 인부들이 도착했고, 1년에 걸쳐 보도블록을 깔고 매끈하게 새 외장공사까지 다 마친 2014년 6월 11일, 새 임차인들에게 창업거리가 열렸다.

귀홍은 현금과 시멘트, 건설 인부까지 가용 수단을 다 동원해서 중관춘 창업거리의 진정한 혁신을 강력하게 추진했다. 중관춘이 바뀌는 기념비적인 순간이었지만, 그 혁신의 바람은 베이징 한 귀퉁이에서만 부는 외딴 혁신이 아니었다. 귀홍의 혁신 운동은 어느샌가 중국 전역으로 퍼져 나갔다.

만중창신

2014년 9월 10일, 중국 해안도시 톈진에서 열린 2014 하계 세계경제포럼(다보스 포럼) 연단에 리커창Li Keqiang, 李克強 총리가 올랐다. 중국 경제 성장과 현대화에 기술혁신이 결정적 역할을 했다는 내용의 연설이었다. 연설은 길고 난해했으며 전문용어투성이였고 구체적 사례는 거의 없었다. 그러나 연설을 하면서 그는 중국 정계에도 생소한 표현을 거듭 언급했다. '대중창업, 만중혁신'이라는⁴ 말이었다. 그는 참석자들에게 성공적인 포럼과 건강을 기원하며 연설을 끝냈다.

외부 관찰자들이 보기에는 특기할 점이 없는 연설이었고 서구 언론은 보도조차 하지 않았다. 중국 정치 지도자들이 매일 하다시피 하는 이런 길고 지루하고 미사여구로 가득한 연설은 서구인들의 귀에는 허울 좋은 공염불에 불과했다. 연설에 언급된 문구를 중국 정부가 내부 차원에서 논할 수 있을지는 몰라도 그것이 현실 세계의 즉각적인 변화로 이어질 것이라는 보장은 없었다.

하지만 이번 문구는 달랐다. 리커창의 연설은 첫 불씨가 되었다. 그것은 중국 테크놀로지 산업 전체를 활활 태우는 큰불이 되었고 투자와 창업 활동에 더 뜨거운 열풍이 불게 만들었다. 수많은 사람들이 창업을 하고 수많은 국민이 혁신을 한다는 뜻의 '대중창업, 만중창신'은 정부의 대대적인 스타트업 생태계 조성과 기술혁신 지원을 위한 슬로건이 되었다. 궈훙의 선행적 혁신 추진은 순식간에 세계 2위 경제대국 전체로 확대되면서, 실리콘밸리의 대항마를 만들려는 운동에 터보엔진을 달았다.

중국이 만중창신 운동을 실행하는 방법은 국내 테크놀로지 기업가들에게 보조금을 직접 지원하고 문화적 시대정신을 바꾸는 것이었다. 정부는 혁신가들에게 마법을 발휘하는 데 필요한 돈과 공간을 주었다. 이런 정책에 지방 국영은행에 취직하라며 오랫동안 자식들을 채근하던 혁신가의 부모들도 마침내 고집을 꺾었다.

리커창이 다보스 연설을 하고 9개월 후, 미국 대통령 내각에 해당하는 중국 국무원은 대중창업과 혁신을 진척시키기 위한 중대강령을 발표했다. 대중창업과 만중혁신에는 수천 개의 테크놀로지 인큐베이터와 창업 지구가 필요했고, 대규모 사모 벤처캐피털을 끌어모을 정부 지원 '인도 기금guiding fund'도 필요했다. 국무원 계획에는 세제우대정책 추진이 들어 있었고, 담당 정부의 간소화는 쉬운 창업을 가능하게 했다.

중앙정부의 역할이 목표를 세우는 것이었다면, 목표 실행 여부는 전국 각지 수천 명의 시장과 지방 공무원들에게 달려 있었다. 중국 정부의 관료사회에서 지방 공무원의 승진은 인력자원사회보장부가 수행하는 인사고과 평가에 따라 갈린다. 그래서 중앙정부가 정한 명확한 목표는 하위직 공무원들이 능력을 입증할 수 있는 새 기준이 되고, 승진을 원하는 전국 각지 공무원들은 다른 일은 제쳐두고 이 목표를 추진하면서 자신의 능력을 증명하려 한다.

국무원 강령이 발표된 이후 중국 도시들은 서둘러 귀홍의 비전을 베끼고 창업거리를 세웠다. 그들은 스타트업을 유치하기 위해 세금을 감면하고 임대료를 환불해주는 정책을 취했다. 기업가들이 한 자리에서 사업체 인허가를 받도록 도와주는 원스톱 관련 부서도 마련했다. 보조금 물결에 중국 전역에는 새 스타트업 인큐베이터가 종전보다 4배 이상 늘어난 6,600개가 생겨났다. 스타트업들이 좋은 공간을 얻기가 한결 쉬워졌고, 임대료 감면까지 더해지면서 더 많은 돈을 사업 구축에 활용할 수 있게 되었다.

대도시와 지방 정부들은 정부 자금으로 더 많은 벤처 투자를 자극하기 위한 일환으로 다양한 '인도 기금' 모델을 개발했다. 인도 기금은 사모 투자자들의 위험을 제거하지는 않지만 이득은 늘려 주는 역할을 했다. 정부는 인도기금에서 나오는 돈을 다른 사모합자회사들이 투자하듯 사모벤처캐피털에 투자한다. 투자를 받은 스타트업('포트폴리오 기업')이 망하면 정부를 포함해 투자 기금을 댄 모든 투자자가 돈을 잃는다.

하지만 반대로 이 포트폴리오 기업이 성공해서, 5년 뒤 가치가 두 배로 불어났다고 가정해 보자. 이때 펀드매니저는 미리 정해진 비율에 따라(10% 정도) 정부 기금의 이익이 늘어나는 것에 상한을 걸어두고 정부의 지분을 사모 투자금으로 사들인다. 결과적으로 정부는 10%의 수익을 얻고 포트폴리오 기업에서 빠져나가게 되고, 원래 정부 몫이었던 나머지 90%의 이익은 투자 원금이 이미 두 배로 불어난 사모 투자자들에게 배분된다. 당연히 사모 투자자들에게는 정부 주도를 따르면서 지방정부가 육성을 원하는 기금이나 산업에 투자할 마음이 생겨난다. 중국 지방정부 인도 기금 사용은 폭발적으로 늘어나 2013년 70억 달러에서 2015년에는 270억 달러로 거의 네 배나 증가했다.[5]

사모 벤처 펀딩도 이어졌다. 2009년 시노베이션이 세워졌을 때만 해도 중국은 제조업과 부동산이 급성장하고 있었고 투자 자금 역시 이런 전통 부문으로 많이 흘러 들어갔다. 그러나 2014년 전세가 역전되었다. 2014년 이전 4년 중 3년 동안 중국 벤처캐피털 펀딩 총액은 30억 달러 수준을 유지하고 있었다. 그러다 이 총액은 2014년에는 네 배인 120억 달러로, 2015년에는 여기서 또 두 배인 260억 달러로 불어났다.[6] 똑똑하고 경험도 조금 있는 젊은이가, 참신한 아이디어에다 기술을 설명할 약간의 말재주까지 있다면, 사업계획서를 내밀기만 해도 그 자리에서 스타트업을 위한 펀딩을 받을 수 있을 정도였다.

미국 정책 분석가들과 투자자들은 자유 시장에 정부가 깊이 개입하는 것을 상당히 못마땅하게 여겼다. 그들의 주장에 따르면 투자에 있어서는 민간 부문 참가자들이 더 일가견이 있으며, 정부 기금을 지원해 인큐베이션 구역이나 인큐베이터를 세우는 것은 납세자의 돈을 축내는 비효율적인 행동이었다. 연방정부는 그냥 뒷짐만 지고 있는 것이 최선이다. 실리콘밸리 큰손들 대다수는 그렇게 생각했다.

그러나 이 비평가들은 정부 주도가 효율성은 극도로 낮지만 효과는 대단히 높을 수 있다는 점을 간과했다. 장기적 이득이 아주 크다면 단기적 손해는 감당할 수 있어야 한다. 중국 정부는 중국 경제의 체질을 제조업 주도형 성장에서 혁신 주도형 성장으로 바꾸는 대공사를 원했다. 그리고 가능하다면 빨리 공사를 마치고 싶었다.

중국으로서는 전통 산업의 투자수익이 하락하거나 민간 투자가 하이테크 부문으로 이동하건 말건 가만히 뒷짐만 지고 있을 수도 있는 일이었다. 경제의 체질을 바꾸려고 하면 인간이 보일 수 있는 평범한 거부 반응에 부딪치기 마련이다. 불완전한 정보, 인터넷이라는 새로운 것에 대한 확신이 없는 구식 사고에 젖은 투자자들, 오래 묵은 경제적 관성까지 많은 것이 마찰을 불러일으킨다. 하지만 이 마찰들을 극복하고 나면, 정부보다 훨씬 효율적으로 투자를 할 줄 아는 민간 벤처기금으로 돈이 몰려들기 시작한다.

그러나 이 과정이 완수되려면 몇십 년까지는 아니어도 몇 년은 걸린다. 중국 수뇌부는 그렇게 오래 기다릴 인내심이 없었다. 중국은 경제 체질이 바뀌고 고품질 성장을 통한 수확을 하루라도 더 빨리 거둘 수만 있다면 돈을 푸는 인위적 방법도 기꺼이 감수할 생각이었다. 이런 반강제적 과정은 지방정부 하나하나 차원에서는 비효율적인 경우도 많았지만 – 공실이 채워지지 않은 인큐베이터들과 아무 성과도 거두지 못하는 혁신 거리 등 – 국가 차원에서의 효과는 막강했다.

또 다른 문화혁명

대중창업 만중창신은 단순히 사무 공간과 투자 기금을 제공한다는 차원을 훨씬 넘어서는 파급력을 발휘했다. 이 운동은 인터넷 창업에 대한 평범한 사람들의 인식을 크게 바꾸면서 문화적 시대정신마저 뒤바꾸는 결과를 가져왔다.

중국 문화는 전통적으로 부모와 상사, 스승, 정부 공무원 등 자기보다 권위가 높은 사람에게 순응하고 존중을 표하는 성향이 짙다. 신산업이나 활동은 정부 요직의 인물이 확실히 인정하는 말을 하기 전까지는 무조건 위험한 일이고 행동이라고 여겨진다. 그러나 중국 정부 지도자가 그 산업이나 행동을 국민에게 권장하면 상황이 달라진다. 사람들이 너도나도 그 산업이나 행동에 뛰어든다. 이런 상명하달식 체계는 방임형이나 솔선형 혁신을 금지하지만, 요직 인사가 보장을 하고 방향성이 정해지고 나면 사회의 모든 계층과 모든 분야가 한꺼번에 그 행동을 하기 시작한다.

2014년 전까지 중국 정부는 인터넷 부상을 정확히 어떤 시각으로 바라보고 있는지 이렇다 할 언급을 한마디도 하지 않았다. 초기 인터넷 시절 바이두와 알리바바 같은 기업이 크게 성공을 거두었지만, 온라인이 비교적 열린 분위기였던 시대는 끝나고 소셜미디어 플랫폼에서 '소문을 퍼뜨리는' 이용자들에 대한 오싹한 경고와 엄중 단속이 행해졌다. 다음은 어느 쪽으로 흘러갈지 아무도 알 수 없었다. 그런 와중에 행해진 만중창신 운동은 정부가 인터넷 창업을 지지한다는 입장을 처음으로 소리 높여 발표한 것이나 다름없었다. 만중창신 운동에 모두가 동참하기를 외치는 현수막과 포스터가 중국 전역에 나붙었다. 공영 언론들은 진정한 혁신의 장점을 찬양하고 토종 스타트업들의 성공을 자랑스럽게 알리는 보도를 수도 없이 내보냈다. 대학들은 질세라 창업 강좌를 새로 개설했고, 서점들은 테크기업 거인들의 자서전과 스타트업 창업자들을 위한 자기계발서로 서가를 가득 채웠다.

알리바바가 역대 최고가 기록을 갈아치우며 2014년 9월에 화려하게 등판한 것도 이 기세에 더욱 불을 붙였다. 리커창 총리가 연설을 하고 불과 9일 후인 9월 19일 타오바오 판매자들은 알리바바의 최초주식공모가 시작되었음을 알렸다. 떠들썩한 거래의 소동이 가라앉고, 알리바바는 역사상 최대 규모 IPO 기업이라는 타이틀을 거머쥐었고 마윈은 중국 최고의 부자가 되었다.

그러나 요란한 공모가보다 더 중요한 것은 따로 있었다. 마윈은 국가적 영웅이 되었지만, 친근감이 느껴지는 영웅이기도 했다. 장난끼 가득한 카리스마를 가진 마윈의 이미지는 딱 옆집 소년 같았다. 그는 명문대를 나오지도 않았고 코딩을 배우지도 않았다. 그는 어린 시절 고향에 KFC 매장이 생겼을 때 스물다섯 명의 아르

바이트 지원자 중 탈락자는 자기 한 명뿐이었다는 사실을 강연에서 아무렇지도 않게 말한다. 중국의 다른 초창기 인터넷 거인들은 박사학위 소지자이거나 미국 실리콘밸리 근무 경력을 가진 사람들이었다. 그러나 록스타에 버금가는 인기인이 된 마윈은 '대중창업', 즉 평범한 중국인도 얼마든 하늘의 별을 쏘아 맞히는 사람이 될 수 있다는 새로운 가능성을 보여준 인물이었다.

인터넷 창업에 대한 정부 지원과 마윈의 성공은 가장 설득이 어려운 고객인 중국의 엄마들을 설득하는 데 큰 힘을 발휘했다. 전통적으로, 중국에서 창업이란 괜찮은 직장을 얻지 못한 사람들이나 하는 것이었다. 배를 곯으며 살아온 윗세대에게는 공무원이 되어 평생 '철밥통'을 보장받는 것이 가장 바람직한 꿈이었다. 실제로 내가 2009년 시노베이션벤처스를 시작했을 때 많은 젊은이가 우리의 투자를 받는 스타트업에 들어오기를 희망했지만, 부모나 배우자의 완강한 반대에 부딪쳐 뜻을 접어야 했다. 가족의 반대를 꺾기 위해 나는 모든 방법을 다 써봤다. 부모들에게 근사한 식사를 대접하기도 했고, 장문의 손편지를 보내기도 했고, 심지어 스타트업의 빛나는 미래를 보여주는 재무 영상을 틀어주기도 했다. 결과적으로, 우리는 새 인재를 채용해 시노베이션에 강력한 팀을 구축할 수는 있었지만 그때마다 전쟁을 치러야 했다.

2015년이 되면서 우리와 함께 일할 기회를 얻기 위해 많은 사람이 회사 문을 두드렸다. 한 번은 진짜로 시노베이션의 정문을 부순 사람도 있었다. 어수룩한 고교 중퇴자들, 똑똑한 명문대 졸업자들, 페이스북 엔지니어 출신도, 심지어 정신상태가 의심스러운 사람도 몇몇 보였다. 내가 출타 중일 때 어떤 기업가는 시노베이션 본사를 찾아와 나를 만날 때까지 가지 않겠다고 우기기도 했다. 직원이 내가 한참 후에야 돌아올 것이라고 말했더니 그는 바닥에 드러누워 스트립쇼를 벌이면서 자신의 아이디어를 리카이푸가 들어줄 때까지 그 자리에 누워 있겠다고 엄포를 놓았다.

그 유별났던 기업가는 종잣돈을 투자받는 것이 아니라 경찰에 끌려가는 결과를 맞았지만 그 사건은 중국을 휩쓴 혁신 광풍이 얼마나 대단했는지를 보여준다. 인터넷 창업의 가장자리를 겉돌기만 하던 나라가 드디어 앞뒤 안 가리고 덤비기 시작한 것이다. 그 광풍은 궈훙도 사로잡았다. 창업거리를 만드는 데 열중하던 궈훙은 기업가 열풍에 전염되었고 2017년 공직 사회를 떠나 실리콘밸리은행Silicon Valley Bank처럼 '스타트업' 벤처에 투자하고 지역 기업가와 혁신가 지원을 전문으로 하는 중관춘은행中關村銀行의 창업자 겸 회장이 되었다.

중국 대체 인터넷 우주를 활짝 꽃피게 할 모든 조각이 맞춰졌다. 기술 약진과 펀딩, 시설, 인재, 환경이 다 갖춰졌다. 새롭고 가치 있고 중국에 맞는 인터넷 기업들이 탄생하기 위한 모든 준비가 끝났다.

여기, 저기, 모든 곳에서 부는 O2O

O2O의 완성을 위해 중국 기업들은 궂은 일도 주저하지 말아야했다. 20년 동안 중국 인터넷 회사들은 실리콘밸리 기업들처럼 디지털 네트워크상에서 정보 노드로서의 역할을 했다. 중국 기업들은 일상을 이루는 작지만 꼭 필요한 일들로 뛰어들 준비가 되었다.

분석가들은 중국 전역에서 만개한 실생활 인터넷 서비스의 폭발을 온라인에서 오프라인으로라는 뜻의 'O2O 혁명'이라고 이름 붙였다. 말은 어렵지만 개념은 단순하다. 온라인 활동을 오프라인 서비스로 전환한다는 의미이다. 알리바바와 아마존 등의 전자상거래 사이트에서는 내구성이 있는 물리적 상품 구매가 오래전부터 가능했다. O2O 혁명은 그런 전자상거래의 편의성을 실제 서비스의 구매로 옮겨 주었다. 이 서비스들은 갓 조리된 식사나 술집까지 가는 택시 제공, 머리 미용과 같은 것이었다.

실리콘밸리도 혁명적인 O2O 모델 중 하나인 차량공유 서비스를 탄생시켰다. 우버는 휴대전화와 자가용 차량을 이용해 미국 도시와 전 세계 도시 시민들의 차량 이용 방법을 바꾸었다. 중국 기업인 디디추싱Didi Chuxing, 滴滴出行은 재빨리 우버의 사업모델을 모방해 중국 현지에 맞는 모델을 만들어냈고, 결국에는 중국 시장에서 우버를 몰아내고 이제는 글로벌 시장에서도 우버와 쟁탈전을 벌이고 있다. O2O를 먼저 보여준 것은 우버였을지 몰라도, 이 사업모델의 핵심 강점을 취하고 모델을 응용해 다른 수십 개 산업으로 변형하는 데 성공한 것은 중국 기업들이었다.

중국 도시들은 완벽한 실험실이었다. 중국 도시는 즐거운 곳인 동시에 정글이다. 붐비고, 오염과 소음도 심하고, 다소 비위생적이다. 만원 지하철로 출퇴근을 하거나 8차선 교차로를 뚫고 운전을 하며 지친 하루를 보낸 중국인들은 외식을 하거나 볼일을 보러 또 밖으로 나갈 엄두를 내지 못한다. 그들에게는 아주 다행히도 소액의 배달 수수료만 내면 주문한 물품을 문 앞까지 배달해주는 이민 노동자들이 많다. O2O를 위한 완벽한 천국이다.

차량 예약 서비스ride-hailing를 제외하고 제일 먼저 시동을 건 O2O 서비스는 음식 배달이었다. 중국은 인터넷 공룡기업이건 홍수처럼 쏟아져 나온 왕싱의 메이투안-디엔핑과 같은 스타트업들이건 전부 O2O 음식 배달 서비스에 뛰어들어 이 시장에 보조금과 엔지니어링 자원을 투입했다. 식당으로 와서 밥을 먹는 손님이 줄었고, 거리에는 배달통에 담긴 뜨거운 식사에서 나오는 김을 피워내며 달리는 전기 스쿠터를 탄 배달부들이 잔뜩 늘었다. 위챗 지갑과 알리페이만 있으면 계산도 어렵지 않았다. 2014년 말에 중국의 O2O 배달음식 주문은 50% 이상 성장해 150억 위안을 넘어섰다. 2016년 중국의 배달음식 주문은 일일 2,000만 건으로 미국의 10배에 해당했다.[7]

그 시점부터 O2O 모델은 다양하게 적용되기 시작했다. 어떤 헤어 스타일리스트와 네일 전문가는 오프라인 매장을 접고 앱과 집

전화로만 예약을 받았다. 몸에 탈이 난 사람들은 대기 줄이 길기로 소문난 유명 병의원 밖에서 대신 줄을 서줄 사람을 고용했다. 고양이 화장실을 치우거나 강아지를 목욕시키기 귀찮았던 반려동물 주인들은 집까지 와서 그 일을 대신해 줄 사람들을 앱으로 불렀다. 중국 부모들은 아이들 등하교를 대신 시켜줄 밴 운전자를 앱으로 고용하고, 그들의 신분과 집에 잘 도착했는지도 앱으로 확인했다. 아이를 갖고 싶지 않은 사람들은 24시간 콘돔 배달 서비스 앱을 이용했다.

O2O로의 변화는 중국인들에게 도시 생활의 고단함을 조금이나마 덜어주었다. 소상공인들에게 O2O는 사람들과 부딪치는 일이 줄어든 도시인들의 소비 진작을 이끌어주는 효과가 있었다. 새로운 물결에 동참한 스타트업들에게 O2O는 기업 가치가 치솟고 도시 생활의 더 많은 부분으로 파고들 수 있는 무한 동력이 되어주었다.

이삼 년간 이어지던 폭발적 성장과 검투사들의 치열한 싸움이 끝난 후 정신없이 몰아치던 O2O 열풍도 한풀 꺾였다. 보조금 출혈을 통한 성장이 막을 내리면서 많은 O2O 유니콘들도 하룻밤 사이에 죽어 버렸다. 그러나 살아남은 혁신가와 검투사들은 중국 도시 서비스 부문의 형상을 근본부터 바꾸었고 원래도 십억 달러에 달하던 시장가치는 몇 배나 불어났다. 대표적인 검투사는 왕싱의 메이투안-디엔핑이다. 2017년 말에 메이투안-디엔핑의 가치는 300억 달러였고 디디추싱의 가치는 우버를 추월한 576억 달러로 올랐다.

이런 사회와 상거래 변화의 동력이 되고 훨씬 더 큰힘을 발휘하게 만든 것은 위챗이었다. 중국 스마트폰의 절반 이상에 깔려 있고 대다수 이용자의 은행계좌에도 연동된 위챗의 힘은 막강했다. 그것은 수억 중국인들을 O2O 구매로 은근슬쩍 밀어붙이고 경쟁 속에서 살아남은 스타트업을 선택하게 만들었다. 위챗 지갑에 연동된 상위권 O2O 스타트업을 통해 위챗 이용자들은 다른 앱으로 넘어갈 필요 없이 그 안에서 택시를 부르고 식사를 주문하고 호텔을 예약하고 전화 통화료를 내고 미국행 비행기표를 구입할 수 있었다(위챗 지갑과 연결된 스타트업들은 대다수가 텐센트의 투자를 받고 있었다. 당연히 예상할 수 있는 부분이다.).

O2O 산업이 성장하면서 위챗은 실리콘밸리 유명 벤처캐피털 앤드리슨 호로위츠Andreesen Horowitz의 코니 챈Connie Chan이 우리 생활의 리모컨이라고 말할 정도로 그 위상이 높아졌다. 위챗은 각자 다른 생태계에 뿔뿔이 존재하던 수십 개 앱의 다양한 기능들을 한 자리에 모은 슈퍼앱이자 허브가 되었다. 다시 말해 위챗은 페이스북, 아이메시지iMessage, 우버, 익스피디아Expedia, 이바이트eVite, 인스타그램Instagram, 스카이프Skype, 페이팔, 그럽허브Grubhub, 아마존, 라임바이크LimeBike, 웹엠디WebMD 등을 합친 종합적 기능을 제공했다. 위챗은 이 앱들의 핵심 기능들을 편리한 모바일 결제 기능으

로 대체했다.

이 모든 상황은 앱의 기능을 엄격히 정하고 그것만 충실하게 수행하는 실리콘밸리의 '앱 별자리app constellation' 모델과 정확히 상반된다. 페이스북 같은 경우는 소셜네트워크와 메시지 전송 기능을 두 개의 앱으로 나누어 제공한다. 텐센트의 슈퍼앱 모델 전략은 처음에는 큰 모험이었다. 여러 기능을 한꺼번에 제공해도 이용자 혼란이 생기거나 하지는 않을가? 그러나 위챗의 슈퍼앱 모델은 이른바 빅히트를 쳤고, 대체 인터넷 우주를 만드는 데에도 결정적 역할을 했다.

가벼운 접근과 무거운 접근

여기서 끝이 아니다. O2O 혁명은 실리콘밸리와 중국을 가르는 훨씬 깊은 - 그리고 AI 실행의 시대에서는 훨씬 영향이 큰 - 골을 드러냈다. 나는 이 둘의 본질적 차이를 '가벼운 접근going light'과 '무거운 접근going heavy'이라고 말한다. 이것은 인터넷 기업이 제품이나 서비스 제공에 개입하는 정도의 차이를 나타내는 표현이면서, 온라인과 오프라인 세상에서 연계를 하면서 이루는 수직 통합의 정도를 뜻하는 말이기도 하다.

미국의 인터넷 기업들은 신산업에 도전할 때 보통은 '가벼운' 접근법을 택한다. 그들은 인터넷의 근본적 힘은 정보를 공유하고 지식의 차이를 메우고 디지털 세상에서 사람들을 연결하는 데 있다고 믿는다. 인터넷 기업으로서 그들은 이런 핵심 강점에 주력한다. 실리콘밸리 스타트업들은 정보 플랫폼을 구축하지만 실물 차원의 유통은 소상공인들에게 일임한다. 그들이 원하는 승리 방법은 참신하고 우아한 코딩으로 정보 문제를 해결하고 머리싸움에서 경쟁사를 이기는 것이다.

중국의 인터넷 기업들은 '무거운' 접근법을 택한다. 그들이 원하는 것인 플랫폼 구축만이 아니다. 그들은 판매자 채용과 상품 취급과 배달팀 운용과 스쿠터 공급과 스쿠터 수리와 결제 관리도 다 하기를 원한다. 그리고 필요하다면 채택 속도를 높이고 경쟁사보다 가격을 낮추기 위해 보조금도 지원한다. 중국 스타트업들에게는 일상의 작지만 기본적인-그리고 비용이 드는-활동으로 깊이 파고들수록 카피캣 경쟁사들이 사업모델을 흉내 내거나 무모한 가격 인하를 하기가 힘들다. 무거운 접근법은 튼튼한 담장을 사방에 세우고 검투사 전쟁에서 쏟아지는 경제적 출혈 사태로부터 자신을 보호하는 것을 의미한다. 이 회사들이 싸움에서 이긴다면 그것은 경쟁사를 머리싸움에서 앞질러서이기도 하지만 거리로 나가 더 열심히 일하고 더 바쁘게 움직이고 더 많이 돈을 썼기 때문이다.

실리콘밸리와 중국의 차이점은 레스토랑 평가 플랫폼으로 유명한 옐프와 디엔핑을 비교해도 확연하게 드러난다. 둘 다 2004년 무렵 데스크톱 플랫폼에서 레스토랑 후기를 쓰는 사이트로 시작했다. 나중에 스마트폰 앱으로 바뀐 것도 같지만, 옐프는 후기 작성 사이트로 계속 남은 반면에 디엔핑은 공동구매 열풍에 과감히 뛰어들어 결제 방식을 확장하고 판매자들과의 관계를 쌓고 보조금에도 많은 지출을 감행했다.

두 회사는 온라인 주문과 배달에 있어서도 다른 노선을 선택했다. 옐프는 이 서비스를 늦게 시작했고 개입도 가벼운 접근을 택했다. 11년 동안 순수한 디지털 플랫폼으로서 광고 수입에만 의존하던 옐프는 마침내 2015년 식사 주문과 배달 플랫폼인 잇24^Eat24를 인수하며 배달 사업에 조심스레 첫발을 내디뎠다. 그러나 옐프에 등록된 대부분의 식당들은 여전히 배달은 알아서 처리해야 했고, 전속 배달 팀이 없는 식당들만 잇24의 배달 서비스를 이용할 수 있었다. 이런 가벼운 접근법에서는 식당들이 동참하도록 이끌 만한 실질적 유인 장치가 거의 없었고, 결국 배달 서비스는 제대로 시작도 못했다. 2년 반 뒤 옐프는 배달 서비스를 포기하고 잇24를 그럽허브에 매각하고 가벼운 접근법으로 돌아갔다. 옐프 CEO 제러미 스토펠먼^Jeremy Stoppelman은 이렇게 말했다. "그럽허브에 매각하면서 우리는 우리가 가장 잘하는 일인, 옐프 앱을 구축하는 일을 할 수 있게 되었다."[8]

이와 대조적으로 디엔핑은 일찌감치 전자상거래에 진입해 배달 음식 서비스에 무겁게 개입했다. 4년을 공동구매 전쟁터 한복판에서 보낸 디엔핑은 2013년 말에 음식 배달 서비스를 시운전하기 시작했다. 회사는 수백만 달러를 들여 주문된 음식을 식당에서 주문자 문앞까지 배달할 스쿠터 부대를 채용하고 관리했다. 힘든 배달 일은 디엔핑의 배달 팀이 전담해 주었기 때문에 소규모 식당들은 따로 배달부를 고용하지 않아도 고객 기반을 확장할 수 있는 덤까지 얻은 셈이었다.

음식 배달 서비스에 큰돈과 많은 인력을 투입함으로써 디엔핑은 중국 도심에서 규모의 경제를 달성할 수 있었다. 비용도 많이 들고 세부 배치 계획에도 많은 노력이 필요했지만, 결국에는 효율성이 늘어났고 최종 소비자에게 돌아가는 비용도 줄어들었다. 배달음식 서비스를 시작하고 18개월 후 디엔핑은 숙적인 메이투안과 합병했고 규모의 경제는 두 배로 늘어났다. 2017년에 메이투안-디엔핑의 시장가치는 옐프와 그럽허브를 합친 것의 세 배가 넘는 300억 달러였다.

중국 O2O 회사들의 무거운 참여를 보여주는 예는 그밖에도 많다. 우버가 중국 차량공유시장에서 철수한 후 디디추싱은 주유소와 자동차 정비소들을 인수해 운전자들에 대한 지원에 나섰고, 운전자들에 대한 높은 이해도와 브랜드 자체에 대한 신뢰가 더해져 높은 이익률을 거두었다. 에어비앤비는 게스트하우스를 등록하게 해주는 가벼운 수준의 플랫폼을 제공하는 데 그치고 있지만, 중국의 숙박 공유 사이트인 투지아Tujia, 途家는 직접 관리하는 게스트하우스도 상당 부분을 차지한다. 투지아는 중국 내의 게스트하우스 주인들을 위해 매일 아파트를 방문해 청소를 하고, 비품을 채워 넣고, 스마트록을 설치해주는 등의 잡일도 대행해준다.

비용을 들이고 인력을 관리하고 허드렛일을 해주고 규모의 경제를 만든다. 이런 무거운 개입은 디지털과 실세계 경제의 관계를 재형성했다. 중국 인터넷은 평범한 사람들의 경제 생활로 훨씬 깊숙이 파고들면서 소비 트렌드와 노동시장에도 영향을 미치고 있다. 2016년 매킨지 앤 컴퍼니McKinsey and Company 연구에 따르면 중국 O2O 이용자들의 65%는 앱 사용으로 식사비 지출이 늘었다고 대답했다. 여행과 교통 부문에서는 이용자의 각각 77%와 42%가 지출이 늘었다고 응답했다.[9]

이런 현금흐름은 단기적으로는 중국 경제를 부양하고 시장가치를 올리는 효과를 미쳤다. 그러나 더 중요한 것은 그런 소비 흐름의 유산이 장기적으로 만들어내는 데이터 환경이다. 판매자 등록, 주문 접수, 음식 배달, 결제 처리까지 도맡으면서 중국 O2O 챔피언들은 이용자들 개개인의 소비 패턴과 습관에 대한 풍부한 데이터를 축적하고 있다. 무거운 개입을 통해 중국 O2O 기업들은 실리콘밸리 회사들이 가지지 못한 데이터 우위를 얻었다. 모바일 결제가 없었다면 그들은 소비자의 실생활로 깊숙이 파고들지도, 데이터 우위를 압도적 주도권으로 바꾸지도 못했을 것이다.

스캔하거나, 스캔받거나

O2O 지출이 폭발적으로 증가하면서 알리페이와 텐센트는 현금 중심 경제 체제를 무너뜨리기 위한 직접적인 베팅에 들어갔다. (2011년 알리바바는 알리페이를 포함한 금융서비스 사업부를 분사해 앤트 파이낸셜Ant Financial, 蚂蚁金服, 마이진푸를 세웠다.) 중국에서는 신용카드나 체크카드 사용이 활성화되지 못했고 어지간한 거래에서는 현금 결제를 고집했다. 대형 마트나 쇼핑몰에서는 신용카드를 긁는 것이 가능하지만, 도시 상점들의 대부분을 차지하는 영세 상점과 식당들은 신용카드 결제를 위한 POS 단말기를 둔 곳도 거의 없었다.

그러나 이 영세 상점들의 주인들도 스마트폰은 가지고 있었다. 그래서 중국 인터넷 공룡기업들은 그들의 스마트폰을 모바일 결제 포털로 바꿨다. 단순한 아이디어였지만, 실행 속도와 소비자 행동에 미친 영향, 그리고 그 결과로 누적된 데이터양은 눈이 휘둥그레질 정도였다.

2015년과 2016년 두 해에 걸쳐 텐센트와 알리페이는 스마트폰 인식을 위한 네모난 바코드인 앱의 QR 코드를 스캔하면 바로 계산이 되는 기능을 서서히 확대해 나갔다. 스캔하거나 스캔받거나의 세상이었다. 대규모 사업장은 POS 단말기를 사서 고객의 스마트폰에 뜬 QR 코드를 스캔해서 금액을 청구했다. 소규모 사업장은 그들의 위챗 지갑에 연동된 QR 코드를 출력하기만 하면 준비 완료였다. 고객들은 알리페이나 위챗 앱으로 가게 주인의 코드를 스캔하고 결제 총액을 입력하고 엄지손가락으로 지문 인증을 하면 돈은 즉시 고객 계좌에서 가게 주인 계좌로 이체된다. 수수료도 없고 지갑을 뒤적일 필요도 없다. 이는 선진국의 신용카드 사용과는 확연히 다른 것이었다. 처음 등장했을 때의 신용카드는 첨단 결제 방법이자 가장 편리하고 가장 효과적인 결제 문제 해결 방식이었다. 그러나 2.5~3.0%대에 육박하는 결제 수수료가 채택과 효용성을 막는 걸림돌이 되며 신용카드가 가지고 있던 우위는 부담으로 변질했다.

중국의 모바일 결제 인프라가 제공하는 효용은 기존의 직불카드를 훨씬 넘어선다. 알리페이와 위챗 지갑에서는 가족이나 친구, 간이 상점, 전혀 모르는 사람에게도 송금이 가능하다. 편리하게 모바일 결제를 해주는 앱은 온라인 기사와 동영상 제작자들에게 '팁을 주는' 도구도 되었다. 적으면 15센트 정도의 소액결제가 융성했다. 두 회사는 또한 대부분의 송금 거래에는 수수료를 부과하지 않았기 때문에 사람들은 모든 거래를 모바일로 결제하기 시작했다. 이 모바일 결제에는 미국 소매상들이 소액의 신용카드 구매에 대해 부과하는 최소 구매 구입이나 14센트 수수료도 없었다.

모바일 결제 채택은 빛의 속도로 번져나갔다. 알리페이와 텐센트는 2014년 스캔 결제 방식을 시험삼아 운용했고, 2015년에는 적용 범위를 넓혔다. 2016년 말에는 대도시에서 모바일 결제가 되지 않는 상점을 찾아보기가 힘들 정도였다. 중국인들은 슈퍼에서 물건을 사고 마사지를 받고 영화표를 사고 맥주를 마시고 자전거 수리를 할 때에도 이 두 앱으로 계산을 치렀다. 2017년 말에는 7억 5,300만 명이 넘는 중국 스마트폰 이용자 중 65%가 모바일 결제를 받아들였다.[10]

진입장벽도 거의 없다시피 하기 때문에 모바일 결제가 중국의 거대한 비공식 경제로 스며들어 가는 것은 순식간이었다. 노점에서 음식을 파는 이주 노동자라 하더라도 음식을 만드는 동안 고객의 스마트폰을 스캔하고 결제액을 입력하기만 하면 계산이 완료되었다. 중국 도시들에서는 걸인들도 알리페이와 위챗 QR 코드를 출력한 종이를 목에 걸고 구걸을 하기 시작했다.

현금이 중국 도시에서 빠른 속도로 자취를 감추면서 범죄 행위를 '방해하는' 효과까지 가져왔다. 2017년 3월 불운한 강도 행각을 벌이다 기사에 오른 두 중국인이 있었다. 사촌지간인 두 사람은 강도질로 한탕 한 다음에 재빨리 도망친다는 거창한 목표를 세우고 부유한 도시이며 알리바바 본사가 있는 곳으로도 유명한 항저우로 왔다. 두 남자는 칼을 들고 편의점 세 군데를 털려고 했지만 가게 주인들은 건네줄 현금이 없었다. 거의 모든 손님이 스마트폰으로 계산을 하기 때문이었다. 경찰이 두 남자를 잡으러 올 때까지 그들이 강도질로 뺏은 돈은 고작해야 125달러로, 항저우 왕복 교통비를 대기에도 모자란 금액이었다. 현지 언론은 체포되자마자 범인 하나가 이렇게 외쳤다는 보도를 내보냈다. "왜 항저우에는 현금이 하나도 없는 겁니까?"[11]

굼뜬 성장을 보이는 미국 모바일 결제 시장과는 극명한 대조를 보여주는 상황이었다. 구글과 애플은 구글월렛Google Wallet과 애플 페이Apple Pay으로 모바일 결제 사업에 진출했지만, 둘 다 크게 확산 되지는 못했다. 애플도 구글도 플랫폼 이용자 수치를 공식 발표하 지는 않았지만, 객관적으로 볼 때 실제 채택률은 크게 미흡한 것 으로 나타난다. 시장리서치 회사인 아이리서치iResearch의 2017년 추정에 따르면, 중국 모바일 결제 지출 금액은 미국보다 5배는 많 은 것으로 나왔다.[12] 2017년 중국 모바일 결제 플랫폼을 통해 결제 된 총거래액은 중국 GDP보다도 많은 17조 달러를 넘어선 것으로 보고되었다.[13] 이렇게 어마어마한 금액이 모바일 결제 시스템으로 오갈 수 있던 이유는 일반 송금이 가능하고 모든 업종에서 모바일 로 상품과 서비스를 사는 것이 가능해졌기 때문이었다.

모바일 약진과 택시 기사

모바일 결제에서 미국과 중국의 차이가 이렇게 커진 데에는 기 존 방식의 입지가 튼튼한 것도 한 손 거든다. 미국은 1960년대의 첨단 금융 기술인 신용카드와 직불카드의 편리함을 잔뜩 누리고 있다(그리고 대가도 치르고 있다.). 신용카드에서 한 단계 더 개선된 것이 모바일 결제지만, 현금에서 신용카드로 건너뛰었을 때만큼 비약적 개선은 아니다. 중국이 기존 기술에서(데스크톱 컴퓨터, 유선

전화, 신용카드) 가지고 있던 약점은 이 나라가 모바일로 급속하게 갈아타면서 오히려 새로운 패러다임으로 약진하도록 도와주는 강점이 되었다.

그러나 모바일 결제로 약진하게 된 것은 약한 기존 기술과 독립적인 소비자 선택이 합쳐졌기 때문만은 아니다. 알리바바와 텐센트는 미국 테크놀로지 기업들이 질색하는 '무거운' 개입의 일종인 보조금을 막대하게 풀었고, 이것은 이용자 채택을 늘림으로써 모바일 결제로 갈아타는 속도를 한층 더 빨라지게 했다.

중국에서 차량호출 앱이 처음 등장했을 때 승객들은 예약은 앱으로, 계산은 현금으로 했다. 앱에 등록된 차량은 상당수가 나이 지긋한 운전사들이 모는 전통적 택시였고, 그들은 익숙한 현금을 쉽사리 포기하지 않으려 했다. 그래서 텐센트는 위챗 지갑 결제 방식을 채택하는 승객과 운전사 양쪽에게 보조금을 지급했다. 승객은 요금을 덜 내서 좋았고 운전사는 요금을 더 받아서 좋았다. 차액은 텐센트가 보전해 주었다.

프로모션에 큰 비용이 들었지만(진짜 승차와 보조금을 노린 가짜 승차 모두로 인해 비용이 늘어났다) 텐센트는 포기하지 않았다. 그 결정이 옳았다. 프로모션은 이용자 습관을 구축했고 도시 소비자 경제의 중요 마디를 담당하는 택시기사들을 플랫폼으로 유인하는 효과도 발휘했다.

이와 대조적으로 애플페이Apple Pay와 구글월렛은 모바일 결제

시장에 가볍게만 개입했다. 애플페이도 구글월렛도 이론적으로는 이용자 편의를 크게 늘리지만, 이용자에게 뇌물을 줘가면서까지 그 방식을 홍보할 생각까지는 없었다. 미국 테크 거인들이 보조금 정책을 꺼리는 이유도 이해가 안가는 건 아니다. 보조금은 분기 이익을 잠식하는 데다, '이용자를 매수하는' 행위는 실리콘밸리 혁신 순수주의자들의 빈정을 살 것이기 때문이다.

그러나 무거운 개입을 지양하는 미국 기업들의 태도에 모바일 결제 채택 속도는 굼떴고 앞으로 올 데이터 중심 AI 세상에서 훨씬 큰 걸림돌이 될 것이다. 모바일 결제에서 얻는 데이터는 지금 사상 유례가 없을 정도로 풍부한 소비자 행동 지도를 만들고 있다. 이 데이터양은 아마존 같은 전자상거래 회사나 옐프와 구글 같은 플랫폼에서 이뤄지는 신용카드 구매나 온라인 활동을 통해 얻어지는 데이터양을 훨씬 초과한다. 모바일 결제 데이터는 소매와 부동산을 비롯해 무수히 많은 분야에서 AI 중심 기업을 구축할 때 대단히 귀중한 가치를 발휘할 것이다.

베이징으로 돌아온 자전거 물결

모바일 결제가 중국 전역의 금융 문화를 바꾸었다면 자전거 공유는 중국 도심의 모습을 변모시켰다. 자전거 공유 혁명은 여러 면에서 시계를 거꾸로 돌렸다. 1949년 공산주의 혁명 때부터 새천년을 맞을 때까지 중국 도시들은 어디를 가나 자전거 물결이었다.

그러나 경제 개혁으로 새로 형성된 중산층이 자동차를 소유하기 시작했고 자전거를 타는 것은 가난해서 4륜 교통수단을 소유할 수 없는 사람들이나 하는 행동이 되었다. 자전거는 도시와 주류 문화의 변두리로 밀려났다. 중국의 인기 데이트 프로그램에 출연한 한 여성이 가난한 구애자를 거절하면서 한 말은 당시의 물질주의를 잘 보여준다. "저는 자전거 뒷좌석에 앉아 웃는 것보다 BMW 뒷좌석에 앉아 우는 쪽을 택하겠어요."

그런데 어느 순간, 중국에 불어닥친 대체 우주가 흐름을 뒤집었다. 자전거 공유 스타트업 모바이크Mobike, 摩拜单车와 오포ofo, 小黄车는 2015년 말부터 인터넷이 연결된 자전거 수천만 대를 중국 대도시 곳곳에 공급하고 배분하기 시작했다. 모바이크는 자전거에 QR 코드를 붙이고 뒷바퀴에는 온라인 스마트 잠금장치를 달았다. 이용자가 모바이크 앱(또는 위챗 지갑에 있는 미니 앱)에 들어가 자전거 QR 코드를 스캔하면 뒷바퀴의 잠금장치가 자동으로 열리며 해제된다. 모바이크 이용자는 타고 싶을 때 아무 데서나 자전거를 타고 다음 이용자가 탈 수 있도록 아무 곳에나 주차해두면 된다. 이용 거리와 시간에 따라 요금이 산정되지만 보조금 덕분에 실제 지불 요금은 대개 15센트 안팎이다. 이런 혁명적이고 현실적인 혁신이 가능해진 것은 모바일 결제가 활성화되었기 때문이다. 신용카드 POS 단말기를 자전거에 부착하려면 초기 비용은 물론이고 유지관리비도 많이 들지만, 쉽고 편리한 모바일 결제 시스템은 자전거에 장착할 때 돈도 안 들뿐더러 효율성도 매우 높다.

공유 자전거 이용량이 폭증하자 도심의 독특한 풍경이었던 자전거는 1년 만에 전국으로 퍼지게 되었다. 모든 교차로마다, 모든 지하철 출구마다, 인기 상점이나 레스토랑 앞에 자전거가 세워져 있었다. 어딜봐도 자전거 한두 대는 눈에 띄었고, 앱에 들어가 5초면 잠금장치가 풀렸다. 흰색과 오렌지색의 모바이크 자전거, 샛노란 오포 자전거, 다른 카피캣 회사들의 파란색, 초록색, 붉은색 자전거 등 형형색색의 자전거가 도시의 거리를 달렸다. 2017년 가을쯤 모바이크 자전거는 하루에 2,200만의 승차를 기록하면서 중국 공유 자전거 시장을 거의 독점했다. 우버가 가장 최근에 발표한 2016년 일일 글로벌 공유 차량 이용 횟수의 4배나 되는 수치였다. 모바이크는 창업하고 불과 3년 뒤인 2018년 봄에 왕싱의 메이투안-디엔핑에 27억 달러에 인수되었다.[14]

늘어나는 자전거 공유는 새로운 무언가를, 어쩌면 세계 최대이자 가장 유용할 수도 있는 사물인터넷IoT 네트워크를 만들고 있었다. IoT는 인터넷이 연결돼 주위 세상에 대한 데이터를 같은 네트워크에 있는 다른 기기들에게 전송할 수 있는 실세계의 모든 기기를 총칭한다. 모바이크 자전거에는 태양광 전지를 쓰는 GPS, 가속장치, 스마트폰으로 활성화되는 근거리 통신 장비가 장착돼 있다. 이런 기기들에 달린 센서들이 매일 만들어내는 20테라바이트의 데이터는 모바이크의 클라우드 서버의 영양분이 된다.

희미해진 경계선과 멋진 신세계

중국 공유 자전거 혁명은 2년도 지나지 않아 이 나라의 도시 풍경을 바꿨고 데이터에도 풍성한 깊이를 더했다. 이런 변화는 온라인과 오프라인의 경계를 무너뜨려 현실의 문제를 해결한다는, 중국의 대체 인터넷 우주가 만들어낼 수 있는 최선의 시각적 결과물을 극적으로 보여준다. 실세계로 파고들어 일상생활 구석까지 영향을 미치는 사업을 구축할 때 이 대체 인터넷 우주는 정보 전송이라는 인터넷의 핵심 강점을 십분 활용한다.

대체 인터넷 우주 건설은 하루아침에 이뤄진 일이 아니었다. 그 바탕에는 시장 중심으로 사고하는 기업가, 모바일 이용자, 혁신적인 슈퍼앱, 인구가 많은 도시, 저임금 노동력, 모바일 결제 시스템, 그리고 정부가 지원하는 문화적 변화라는 조건이 갖춰져야 했다. 그만큼 그 보상은 엄청났다. 중국은 1조달러 이상의 가치를 가진 테크 거인들 군단이라는, 미국 말고는 이룬 나라가 없는 위업을 달성했다.

그러나 중국의 기술 신세계가 선사할 가장 위대한 부는 아직 실현되지 않았다. 오랫동안 땅에 파묻혀 있던 유기물질이 화석연료가 되어 산업혁명의 동력원이 되었듯, 중국 대체 인터넷 우주에서 펼쳐지는 실제 서비스들이 만들어내는 거대한 데이터는 훗날 AI 혁명의 동력원이 될 것이다. 이 우주를 이루는 각 차원은-위챗 이용자 활동, O2O 서비스, 차량 호출, 모바일 결제, 공유 자전거-실세계 소비와 교통 습관에 대한 지극히 세분화된 데이터에 새로운 층을 덧입히고 있다.

중국의 O2O 혁명은 기업에는 이용자의 오프라인 생활에 대한 무수한 데이터를 제공했다. 기업들은 이용자의 식습관과 마사지와 일상 활동과 관련해 무엇을 언제, 어디서 했는지에 대한 데이터를 얻었다. 모바일 결제로 실세계 소비자 구매를 알려주는 블랙박스가 열리면서 소비자 행동에 대한 실시간 정밀 데이터 맵을 작성하는 것이 가능해졌다. P2P 거래는 경제 거래에 소셜 거래라는 새로운 층을 더했다. 중국의 자전거 공유 혁명은 IoT 교통 장비로 도시를 뒤덮고 도시인들의 생활을 색색으로 물들이고 있다. 수천만의 출근길에, 상점 가는 길에, 퇴근길에, 첫 데이트에도 따라가는 이 공유 자전거는 데이터의 양에서나 질적 세분화 측면에서나 우버나 리프트Lyft를 초라하게 만들 정도이다.

분야별 수치는 O2O 핵심 산업에서 미국과 중국의 격차를 적나라하게 드러낸다. 최근 추정치에 따르면 중국과 미국이 음식 배달 주문수에서는 10:1로, 모바일 결제액에서는 50:1로 앞서는 것으로 나왔다. 중국 전자상거래 구매 총액은 미국 총액의 대략 두 배이고 그 차이는 계속 벌어지고 있다. 차량 호출 앱을 이용한 승차량 데이터는 충분하지 않지만, 우버와 디디추싱이 한창 경쟁이 치열했을 때 두 회사가 보고한 수치에 따르면 중국에서 디디의 차량 공유 서비스 이용량이 우버의 글로벌 이용량보다 4배 가량 많았다. 자전거 공유에 있어서는 중국이 미국을 300대 1이라는 아예 비교조차 되지 않는 비율로 앞지르고 있다.[15]

이 모든 것이 중국 테크 공룡들이 실리콘밸리 거인들과 어깨를 나란히 하는 데 큰 역할을 했다. 다가올 AI 실행의 시대에 길을 달리한 두 나라 데이터 생태계가 미치는 영향도 근본적으로 차이가 날 것이다. 데이터 생태계의 모습에 따라 AI 스타트업이 파괴할 산업이 달라질 것이고 해결하게 될 까다로운 문제도 달라질 것이다.

그러나 AI 중심 경제를 구축하는 데 필요한 것은 검투사형 기업가나 풍부한 데이터만이 아니다. 여기에는 훈련받은 AI 엔지니어 군단과, 시대를 바꿀 기술의 힘을 적극 포용할 정부도 필요하다. AI 전문지식과 정부 지원은 AI 퍼즐을 완성하는 마지막 두 조각이다. 21세기 기술을 정의할 두 초강국의 팽팽한 줄다리기에 대한 분석도 이 두 요소를 다 대입해야 완성된다.

4

두 나라 이야기

SUPERPOWERS

1999년 중국은 여전히 깜깜한 세상에서 인공지능을 연구하고 있었다. 비유적 암흑이 아닌 진짜로 깜깜한 데서 연구를 했다.

그해 어느 날, 나는 마이크로소프트의 음성인식과 이미지인식 연구에 대한 강의를 하기 위해 중국과학기술대학에 갔다. 중국과학기술대학은 중국에서 일류로 꼽히는 연구중심 공과대학이지만, 위치한 곳은 베이징에 비하면 많이 낙후된 남부 허페이시였다.

강연 날 밤이 되자 학생들은 강당을 빈틈없이 채웠고, 입장권이 없는 학생들은 유리창으로 새어 나오는 강연 내용을 조금이라도 듣고픈 마음에 유리창에 바짝 붙어 섰다. 학생들의 뜨거운 관심에 나는 주최 측에 통로와 연단 위에도 학생들이 앉을 수 있게 해 달라고 부탁했다. 학생들은 음성인식과 음성합성, 3D 그래픽, 컴퓨터 비전의 기본에 대한 내 강의 내용을 한마디라도 놓칠세라 열심히 들었다. 그들은 노트에 받아적고, 기본 원칙과 현실 응용에 대해 질문을 퍼부었다. 중국의 AI 연구는 미국에 10년 이상 뒤처져 있었지만, 학생들은 외부 세계의 지식을 스폰지처럼 빨아들였다. 강연장을 가득 메운 열기가 손에 만져질 듯했다.

강연은 길었고, 내가 강당을 나와 정문으로 향할 즈음에는 밖은 이미 깜깜했다. 길 양쪽으로 기숙사 건물이 있었지만 캠퍼스는 조용했고 길은 한산했다. 그런데 갑자기 그 조용함이 깨졌다. 신호가 울리기라도 한 듯 학생들이 기숙사 밖으로 줄줄이 나와서는 거리로 걸어가기 시작했다. 말 한마디 없이 슬로우모션으로 펼쳐지는 소방훈련 같은 그 모습에 나는 당황한 듯 가만히 서서 지켜보기만 했다.

그들이 연석에 앉아 교과서를 펼치는 것을 본 후에야 나는 무슨 일인지 깨달았다. 기숙사는 밤 11시에는 전면 소등이 되기 때문에 학생들은 가로등 옆에서 공부를 하러 밖으로 나온 것이었다. 나는 중국에서 가장 똑똑하고 젊은 공과대학 학생들이 침침한 노란 불빛 아래 옹기종기 앉는 모습을 지켜보았다. 그때는 몰랐지만, 깜깜한 허페이의 밤하늘 아래 시간을 쥐어짜며 공부를 하는 그 학생들 속에는 훗날 중국 핵심 AI 기업을 창업하게 되는 사람도 있었다.

학생들이 읽는 교과서는 한물갔거나 번역이 엉망인 것들이 대부분이었다. 하지만 학생들로서는 그게 그나마 최선이었고, 젊은 과학도들은 그런 책일지라도 한 자도 빠뜨리지 않고 지식을 흡수하고 있었다. 학교에서 인터넷 접속을 하기는 하늘의 별 따기였고, 해외 유학은 전액 장학금을 받는 학생이나 가능했다. 잔뜩 모서리를 접고 표시를 한 교과서와 가끔가다 있는 외부 학자의 강연만이 세계 AI 연구의 현황을 접할 수 있는 유일한 창구였다.

그리고, 많은 것이 변했다.

AI 초강국이 되기 위한 준비물

앞에서도 설명했듯이 21세기 AI 초강국이 되려면 네 가지 자재가 필요하다. 풍부한 데이터, 포기를 모르는 기업가, 잘 훈련된 AI 과학자, 그리고 정부 지원이다. 중국의 검투사형 스타트업 생태계가 세계 최고의 실전형 기업가 세대를 어떻게 훈련시켰고, 중국의 대체 우주가 세계에서 가장 풍요로운 데이터 생태계를 어떻게 만들었는지는 이미 설명했다.

이번 4장에서는 뒤의 두 자재인 AI 전문지식과 정부 지원과 관련된 힘의 균형을 다룰 것이다. AI 실행의 시대에는 실리콘밸리가 가진 최고 전문지식의 우세만으로는 상황을 헤쳐 나가기에 충분하지 않다는 것이 내 생각이다. 그리고 정부 지원이라는 결정적 영역에서도 중국의 기술실리주의 정치문화는 게임의 판도를 바꾸는 테크놀로지가 더 빨리 확산되도록 길을 닦아줄 것이다.

인공지능이 경제의 더 넓은 구석까지 스며들 시대에는 탄탄한 AI 엔지니어 군단의 '양'이 엘리트 연구자의 '질'보다 더 높은 보상을 거둘 것이다. AI 실행의 시대에 진정한 경제적 힘은 연구의 경계선을 넘나드는 소수 엘리트 과학자들에게서 나오지 않는다. 기업가들과 협력해 게임을 바꿀만한 기업을 만들 수 있는 숙련된 AI 엔지니어 군단이 진짜 힘의 원천이다.

중국은 그런 엔지니어 군단을 육성하고 있다. 내가 허페이에서 강연을 하고 20년 뒤, 중국의 AI 연구는 미국과의 격차를 크게 줍혔다. 슈퍼스타 과학자들은 여전히 미국이 압도적으로 많을지는 몰라도 중국 기업들과 연구기관들은 AI 실행의 시대에 동력이 될 수 있는 숙련된 엔지니어들로 대열을 채웠다. 내가 허페이에서 본 지식에 대한 엄청난 목마름과 세계의 첨단연구에 대한 급진적 개방의 결합이 그런 인력을 기른 비결이었다. 중국의 AI 전공생들은 더는 어두컴컴한 곳에서 한물 지난 교과서를 탐독할 필요가 없다. 개방적인 AI 연구문화를 이용하면 오픈소스에서 실시간으로 지식을 흡수할 수 있다. 최신의 온라인 학술 간행물을 분석하고 위챗 단체방에서 최고 AI 과학자들의 방법에 대해 토론을 하고 스마트폰으로 학자들의 강연을 스트리밍할 수 있다.

풍요로운 인터넷 연결로 중국 AI 집단은 엘리트 집단을 따라잡을 수 있었고 오늘날 이 나라의 AI 발전에 큰 공헌을 하는 지식에

목마른 중국 연구자 세대를 훈련할 수 있었다. 또한 풍요로운 연결은 중국 스타트업들이 가장 최신의 오픈소스 알고리즘을 응용해 자율비행 드론, 안면인식 결제, 스마트 가전 등 현실에 사용되는 AI 제품을 만드는 데도 큰 힘이 되고 있다.

이 스타트업들이 AI 분야의 한 귀퉁이를 차지하고 있기는 하지만, 소수 대기업들도 AI 전역에서 지배력을 조금씩 늘리고 있다. 이른바 AI 시대의 일곱 거인인 구글, 페이스북, 아마존, 마이크로소프트, 바이두, 알리바바, 텐센트는 미국과 중국을 공평하게 양분하면서 AI 경제를 지배하기 위한 과감한 플레이를 펼치고 있다. 그들은 수십억 달러의 현금과 아찔할 정도로 방대한 데이터를 동원해 유능한 AI 인재들을 싹쓸이하고 있다. 일곱 거인은 AI 시대를 지배하기 위한 '전력망' 건설도 추진하고 있다. 다시 말해 회사가 AI '전력회사'가 되어 머신러닝을 경제 전체로 배분하는 컴퓨팅 네트워크를 직접 관리하고 통제하겠다는 것이다. 개방형 AI 생태계를 중시하는 사람들에게는 우려가 되는 현상이고 중국이 AI 초강국으로 부상하는 데도 잠재적 위험이 되고 있다.

그러나 AI의 힘을 경제 전체로 넓게 퍼뜨리는 것은 민간기업의 힘만으로는 역부족이다. 협조적인 정책 환경이 필수 조건이고, 속도가 빨라지려면 정부의 직접적 지원이 있어야 한다. 커제가 알파고에게 패배한 직후 중국 중앙정부는 AI 리더가 되기 위한 종합청사진을 발표했다. '대중창업, 만중창신' 운동에서도 볼 수 있듯이,

중국의 AI 지원 계획은 풍부한 기금을 조성해 성장에 날개를 달아주고 있다. AI 스타트업을 위한 보조금 지원이나, 채택률을 높이기 위해 정부가 추진하는 여러 정책이 여기에 속한다.

중앙정부의 AI 종합청사진은 정책 혁신도 AI 위주로 진행되도록 유인을 바꿔 놓았다. 시장들은 자신들의 도시를 새 AI 응용 기술의 전시장으로 변모시키는 데 주력하고 있다. 그들은 자율주행 트럭용 도로를 만들고, 대중교통에 안면인식 장치를 설치하고, 교통 흐름을 최적화하는 '시티 브레인city brain: 클라우드에 축적된 데이터와 AI를 통해 도시 전체를 유기적 신경망처럼 작용하게 해 스마트 도시를 만들려는 플랫폼-옮긴이'에 교통 신호망을 연결했다.

이런 차이는 미국과 중국 정치문화가 가진 핵심적 차이에서 비롯된다. 미국의 전투적 정치체계는 기술 발전 기금의 오남용과 낭비를 처벌하는 분위기가 강하지만, 중국의 기술실리주의적 문화는 선행적 기술 투자와 채택을 선호한다. 객관적으로 따졌을 때 어느 쪽 정치제도가 도덕적으로 더 우수하다고 말할 수는 없고, 오늘날 개인의 자유와 기술 발전에 있어서 미국만큼 장구한 역사를 가진 나라도 없다. 그러나 AI 실행의 시대에 확산 속도를 높이고, 더 많은 데이터를 만들고, 더 위대한 성장의 씨앗을 심을 힘을 가진 것은 중국식 접근법일 수 있다. 중국식 접근법은 디지털 데이터, 기업가의 투지, 어렵게 얻은 전문지식, 정계의 지원 의지라는 재료가 합쳐져 만들어진 중국만의 기이한 연금술이며 저절로 돌고 도는 사이클이다. 두 AI 초강국의 현재 위치가 어디인지를 보기 전에 그 전문지식이 어디에서 나오는지부터 이해해야 한다.

노벨상 수상자들과 무명의 수리공들

엔리코 페르미Enrico Fermi가 RMS 프랑코니아 2호의 갑판에 오르면서 세계의 힘의 균형이 바뀌었다. 스톡홀름에서 노벨물리학상 수상을 끝낸 페르미는 베니토 무솔리니가 장악한 이탈리아로 돌아가는 대신에 가족과 함께 뉴욕행 배에 오르기로 결심했다. 유대계와 아프리카계 출신의 직업을 제약하고 이탈리아인과의 혼인도 금지하는 이탈리아 인종차별 법을 피해 선택한 뱃길이었다. 페르미의 아내는 유대인이었기 때문에, 그는 반유대주의가 만연한 유럽에서 사느니 가족과 함께 지구 반 바퀴를 돌기로 했다.

그 개인적인 사유로 내린 결정이 세계적인 지각 변동을 불러왔다. 미국에 도착한 후 나치 독일의 과학자들이 핵분열을 발견했다는 소식을 접한 페르미는 즉시 핵분열 연구를 시작했다. 그는 시카고대학 운동장 관중석 아래 스쿼트코트에서 세계 최초 자가연쇄반응 원자로를 만들었고, 맨해튼 프로젝트에서도 주축으로 활약했다. 세계 역사상 최대의 전문 인력과 지식이 들어간 이 초특급 기밀 프로젝트의 결과는 미군의 세계 최초 원자폭탄 개발이었다. 원자폭탄 투하로 태평양에서 벌어지던 2차대전이 끝났고, 세상은 핵질서라는 새로운 세계질서 체제로 돌입하게 되었다.

페르미와 맨해튼 프로젝트는 전문지식의 양보다 질이 더 훌륭한 성과를 거두는 발견의 시대를 단적으로 보여준다. 핵물리학의 1930년대와 40년대는 근본적 돌파구가 만들어진 시대였고, 페르미는 평범한 물리학자들 수천 명을 합친 것보다도 더 눈부신 과학적 쾌거를 이뤄냈다. 이 시대에 미국이 과학에서 선두를 달릴 수 있었던 이유는 혼자만으로도 과학이라는 저울의 추를 한쪽으로 기우뚱하게 만들 수 있는 페르미 같은 천재 과학자들을 대거 영입했기 때문이었다.

그러나 모든 기술 혁명이 똑같은 수순을 밟는 것은 아니다. 지축을 뒤흔드는 혁명이 이뤄지고 나면 무게중심은 소수의 엘리트 과학자에서 다수의 수리공 군단으로 금세 넘어간다. 여기서 수리공 군단이란 과학기술을 현실의 여러 문제에 응용할 정도의 지식은 갖추고 있는 엔지니어 집단을 의미한다. 특히 과학적 돌파구가 주는 보상이 극소수의 연구실이나 무기체계로 집중되지 않고 사회 전체에 고루 분산될 경우에는 무게중심이 옮겨가는 속도는 더욱 빨라진다.

전력의 대중화는 그 과정을 잘 보여준다. 토머스 에디슨이 전력 상용화를 가능하게 한 이후 이 분야의 무게중심은 발명에서 실행으로 옮겨갔다. 수천 명의 엔지니어들이 전기를 개선해 새 기기에 전력을 공급하면서 산업 과정이 재편성되기 시작했다. 이 엔지니어들은 에디슨처럼 새 지평을 열 필요가 없었다. 그들에게는 전기를 동력원으로 바꿔서 쓸모 있고 채산성 있는 기계를 돌릴 정도의 지식만 있으면 충분했다.

오늘날 AI 실행의 시대는 후자에 해당한다. 최근에 AI가 해결한 문제들이 연일 기사로 보도되다 보니 우리는 아직 발견의 시대를 살고 있다고 착각한다. 다시 말해 엔리코 페르미 같은 천재가 여전히 힘의 균형을 결정하는 시대에 산다고 착각한다. 사실상 우리 눈앞에 펼쳐지는 것은 딥러닝이라는 단 하나의 근본적 돌파구가 여러 다양한 문제에 응용되고 있는 세상이다. 그 과정에 필요한 사람들은 훈련된 AI 과학자들이다. 그들이 이 시대의 수리공들이다. 이 수리공들은 패턴인식이라는 AI의 초인적 힘을 응용해 대출을 심사하고 차량을 운전하고 문서를 번역하고 바둑을 두고 아마존 인공지능 플랫폼인 아마존 알렉사Amazon Alexa를 실행시킨다.

AI 시대의 엔리코 페르미라고 할 수 있는 제프리 힌턴, 얀 르쿤Yann LeCun, 요슈아 벤지오Yoshua Bengio와 같은 딥러닝 개척자들은 인공지능의 영역을 계속 넓히고 있다. 어쩌면 그들은 게임의 판도를 바꾸고 글로벌 기술 질서를 뒤흔들 또 다른 혁신을 만들어낼지 모른다. 하지만 그전까지 진짜 행동을 하는 사람들은 수리공들이다.

지식 공유

이 기술혁명의 시대에 수리공 군단의 또 한 가지 장점은, 선두에선 개척자들의 연구 결과에 실시간으로 접속할 수 있다는 것이다. 산업혁명 시절에는 새로운 산업혁신이 이뤄져도 국경과 언어 장벽으로 인해 발생국인 영국에 한동안 갇혀 빠져나가지 못했다. 미국의 문화적 근접성과 느슨한 지적재산법은 핵심 발명이 해외로 유출되는 데 일조했지만, 그래도 혁신자와 모방자 사이에 시차가 크게 벌어지는 건 어쩔 수 없었다.

오늘날은 아니다. 인공지능 연구에서 중국과 실리콘밸리의 시차가 얼마나 되느냐는 질문이 나오면 중국 기업가들은 농담조로 "16시간"이라고 대답한다. 딱 캘리포니아와 베이징의 시차다. 최고 과학자 보유에서는 미국이 으뜸일지 몰라도, 그들의 연구 결과와 통찰은 인터넷 연결이 가능하고 AI 기본기가 탄탄한 사람이라면 누구든 즉시 이용할 수 있다. 그리고 AI 연구계가 가진 두 가지결정적 특성이 지식의 빠른 전파를 가능하게 한다. 바로 개방성과속도이다.

인공지능 연구자들은 자신들의 알고리즘이나 데이터, 연구 결과를 공개하는 것에 거리낌이 없다. 인공지능 분야를 발전시킨다는 공통의 목표를 마련하고 객관적 경쟁 기준을 세우로 싶다는욕구가 이런 개방성을 키웠다. 대다수 물상과학에서는 한 연구실의 실험을 다른 연구실이 완벽히 똑같이 재현하기가 불가능한데, 기법이나 환경에 약간의 변수만 가해져도 실험 결과가 크게 달라질 수 있기 때문이다. 그러나 AI 실험은 완벽한 재연이 가능하고 알고리즘도 직접 비교가 가능하다. 알고리즘을 똑같은 데이터세트로 훈련하고 검증하기만 하면 된다. 국제 대회에 출전한 컴퓨터 비전이나 음성인식 팀들은 자신들의 작업 결과를 기꺼이 개방해 다른 연구자들이 분석할 수 있게 한다.

AI 개선 속도도 연구자들끼리 결과를 즉각적으로 공유하게 해주는 추진제이다. 대다수 AI 연구자들은 딥러닝을 근본적으로 혁신하기보다는 딥러닝을 아주 약간 개선해 최상의 알고리즘을 만드는 데 주력한다. 이런 개선은 음성인식이나 시각식별 같은 수행 과제의 정확성에서 꾸준히 신기록을 내고 있다. 연구자들의 경쟁 기준도 신제품이나 매출액이 아니라 정확성 점수이고, 과학자들도 자신들이 달성한 신기록에 따라 업적을 인정받고 싶어 한다. 그러나 AI 개선 속도가 워낙 빠르기 때문에 학술지에 발표될 날을 기다리기에는 언제 자신들의 신기록이 깨질지 모르는 일이고, 선두를 달렸던 순간은 발표도 못되고 흐지부지될 수 있다. 그래서 AI 과학자들은 연구 결과를 깔고 앉아 있는 대신에 아카이브www. arxiv.org 같은 온라인 과학논문 저장 사이트에 곧바로 발표한다. 사이트에 올리는 순간 연구자들의 연구 결과에는 시간 스탬프가 찍히고 '언제 그리고 무슨' 알고리즘 성취가 이뤄졌는지가 확실한 기록으로 남게 된다.

알파고 이후의 세상에서 누구보다도 허겁지겁 arxiv.org 논문을 탐독하는 사람들은 중국의 과학도와 연구자, 엔지니어 들이다.

그들은 사이트를 뒤적이며 새로운 기법을 갈퀴로 긁어 들이고, 세계 최고 연구자들이 제공하는 모든 것을 흡수한다. 그들은 전문 학술지로도 모자라 얀 르쿤, 스탠포드의 서배스천 스런Sebastian Thrun, 앤드류 응 등 최정상 AI 과학자들의 강의를 스트리밍해서 번역을 하고 자막까지 단다. 수십 년 동안 어둠속에서 구식 교과서로 공부를 하던 중국 AI 연구자들은 즉시 접속이 가능한 글로벌 연구 동향을 즐기고 있다.

중국 AI 집단은 위챗에 모여 단체 채팅방과 멀티미디어 플랫폼을 만들어 최신 AI 동향을 토론한다. 위챗에서 AI에 대한 업계 소식과 전문가 분석, 개방형 대화 기능을 전문적으로 제공해주는 미디어 회사만도 13개나 된다. 이 AI 전문 매체들에 등록된 이용자 수는 100만이 넘으며, 1,000만 달러가 넘는 벤처투자를 받은 회사도 그중 절반이나 된다. 나도 '주간 논문토론회Weekly Paper Discussion Group'의 회원으로서 학술적 토론 활동을 벌이고 있는데, 위챗에는 이렇게 매주 모여 AI 연구 간행물을 분석하는 모임이 수십 개는 된다. 내가 속한 단체 채팅방에는 그 주의 논문에 대한 날카로운 질문, 회원들의 최신 알고리즘 업적을 담은 스크린샷, 그리고 재미있고 다양한 이모티콘에 이르기까지 하루에도 수백 개의 메시지가 뜬다.

중국 AI 학생들과 종사자들은 서구 세상이 전하는 지식을 수동적으로 받기만 하는 사람들이 아니다. 그들이 서구 학계에 지식을 되돌려주는 속도가 하루가 다르게 빨라지고 있다.

총회의 갈등

인공지능진흥협회Association for the Advancement of Artificial Intelligence, AAAI 에 문제가 생겼다. 권위 높은 이 협회는 지난 30년 동안 세계 최고 로 평가되는 총회를 주최해왔지만 2017년에는 총회 개최가 불투 명해졌다. 총회 일자가 중국 춘절과 겹쳤기 때문이다.

몇 년 전이었다면 크게 고민할 문제가 아니었을 것이다. 과거 이 행사의 참석자들은 주로 미국과 영국, 캐나다 학자들이었고 논문 을 제출하는 중국 학자들은 몇에 불과했다. 그러나 2017년 총회 에 제출된 논문은 중국과 미국 학자들이 거의 동수를 이루었기 때문에 중국 최대 명절에 총회가 열린다면 절반이 불참하는 사태 가 벌어질 수도 있는 일이었다.

AAAI의 회장은 이렇게 말했다. "크리스마스라면 당연히 아무도 AAAI를 개최하지 않으려 했을 것이다. 우리 협회는 정책을 변경 해 총회 일자를 춘절 한 주 뒤로 늦춰야 했다."[1]

기존 모델의 사소한 수정에서 신경망을 구축하는 새로운 세계 수준의 접근법 소개에 이르기까지 중국이 AI 발전에 공헌하지 않는 부분은 없었다. 학계 논문 인용만 봐도 중국 연구자들의 영 향력이 커지고 있다는 것이 한눈에 드러난다. 시노베이션벤처스 는 2006년부터 2015년까지 상위 100대 AI 전문지와 총회에 인용된 횟수를 분석했다. 인용된 중국인 저자들의 논문이 23.2%에서 42.8%로 거의 두 배가량 늘어났다.[2] 여기에는 중국식 이름을 가지고 있지만 활동은 해외에서 하는 학자들도 포함되었는데, 영어식 이름을 쓰지 않는 중국계 미국인 학자들이 대표적인 예였다. 그러나 중국 이름을 쓰는 저자들을 다시 조사했더니 그들 대부분은 중국에 있는 연구기관에서 근무하고 있었다.

세계적 연구기관에 대한 최근의 인용 횟수 집계에서도 같은 추이가 나왔다. 2012년부터 2016년까지 언급이 가장 많이 된 100대 AI 연구기관 보유 순위 집계에서 중국의 순위는 미국에 이어 두 번째였다.[3] 이 정상급 AI 연구기관 중에서도 칭화대학은 전체 횟수에서 스탠퍼드 대학 등 웬만한 기관보다 압도적으로 높았다. 게다가 이런 분석들은 중국이 AI 연구자들을 대거 지원하기 전인 알파고 등장 이전에 이뤄진 집계이다. 새롭게 쏟아질 박사 출신 연구자들이 중국 AI 연구를 새로운 차원으로 끌어올릴 날도 멀지 않았다.

중국의 AI 발전 공헌은 단순히 논문이나 인용 횟수 증가로만 따질 것이 아니다. 중국 연구자들은 딥러닝 등장 이후 신경망과 컴퓨터 비전 연구에서 몇 가지 대단히 중요한 발전을 이뤄냈다. 중국 연구자들 대부분은 내가 1998년에 세운 마이크로소프트 리서치 차이나Microsoft Research China 출신들이다. 나중에 마이크로소프트 리서치 아시아로 이름을 바꾼 이 연구소에서 교육을 받은 AI 연구자만 5천 명을 넘으며 바이두와 알리바바, 텐센트, 레노버Lenovo, 联

想, 화웨이Huawei, 华为의 중역들도 여기에서 교육을 받았다.

2015년 세계 이미지인식대회인 이미지넷ImageNet에서는 마이크로소프트 리서치 아시아의 연구팀이 파란을 일으켰다. 이 팀이 만든 획기적 알고리즘인 레스넷ResNet은 10만 개의 사진에 등장한 사물을 1,000개의 범주로 분류했으며 오차율은 3.5%에 불과했다. 2년 후 구글 딥마인드는 독학형 알파고인 알파고 제로AlphaGo Zero를 만들 때 레스넷을 핵심 기술 요소 중 하나로 이용했다.

레스넷을 만든 중국 연구자들은 마이크로소프트에 오래 있지 않았다. 레스넷 논문의 네 저자 중 한 명은 페이스북의 얀 르쿤 연구팀에 합류했고, 나머지 셋은 따로 독립해 AI 스타트업을 세웠다. 이 세 스타트업 중에서도 영어식 이름이 페이스플러스플러스Face++인 쾅스커지旷视科技는 순식간에 얼굴과 이미지인식 기술의 세계 선두 기업으로 떠올랐다. 이미지인식 기술을 평가하는 대회인 2017 코코COCO 챌린지에서 쾅스커지는 구글, 마이크로소프트, 페이스북이 보낸 최고의 팀들을 제치고 4개 핵심 부문 중 3개에서 1등을 차지했다.

일부 실리콘밸리 관찰자들에게 중국의 연구 성과는 정치계에 뿌리박힌 지식과 연구의 본질에 대한 신념을 송두리째 뒤흔드는 것이었다. 그들이 보기에 중국의 인터넷 통제는 중국 연구자들이 새로운 지평을 세우는 데 방해가 될 터였다. 대중적 담론과 사회과학 연구를 크게 억압하는 중국 통치 제도에 대해서는 비난할

부분이 많기는 하다. 그러나 외부인들의 생각과 달리 중국은 자연과학 연구에서는 크게 제약을 가하지는 않는다. 인공지능은 정치적으로 민감한 사안을 건드리지 않는 데다가, 중국의 AI 과학자들은 첨단 알고리즘을 만들거나 채산성을 따지며 AI를 응용하는 연구에서 미국 과학자들 못지않게 자유로운 연구가 가능하다.

거짓말이 아니다. 2017년 인공지능과 세계 보안을 주제로 열린 총회에서 에릭 슈미트Eric Schmidt 전 구글 CEO는 참가자들에게 중국의 AI 능력이 아직 뒤처져 있는 것에 안심하지 말라고 경고했다. 슈미트는 중국이 5년 내에 미국의 AI 능력을 따라잡을 것이라고 단호하게 예측했다.

"농담이 아니다. 중국 연구자들은 유능하다……여러분이 중국의 체제나 교육제도가 이런 유능한 사람들을 배출하기에는 역부족이라는 식의 편견이나 선입견을 가지고 있다면, 틀린 생각이다."[4]

일곱 거인과 차세대 딥러닝

세계의 AI 연구계가 서로의 지식을 공유하는 오픈시스템을 꽃피우고 있는 추세에서도 한 곳만은 여전히 폐쇄적 성격을 버리지 않고 있다. 바로 대기업 연구실이다. 학계 연구자들은 연구 결과를 세상과 부지런히 공유하지만 상장한 테크놀로지 기업은 주주 이익을 극대화해야 하는 신인의무fiduciary responsibility가 있다. 이 말인즉 기술 공개는 적을수록 좋고 독점 기술은 많을수록 좋다는 뜻이다.

AI 연구에 대규모 자원을 투입하는 100대 기업 중에서도 새로운 거인으로 등장한 일곱 거인들인 구글, 페이스북, 아마존, 마이크로소프트, 바이두, 알리바바, 텐센트를 살펴보자. 이 일곱 거인들은 50년 전의 미국과 중국과 같은 상태로 바뀌었다. 다시 말해, 인재와 자원을 획기적 발견에 집중하고 그 결과의 대부분을 '내부'에서만 사용하는 비교적 폐쇄적인 시스템을 유지하고 있다.

기업들이 연구 결과를 완벽하게 감출 수 있는 것은 아니다. 연구원이 회사를 떠나 AI 스타트업을 세우기도 하고, 마이크로소프트 연구소나 페이스북 AI 연구소, 딥마인드처럼 가장 의미 있는 연구 결과를 학술지에 발표하는 경우도 있기는 하다. 그러나 이 일곱 거인들은 획기적 돌파구이자 회사에 막대한 이익을 만들어줄 무언가를 만들어냈다면, 정보가 새나가지 않도록 단속을 하면서 최대한 이익을 뽑아낸 다음에야 세상에 발표할 것이다.

폐쇄적 시스템에서 이뤄진 획기적 발견은 개방형 AI 생태계를 추구하는 세상에 가장 큰 위협이다. 또한 AI의 세계 리더가 되기로 결심한 중국의 목표에도 큰 방해가 된다. 현재 상황만 보면 중국은 이미 창업정신과 데이터, 정부 지원에서는 우위를 달리고 있고, 미국의 전문지식도 빠르게 따라잡고 있다. 지금의 기술 상태가 당분간 이어진다면 중국의 AI 스타트업 물결은 다른 산업으로도 번져나갈 것이다. 그들은 딥러닝과 다른 머신러닝 기술을 이용해 수십 개 산업 부문을 파괴할 것이고 경제를 탈바꿈해 많은 보상을 얻을 것이다.

그러나 딥러닝에서 대대적 혁신이 일어나고 그것이 기업이라는 꽁꽁 감싸진 환경에서 생겨난다면, 모든 것이 도루묵이 된다. 그 혁신을 발견한 거인은 나머지 거인들이 뒤따라오지 못할 만큼 크게 앞서나갈 것이고, 세상은 다시 미국의 엘리트 전문가들이 이끄는 발견의 시대로 되돌아가게 될 것이다.

나는 앞으로 몇 년은 일곱 거인들 같은 공룡기업에서 그런 획기적 혁신이 나올 가능성은 희박하다고 믿는다. 딥러닝은 지난 50년의 AI 역사에서 가장 큰 획을 그은 사건이었고, 그만한 발전은 몇십 년에 한 번도 나오기 힘들다. 혹여 그만한 혁신이 이뤄진다고 해도 개방적 환경인 학계에서 나올 가능성이 더 높다. 지금 당장은 거인 기업들이 딥러닝을 최대한 개선하고 활용하는 일에 유례없이 많은 자원을 쏟아붓고 있다. 바꿔 말하면, 세세한 딥러닝 알고리즘 개선은 많지만 패러다임의 변혁을 추구하는 진정한 개방형 연구가 차지하는 비중은 얼마 되지 않는다는 뜻이다.

학계 입장에서도 보면 딥러닝의 실제 응용에 있어서는 기업들과 경쟁이 되지 않는데, 방대한 데이터와 연산력이라는 조건을 갖추지 못했기 때문이다. 그래서 학자들은 응용이 아니라 게임의 판도를 바꿀 근본적으로 새로운 AI 방식을 찾아내는 '차세대 딥러닝' 발명에 주력하라는 제프리 힌턴의 충고를 따른다. 그런 개방형 연구야말로 발표되는 즉시 온 세상이 배우려고 달려드는 차세대 혁신을 만들어낼 가능성이 가장 높다.

구글과 나머지

그러나 차세대 딥러닝 발견의 운명을 기업계가 쥐고 있다면, 가장 유망한 후보는 구글이다. AI 일곱 거인들 중에서도 구글은-정확히 말하면 구글의 모회사이며 딥마인드와 자율주행을 연구하는 웨이모Waymo를 계열사로 둔 알파벳Alphabet이-단연코 멀찌감치 앞서 있다. 구글은 딥러닝의 잠재력을 제일 먼저 알아보고 딥러닝 상용화에 다른 어느 회사보다 많은 자원을 투자했다.

심지어 구글은 AI 투자에서도 미국 정부보다도 많은 예산을 책정하고 있는데, 미국 연방정부가 수학과 컴퓨터과학 연구를 위해 마련한 기금은 구글 R&D 예산의 절반도 되지 않는다.[5] 막대한 예산에 힘입어 알파벳은 세계 최정상 AI 석학들을 대거 영입했다. 최정상의 AI 연구자들과 엔지니어들 중 거의 절반이 구글에서 일하고 있다.

나머지 절반은 일곱 거인들과 학계, 비교적 소규모의 몇몇 스타트업에 고루 속해 있다. 그나마 상당수 전문가를 흡수한 곳은 마이크로소프트와 페이스북으로, 페이스북은 얀 르쿤을 비롯한 슈퍼스타 연구자들을 영입하는 데 성공했다. 중국 공룡기업 중에서는 바이두가 딥러닝 연구의 최선봉을 달리고 있다. 바이두는

2013년 제프리 힌턴의 스타트업을 인수하려 했지만 입찰에서 구글에 졌고, 2014년에는 앤드류 응을 영입해 실리콘밸리 AI 연구소장을 맡기면서 인재 전쟁에서 큰 진전을 봤다. 앤드류 응의 영입은 1년도 지나지 않아 놀라운 연구 성과를 보여주었다. 2015년에 바이두의 AI 알고리즘은 중국어 음성인식에서 인간의 능력을 앞질렀다. 이 위대한 성취는 미국에서는 뜨뜻미지근한 관심을 받는 데 그쳤다. 그러다 1년 뒤 마이크로소프트는 영어 음성인식에서 낸 똑같은 성취를 '역사적 성과'라고 자찬했다.[6] 응은 2017년 바이두를 떠나 AI 투자펀드를 차렸지만, 그가 이 회사에서 보낸 시간 동안 바이두는 회사의 야망을 확실히 입증하고 연구 평판을 높이는 효과를 거두었다.[7]

알리바바와 텐센트는 AI 인재 전쟁에 뒤늦게 뛰어들었지만, 대신에 최고 인재를 끌어들이기에 충분한 현금과 데이터를 가지고 있다는 장점이 있었다. 위챗을 보유한 텐센트는 일곱 거인들 중에서도 가장 풍성한 데이터 생태계를 가지고 있고 이 풍부한 데이터는 텐센트가 최고 AI 연구자들을 영입하고 능력을 발휘하게 하는 데 많은 도움이 되고 있다. 2017년 텐센트는 시애틀에 AI 연구소를 개관하고 곧바로 마이크로소프트의 연구진들을 가로채 오기 시작했다.

알리바바도 실리콘밸리와 시애틀을 포함해 세계 곳곳에 연구소들을 세운다는 계획을 추진했다. 텐센트도 알리바바도 아직까진

공개적으로 내보일 이렇다 할 연구 성과를 내지는 못했지만, 대신에 AI를 제품에 응용하는 연구에 더 공을 들이고 있다. 알리바바는 '시티 브레인'에서 선두를 달리고 있다. 시티 브레인은 쉽게 말해 화상카메라, 소셜미디어, 대중교통, 위치기반 앱이 보내는 데이터를 이용해 최적의 도시 서비스를 만들어내는 방대한 AI 네트워크를 의미한다. 본사가 있는 항저우시와 공조해서 알리바바는 선진 사물인식과 교통예측 알고리즘을 이용해 적색등 패턴과 교통사고 긴급구조대 파견을 지속적으로 개선하고 수정한다. 그 결과 항저우시 일부 지역의 차량 흐름이 10% 정도 빨라졌고, 알리바바는 현재 시티 브레인 서비스를 다른 도시로 확장할 준비를 하고 있다.

AI 인재 전쟁은 구글이 앞서가고 있지만 누가 승리할지는 끝까지 가봐야 한다. 앞에서도 말했듯이 근본적 혁신은 자주 일어나지 않으며 패러다임을 바꾸는 발견은 대개 예상하지 못한 곳에서 벌어진다. 딥러닝의 개발자들도 주류 연구자들이 무시하는 새로운 방식의 머신러닝 접근법에 집착하던 소수의 변두리 연구자들이었다. 지금도 어딘가에서 숨어있을 차세대 기술이 언제 어디에서 얼굴을 드러낼지는 짐작조차 불가능하다. 세상은 신기원을 만들어낼 과학적 발견을 기다리고 있지만, 지금 우리가 머무는 현실은 AI 실행의 시대라는 것을 잊지 말아야 한다.

전력망과 AI 배터리

차세대 딥러닝 싸움은 같은 거인들간의 싸움이 아니다. 이는 머신러닝으로 특정 산업에 혁명을 불러일으키려는 작은 AI 스타트업들과 벌이는 싸움이기도 하다. 일곱 거인들은 '전력망' 방식으로, 스타트업들은 '배터리' 방식으로 경제 전체에 AI '전력'을 분배하려한다. 싸움이 어떻게 전개되느냐에 따라 AI 산업도 독점일지 과점일지 아니면 수백 개 기업이 자유롭게 경쟁을 벌이는 장이 될지 결정될 것이다.

'전력망' 방식은 AI 상품화를 추진한다. 전력망 방식의 목표는 머신러닝이라는 전기를 학계나 개인은 무료로, 기업은 돈을 내고 사용할 수 있고 클라우드 컴퓨팅 플랫폼으로 언제든 접속할 수 있는 표준화된 서비스로 바꾸는 것이다. 이 방식에서는 클라우드컴퓨팅 플랫폼이 전력망이 되어 모든 데이터 문제에 대해 복잡한 머신러닝 최적화를 수행한다. 플랫폼을 운영하는 구글, 알리바바, 아마존 등의 거인들은 전력망을 관리하고 수수료를 징수하는 전력 회사라고 보면 된다.

전력망에 가입하면 대규모 데이터세트를 가진 전통적 회사들은 사업을 재구성하지 않아도 AI 최적화라는 전력을 쉽게 이용할 수 있다. 구글이 딥러닝을 위해 만든 오픈소스 소프트웨어 생태계인 텐서플로TensorFlow는 어느 정도 AI 전문지식이 필요하지만 이러한 전력망의 초기 버전에 해당한다. 전력망 방식의 목표는 필요한 전문지식의 문턱을 낮추고 클라우드기반 AI 플랫폼의 기능성은 높이는 것이다. 머신러닝을 이용하는 것은 가전제품 플러그를 콘센트에 꽂는 것처럼 간단하지 않고 절대 그렇게 될 일도 없지만, AI 거인들은 머신러닝 이용이 가능한 한 단순해져서 '전력' 발전과 '전력망' 운영에서 수확을 거두게 되기를 희망한다.

AI 스타트업들은 정반대의 방식을 따른다. 그들은 전력망이 완전히 깔리기를 기다리기보다는 사용 용도별로 특정된 '배터리식' AI 제품을 만든다. 이 스타트업들이 의지하는 것은 폭이 아니라 깊이이다. 그들은 범용 머신러닝 능력을 공급하는 것이 아니라 의학적 진단, 담보 제공, 자율비행 드론 운용처럼 특정 과제를 세우고 거기에 맞게 제품을 만들고 알고리즘을 훈련시킨다.

AI 스타트업들은 전통적 기업의 핵심적인 세부 일과까지 AI 전력망에 연결할 수는 없을 것이라고 믿는다. 그들은 대기업들이 AI에 접속하도록 돕는 것이 아니라 AI를 이용해 이 대기업들을 파괴하기를 원한다. 그들의 목표는 철저히 AI 우선인 기업을 세우고 AI 시대를 위한 새로운 산업 챔피언 대열을 만드는 것이다.

전력망과 배터리 방식 중 누가 승자일지 점치기는 아직 시기상조이다. 구글을 비롯한 일곱 거인들이 외부로 촉수를 서서히 뻗어나가고 있다면, 미국과 중국의 스타트업들은 미개척지를 재빨리 선점하고 일곱 거인들이 침입하지 못하도록 단단히 요새를 쌓아 올리고 있다. 미개척지 선점 전쟁이 어떻게 진행되느냐에 따라 새로운 경제 지평도 그 모습이 달라질 것이다. AI 시대 초대형 전력회사가 된 일곱 거인들에게 천문학적 이익이 집중될 수도 있고, 약동하는 수천 개의 신진 기업에 이익이 골고루 분산될 수도 있다.

칩 장악을 위한 중국의 도전

일곱 거인들, 스타트업들, 중국과 미국의 AI 경쟁에서 충분히 논의되지 않는 분야 중 하나는 우리가 반도체라고 말하는 컴퓨터 칩이다. 고성능 칩은 모든 연산 혁명의 멋없고 주목받지 못하는 영웅이다. 고성능 칩은 우리의 데스크톱과 랩톱, 스마트폰, 태블릿의 진짜 핵심이며, 최종 이용자들이 보지 못하는 곳에 깊숙이 숨어 있다. 경제에서도 보안에서도 고성능 칩은 굉장히 중요한 사안이다. 고수익 독점 추세가 강한 칩 시장에서 칩을 다루는 사람들은 보안 취약성을 항상 눈여겨 본다.

새로운 연산 시대에는 새로운 칩이 필요하다. 데스크톱이 왕좌를 차지했을 때에 칩 회사들의 과제는 고해상도 화면에서 프로세싱 속도와 그래픽 성능을 최고로 끌어올리는 것이었고 전력 소모는 관심 밖이었다(어쨌거나 데스크톱은 전원이 항상 연결돼 있었다.). 인텔은 데스크톱용 칩 설계를 주도했고 수십억 달러를 벌었다. 그러나 스마트폰 시대가 오면서 관심사는 효율적인 전력 사용으로 바뀌었고, 영국 회사인 ARM이 설계한 칩을 기반으로 하는 퀄컴Qualcomm이 명실상부 칩의 제왕이 되었다.

오늘날 전통적 연산 프로그램들이 물러나고 AI 알고리즘이 그 자리를 차지하면서 필요한 조건도 다시 바뀌고 있다. 머신러닝이 필요로 하는 초고속의 복잡한 수학 공식 실행 능력에 맞는 칩을 인텔이나 퀄컴은 생산하지 않는다. 그 빈자리를 지난날 뛰어난 성능의 비디오게임용 그래픽 프로세싱 칩을 생산했던 엔비디아 Nvidia가 파고들었다. 그래픽 프로세싱에 필요한 수학 공식은 AI 연산에 필요한 수학 공식과 많이 일치했고, 엔비디아는 칩 시장의 구세주로 떠올랐다. 2016~2018년 동안 엔비디아의 주가는 열 배나 폭등했다.

이처럼 칩은 안면인식부터 자율주행차량에 이르기까지 모든 것의 중심이기 때문에 차세대 AI 칩을 만들기 위한 경쟁은 당연한 수순이었다. 오랫동안 자체 칩 생산을 기피했던 구글과 마이크로소프트도 인텔이나 퀄컴, 그 외 자본 투자를 넉넉하게 받은 실리콘밸리 칩 스타트업들과의 경쟁 대열에 뛰어들었다. 페이스북은 인텔과 제휴를 맺고 AI 전용 칩 개발의 시험 가동에 들어갔다.

그런데 칩 전쟁 사상 처음으로, 중국에서 많은 전투가 치러지고 있다. 중국 정부는 토종 칩 능력을 함양하려 수십 년이나 많은 노력을 기울였다. 하지만 고성능 칩 제조는 대단히 복잡하고 고도의 전문지식이 필요한 데다, 정부 육성 사업에도 불구하고 이렇다 할 성과를 내지 못하는 실정이었다. 지난 30년 동안 칩 개발로 현금을 쓸어 담은 것은 실리콘밸리의 민간기업들이었다.

중국 지도부와 일부 스타트업들은 이번에는 다르기를 희망한다. 중국 과학기술부는 엔비디아의 칩보다 성능과 에너지 효율 면에서 20배는 뛰어난 칩을 개발한다는 구체적 목표를 세우고 막대한 돈을 투자하고 있다. 호라이즌로보틱스Horizon Robotics, 地平线机器人, 비트메인Bitmain, 比特大陆, 캠브리콘Cambricon Technologies, 寒武纪科技과 같은 중국 칩 제조 스타트업들은 풍부한 투자 자본을 바탕으로 자율주행차량이나 기타 AI 제품에 들어갈 칩을 연구 중이다. 중국의 데이터 우위도 칩을 개발하는 하드웨어 회사들이 풍부한 사례로 칩 제품을 테스트해볼 수 있도록 많은 도움을 주고 있다.

전체적으로는 AI 칩 개발에서는 여전히 실리콘밸리가 앞서나가고 있다. 그러나 중국 정부와 벤처캐피털 사회도 그 격차를 없애려 모든 수를 다 쓰고 있다. 인공지능이 약속하는 대규모 경제적 파괴가 일어난다면 그것은 단순히 기업만의 문제가 아니기 때문이다. 정치에도 커다란 지각 변동이 일어날 것이기 때문이다.

두 AI 계획 이야기

2016년 10월 12일, 버락 오바마 정부는 미국이 인공지능의 힘을 활용하기 위한 장기 중대계획을 발표했다. 계획안은 AI로 인한 경제 변화에 대한 자세한 설명과 함께 연구 자금 증설, 민군 협동 강화, 사회 혼란 완화를 위한 투자까지 기회를 움켜쥐기 위한 단계별 실천 내용을 담고 있었다. 이것은 다가올 변화를 상세히 설명했고 무리 없이 적응하기 위한 상식적 차원의 처방까지 내리고 있었다.

그러나 미국의 가장 강력한 정치 기관이 발표한 AI 중장기 계획 보고서는 학계가 발표하는 따분한 정책 보고서만큼이나 파급력이 미미했다. 도널드 트럼프가 과거에 〈액세스 할리우드〉의 진행자와 나눈 음담패설 동영상이 같은 주에 유포되면서 백악관 보고서는 미국 언론에 제대로 보도조차 되지 못했다. 보고서는 AI에 대한 전국민적 관심을 촉발하지 못했고, AI 스타트업을 기르기 위한 새로운 벤처투자 물결이나 정부 기금 증설도 불러일으키지 못했다. 시장들과 주지사들에게 AI 친화적 정책을 채택하도록 부추기지도 못했다. 3개월 뒤 도널드 트럼프가 취임했고 곧바로 상무부 산하 국립과학재단NSF에 AI 연구기금 '감축'을 제안했다.[8]

오바마 행정부 AI 보고서에 대한 대중과 언론의 냉담한 반응은 중국 정부의 AI 계획에 중국 국민들이 받은 충격파와 완벽하게 대조되었다. 중국 정부가 기술 문건을 발표할 때면 으레 그렇듯 이번 AI 계획안도 설명조의 평범한 표현 일색이었지만 그 충격은 엄청났다. 중국 국무원이 2017년 7월에 발표한 '신세대 인공지능 발전 계획'은 예측과 권유 사항 면에서 백악관 계획과 많은 부분이 일치했다. 게다가 수백 개 산업 각각에 맞는 AI 응용이라든가, 중국이 AI 초강국으로 발전하는 과정에서 중간마다 이뤄야 할 이정표까지 자세히 설명했다. 보고서에 따르면, 중국은 2020년까지는 최상위 AI 경제 대국이 되고, 2025년까지는 새롭고 중대한 혁신을 이뤄내고, 2030년에는 AI 세계 리더가 된다는 계획이었다.

알파고가 중국에 스푸트니크 모먼트를 만들었다면, 정부 공식 AI 발선계획은 존 F. 케네디 대통령이 미국이 달에 유인우주선을 보내야 한다고 호소한 기념비적 연설과 비슷한 영향을 미쳤다. 국무원 보고서에는 케네디 연설처럼 마음을 울리는 표현은 없었지만 모두가 손을 맞잡고 국가를 혁신해야 한다는 국민적 공감대를 형성한 것은 똑같았다.

AI 한판승

중국의 중앙정부 최고 권위 기구가 AI 발전계획을 시작했지만, 그 계획을 실천으로 옮기는 사람들은 야망이 큰 시장들이다. 국무원 계획이 발표된 이후 승진을 꿈꾸는 지방 공무원들은 자신들의 도시를 AI 발전 허브로 바꾼다는 목표에 모든 것을 걸었다. 그들은 연구 지원금을 제공했고, 벤처캐피털 '인도 기금'을 AI로 몰아줬고, AI 스타트업의 제품과 서비스를 구매했으며, 수십 개 특별 개발구와 인큐베이터를 세웠다.

난징시만 봐도 이런 지원 정책이 얼마나 복잡하게 펼쳐지는지 한눈에 알 수 있다. 중국 동부 해안을 접한 장쑤성 성도인 난징시는 다른 도시들에 비하면 스타트업이 월등하게 많거나 하지는 않다. 그 영예는 베이징이나 선전深圳, 항저우로 돌려야 한다. 하지만 시정부는 난징을 AI 핫스팟으로 변신시키기 위해 AI 기업들과 최고 인재들을 끌어들이는 데 막대한 돈과 정책적 자원 투입을 아끼지 않고 있다.

난징 경제기술개발구는 2017년부터 2020년까지 최소 30억 위안(대략 4억 5,000만 달러)를 AI 발전에 투자한다는 계획을 세우고 있다. 지금 사용안을 보면 여러 가지 AI 지원금과 우대정책으로 세분화돼 있다. 난징 소재 회사에 최대 1,500만 위안 투자, 인재를 영입하는 회사에는 각각 100만 위안의 보조금 지급, 최대 500만 위안까지 연구비 환급, AI 교육기관 창설, 안면인식과 자율 로봇 기술 업체들과 시정부 계약 추진, 회사 등기 절차 단순화, 퇴역군인들에게 종잣돈과 사무공간 제공, 회사 셔틀버스 무료 제공, 기업 임원 자녀들을 위한 현지 우수학군 제공, AI 스타트업 직원 전용의 아파트 제공까지 대단히 다양하다.

난징시 하나만도 이렇다. 난징 인구는 700만으로, 인구수 100만이 넘는 도시가 100개나 되는 중국에서의 인구 순위는 10위에 불과하다. 중국 전역의 도시들이 이런 대대적인 정부 지원 정책을 펼치면서 AI 기업들을 유치하고 기금을 제공하고 육성하는 일에 혈안이 돼 있다. 지난 10년 동안 나는 중국에서 이런 적극적인 기술개발 정책이 펼쳐지는 것을 두 번 목격했다. 2007년만 해도 중국에는 고속철도가 하나도 없었지만 2017년이 되자 중국에 건설된 고속철도의 총 운행 구간은 나머지 나라를 다 합친 것보다도 길었다. 2015년에 시작한 '대중창업, 만중창신' 운동 때에도 대대적인 창업 지원 정책으로 말미암아 6,600개의 새로운 인큐베이터가 만들어지면서 전국의 테크놀로지 스타트업 문화가 바뀌었다.

물론 중국의 AI 운동이 어떤 결과를 낳을지 예측하기는 아직 이르지만, 중국의 역사로 보건대 효율은 낮아도 효과는 대단히 뛰어날 수 있다. 엄청난 규모의 재정을 쏜살같이 배치하다 보면 비효율적인 부분이 발생할 것이다. 정부 관료주의 체제하에서는 수십억 달러의 투자금과 지원금 운용에 허점이 생기지 않을 수 없다. AI 직원들을 위해 지은 숙소가 텅 빌 수 있고, 스타트업 투자는 시작도 못 하고 불발로 끝날 수 있다. 전통적인 기술 회사들이 지원금을 타기 위해 이름만 'AI 기업'으로 바꿀 수도 있고, 기껏 구입한 AI 장비들이 관공서에서 먼지만 풀풀 쌓일 수도 있다.

그러나 중국 공무원들은 그 정도 위험쯤은 기꺼이 감수할 생각이다. 도시의 경제와 기술을 모든 차원에서 무차별적으로 끌어올리겠다는 더 큰 목표를 위한 불가피한 손실이라고 생각한다. 변화가 불러올 잠재적 이득에 대해선 거액의 베팅도 불사할 수 있을 만큼 크다는 입장이다. 혹여 도박이 뜻대로 풀리지 않아도 시장들은 정적들의 끝없는 공격에 시달릴까 걱정하지 않아도 된다. 어차피 중앙정부의 계획을 실천하다가 실패한 것이기 때문이다.

이것은 미국 정부가 크게 모험을 했다가 참담히 실패한 후 정치적 후폭풍을 맞았던 것과 대조된다. 2008년 금융위기가 끝나고 오바마 행정부의 경기부양 정책에는 유망 재생에너지 사업에 대한 정부 대출보증도 포함돼 있었다. 침체된 경제를 자극하기 위한 목적도 있었지만, 전체 경제와 환경을 녹색에너지로 옮겨가게 만들려는 목적도 담긴 정책이었다.

문제는 대출보증 수혜를 입은 회사 중 용두사미로 끝나고 2011년 파산을 선언한 캘리포니아 소재 태양광패널 회사인 솔린드라Solyndra도 있었다는 것이다. 오바마 대통령의 정적들은 이 대출보증 실패를 2012년 대통령 재선에서 가장 막강한 정치적 공격 수단으로 삼았다. 그들은 '돈 낭비' 예산 집행이야말로 '정실 자본주의'와 '벤처 사회주의'의 상징이라며 오바마 대통령을 질타하는 수백만 달러짜리 광고를 내보냈다.[9] 대출보증 정책이 잘만 풀렸으면 연방정부 수입이 높아졌을 것이라는 점은 중요하지 않다. 한 번의 거창한 실패만으로도 기술 도약 정책 전체에 잿밥을 뿌리기에는 충분했다.

이런 흑색 공격에도 오바마는 재선에 승리했지만, 미국 정계는 교훈을 얻었다. 정부 기금을 마련해 경제와 기술 도약에 투자하는 것은 목숨줄을 내놔야 할 일이라는 교훈이었다. 성공은 금세 잊히고, 모든 실패는 정치적 비난 광고의 빌미가 된다. 경제 도약이라는 힘든 일 따위는 손도 대지 않는 게 몸을 지키는 데 도움이 된다.

자율주행의 딜레마

미국과 중국의 정치적 문화 차이는 AI 발전을 위한 정책적 지원 환경을 만들 때도 고스란히 드러난다. 과거 30년 동안 중국 지도자들은 기술실리주의라는 노신을 걸었다. 그들은 기술 발전이 사회 전체의 이익을 극대화하는 데 도움이 된다면, 일부 개인이나 산업이 받을 피해는 불가피한 것이라고 생각했다. 모든 정치 구조가 다 그렇지만 기술실리주의도 대단히 불완전한 체제이다. 정부가 상명하달식으로 장려하는 의무적 투자와 생산 확대는 공적투자의 추를 한 쪽 방향으로 지나치게 많이 움직이게 만든다. 이런 정부 지시로 인해 최근 몇 년 동안 중국은 태양광패널에서 철강에 이르기까지 여러 산업이 과잉 공급과 감당할 수 없는 부채를 떠안았다. 그러나 정부 지도자들이 경제에 지각 변동을 일으킬 수 있는 신기술을 겨냥해 올바른 방향으로 지원 정책을 펼친다면, 기술실리주의 접근법은 상상도 못할 효과를 거둘 수 있다.

이런 균형 행동을 보여주는 좋은 예가 자율주행차량이다. 미국은 2016년 한 해에만 4만 명이 교통사고로 목숨을 잃었다. 연간 교통사고 사망자 수는 9/11 테러 공격이 1월부터 11월까지는 매달 한 번씩, 12월에는 두 번 일어난 것과 매한가지이다. 세계보건기구 추산에 따르면, 중국의 연간 도로교통사고 사망자 수는 26만 명이고 전 세계는 125만 명이다.[10]

자율주행차량도 결국에는 사람이 모는 차량보다 훨씬 안전해질 것이고, 기술 이용이 확산되면 교통사고 사망자 수도 크게 줄어들 것이다. 또한 운송과 물류망의 효율성이 대폭 늘어나면서 경제 전체로도 그 이득이 확산될 것이다.

그러나 자율주행차량이 가져 올 사망자 수 감소와 생산성 증가라는 장점 이면에는 그 기술로 인해 일자리와 목숨을 잃는 사람도 생겨날 수 있다. 자율주행차량에서 제일 먼저 불운에 처할 사람은 택시와 트럭, 버스, 배달 차량 운전자들이다. 게다가 자율주행차량이 고장 나 충돌사고가 일어날 수도 있다. 자율주행차량이 고통스러운 윤리적 결정을 내려야 하는 순간도 있을 것이다. 예를 들어 우회전을 해서 55%의 확률로 두 사람을 죽이느냐, 아니면 좌회전을 해서 100%의 확률로 한 사람을 죽이느냐와 같은 결정 말이다.

이런 이면의 모든 위험마다 골치 아픈 윤리적 문제가 던져진다. 수백만 트럭 운전자들의 생계와 자율주행차량으로 절감되는 수십억 달러와 수백만 시간의 균형을 어떻게 맞춰야 하는가? 어느 차와 충돌해야 할지 무조건 결정을 내려야 할 때 자율주행차량이 '최선으로 고려해야 하는 것'은 무엇이어야 하는가? 자율주행차량의 알고리즘은 생명의 무게를 어떻게 가늠해야 하는가? 자율주행차량은 소유자의 생명을 희생하더라도 다른 세 사람의 목숨을 구해야 하는가?

어떤 윤리학자라도 밤잠을 설칠 만한 질문이다. 또한 자율주행차량 상용화에 필요한 법안을 묶어두고 AI 회사들을 몇 년이나 법정 소송에 시달리게 만들 질문이기도 하다. 이익집단과 정적 비난 광고를 두려워하는 미국 정치인들이 자율주행차량 상용화 확산에 제동을 걸게 만들 질문이기도 하다. 이런 일이 일어날 것이라는 조짐은 일찌감치 있었다. 트럭 운전자들을 대변하는 노동조합은 2017년 자율주행차량의 빠른 상용화를 위한 하원 법안에서 트럭을 제외시키는 로비에 성공했다.

중국 정부도 위의 문제들을 충분히 탐구해야 할 테지만, 머지않은 미래에 수많은 목숨을 구할 기술을 보류할 정도까지는 아니라고 생각한다. 좋은가 나쁜가를 떠나—그리고 대다수 미국인들은 받아들이지 않은 관점이지만—위의 질문들에 대한 도덕적 합의가 마련되어야 한다는 미국식 기대가 중국 정치문화에는 없다. 장기적으로 많은 사람의 목숨을 구한다는 더 큰 사회적 공익을 추구하는 것만으로도 기술을 이행하기에 충분한 이유가 되므로 부차적 문제나 복잡한 정치적 문제들은 차차 풀어나가면 된다고 생각한다. 다시 말하지만, 미국과 유럽이 이런 중국식 기술실리주의 접근법을 흉내 낼 필요는 없다. 나라마다 각자의 문화적 가치에 따라 자국에 맞는 접근법을 결정해야 하기 때문이다. 그러나 중국의 방식과, 그 방식이 AI 발전 속도와 과정에 어떤 영향을 미칠지는 반드시 숙지하고 넘어가야 한다.

AI 발전을 위해 노력하는 지방정부 관료들은 그 상용화 속도를 앞당기는 일에서도 서로 경쟁을 벌이고 있다. 시장들과 주지사들은 AI 기업들을 유치하기 위해 앞다퉈 보조금을 제공하는 정책 외에도, 세간의 주목을 끌 만한 AI 프로젝트를 한발 먼저 성사시키기 위해 경쟁하고 있다. 공립병원의 AI 진료 지원, 자율주행트럭 전용 도로 건설, 도심 교통망 최적화를 위한 '시티 브레인' 등이 대표적인 예이다. 시장과 주지사들이 AI 프로젝트를 추진하는 이유는 승진 점수와 사회 전체의 이득이라는 두 마리 토끼를 잡기 위해서다. 그래서 그들은 위험에 민감한 미국 정치인들이 질색할 이면의 위험보다는 시간을 아낄 수 있다는 면을 더 중시한다.

이것은 어느 시스템이 더 옳은지를 가리는 윤리적 판단의 문제가 아니다. 실리주의 정부도 권리를 우선하는 정부도 나름의 맹점과 단점이 있다. 이민에 열려 있고 개인의 권리를 중시하는 미국식 시스템은 엔리코 페르미나 알베르트 아인슈타인, 그리고 오늘날의 명망 높은 AI 과학자들에 이르기까지 최고의 과학자들을 끌어들이는 데 오랫동안 큰 도움이 되었다. 중앙정부가 지침을 내리고 하위직 관료들은 무조건 그 명령을 따르는 중국식 경제 개발 계획은 산업의 선택과 집중을 잘못하면 낭비를 넘어 빚만 떠안는 결과가 올 수 있다. 그러나 AI 잠재력을 한껏 활용할 수 있는 사회와 경제를 건설한다는 이 특별한 사안에 있어서만큼은 중국의 기술실리주의 방식이 확실하게 유리하다. 위험을 받아들이는 태도는 정부가 게임 판도를 바꿀 기술에 도박을 하는 데 도움이 되고, 우호적 정책은 그런 기술이 더 빨리 채택되게 하는 데 도움이 된다.

두 나라가 가진 장단점을 파악한다면 AI가 전개될 연대표를 구성할 수 있으며, 각각의 AI 제품과 시스템이 우리가 사는 세상을 어떻게 바꿀 것인지 내다볼 수 있다.

5

네 번의
AI 물결

2017년에 나는 처음으로 도널드 트럼프의 입에서 흘러나오는 유창한 중국어를 들었다. 대통령에 취임하고 중국에 첫 국빈방문을 온 트럼프가 대규모 기술 총회 참석자들에게 환영 인사를 말하는 모습이 대형 화면에 떴다. 그리고 영어로 나오던 환영 연설이 갑자기 다른 언어로 바뀌었다.

　　"AI는 세상을 바꾸고 있습니다. 그리고 아이플라이텍iFlyTek, 科大訊飛, 커다쉰페이은 대단히 환상적입니다." 트럼프 특유의 호통치는 어조가 살아있는 흠 하나 없는 완벽한 중국어였다.

　　당연한 말이지만 트럼프 대통령은 중국어는 한마디도 할 줄 모른다. 그러나 AI는 세상을 진짜로 바꾸고 있고, 앞장서서 변화를 이끄는 것이 아이플라이텍 같은 중국 기업들이다. 아이플라이텍은 트럼프 대통령의 목소리 샘플을 다량 확보해 알고리즘을 훈련한 후 그의 억양, 음성의 높낮이, 말하는 패턴까지 완벽에 가까운 디지털 음성 모델을 만들었다. 추후 베이징어에 맞게 수정한 음성 모델은 남들이 들으면 도널드 트럼프가 베이징 외곽 마을 출신이 아닌가 싶을 정도였다. 입술 움직임이 중국어 단어에 완벽하게 일치하지는 않았지만 시청자들이 감쪽같이 속아 넘어갈 정도로는 일치했다. 오바마도 아이플라이텍에게 같은 선물을 받았다. 오바마의 학자풍 어투까지 고스란히 담아 완벽한 베이징어로 바꾼 기자회견 모습이 담긴 영상이었다.

"아이플라이텍의 도움으로 저는 중국어를 배웠습니다." 오바마가 백악관 출입 기자단에게 말했다. "제 중국어 솜씨가 트럼프보다는 나은 것 같습니다. 여러분은 어떻게 생각하시나요?"

이는 아이플라이텍이 경쟁사들에게도 전하는 메세지였을 것이다. 이 중국 기업은 권위 있는 여러 세계 AI 대회에 출전해 음성인식, 음성합성, 이미지인식, 기계번역에서 우승을 휩쓸었다. 심지어 '제2언어'인 영어에서도 아이플라이텍은 단순히 단어가 아니라 의미 전체를 해석하는 능력에서 구글이나 딥마인드, 페이스북, IBM을 자주 제치고 우승을 한다.

아이플라이텍의 성공은 하루이틀만에 이뤄진 일이 아니었다.

1999년 내가 마이크로소프트 리서치 아시아를 시작했을 때 영입에 가장 공을 들인 인재는 류칭펑刘庆峰이라는 젊은 박사학위 소지자였다. 류칭펑은 내가 허페이시에서 강의를 마치고 나왔을 때 본 가로등 아래에서 공부를 하던 학생들 중 하나였다. 그는 성실하면서도 창의적으로 연구 문제를 다뤘고, 중국의 미래가 기대되는 젊은 연구자 중 하나이기도 했다. 그러나 그는 장학금과 마이크로소프트 인턴 근무, 정규직 채용의 수순을 밟자는 우리의 제안을 거절했다. 그는 AI 음성인식 회사를 차리고 싶다고 했다. 나는 그의 실력은 인정하지만, 음성인식에서 중국은 뉘앙스Nuance 같은 미국 대기업보다 한참 뒤처져 있으며 중국에는 이 분야 고객도 거의 없을 것이라고 말했다. 류칭펑은 내 충고를 무시하고 아이플라이텍을 차리는 데 전념했다. 현명한 결정이었다. 거의 20년 동안 수십 개의 AI 상을 타면서 아이플라이텍은 역량 면에서나 시가총액 면에서나 뉘앙스를 크게 추월하면서 AI 음성인식 부문에서 세계 최고의 회사가 되었다.

아이플라이텍은 뛰어난 음성인식, 번역, 음성합성 능력을 결합해 이전까지와는 전혀 다른 AI 제품을 만들어낼 것이다. 우리의 말과 목소리를 다른 언어로 그 자리에서 바꿔주는 동시통역 이어폰도 여기에 해당한다. 이 회사의 AI 제품은 조만간 세계의 여행과 사업과 문화에 혁명을 불러일으키면서 방대한 시간과 생산성, 창의성을 우리 앞에 새롭게 펼쳐줄 것이다.

네 번의 AI 물결

　이런 일들이 단번에 일어나지는 않을 것이다. AI 혁명이 완료 되기까지는 시간이 걸리고 우리는 네 번에 걸친 AI 물결을 맞을 준비를 해야 한다. 인터넷 AI internet AI, 기업 AI business AI, 지각 AI perception AI, 그리고 자율행동 AI autonomous AI이다. 각각의 AI 물결은 각자 다른 방식으로 AI의 힘을 이용하고 다른 산업 부문을 파괴하면서 우리 생활 구석구석으로 인공지능을 더 촘촘하게 짜 넣을 것이다.

　처음 두 번의 AI 물결은-인터넷 AI와 기업 AI-이미 성큼 다가 왔으며, 우리가 알아차리지 못했을 뿐 디지털과 금융 세계의 모습을 바꾸고 있다. 두 물결은 인터넷 기업들이 대중의 관심사를 더 면밀히 파악하도록 도와주고, 법률 사무원들을 알고리즘으로 대체하고, 주식을 매매하고, 질병을 진단하고 있다.

　지각 AI는 우리의 물리 세계를 디지털화해서 우리의 얼굴을 인식하고 요구사항을 이해하고 주위의 세상을 '본다.' 지각 AI 물결은 우리가 세상을 경험하고 세상과 소통하는 방식에 일대 혁명을 일으키면서 디지털 세상과 물리적 세상의 경계를 허문다. 자율행동 AI 물결은 순서는 제일 마지막이지만 우리 생활에 가장 깊은 충격파를 미칠 것이다. 자율주행차량이 거리를 달리고 자율비행 드론이 하늘로 날아오르고 인공지능 로봇이 공장을 넘겨받으면, 유기농법에서 고속도로 운전, 그리고 패스트푸드에 이르기까지 모든 것이 달라질 것이다.

　이 네 번의 AI 물결마다 자양분으로 삼는 데이터 종류가 다르며, 한 번의 물결이 올 때마다 미국이건 중국이건 선두자리를 움켜쥘 나름의 기회를 얻게 될 것이다. 중국은 인터넷 AI와 지각 AI 물결에서는 선두나 공동 선두를 차지하기에 유리한 입장이고, 자율행동 AI 물결에서는 금방 미국을 따라잡을 것이다. 지금 미국은 기업 AI 부문에서만 확실한 선두자리를 유지하고 있다.

　그러나 경쟁이 펼쳐지는 격전지는 미국과 중국 두 나라만이 아니다. 미국과 중국이 개척한 AI 서비스는 전 세계 수십억 이용자들에게로 빠르게 확산될 것이고, 그 이용자들 상당수는 개도국 사람들일 것이다. 우버와 디디추싱, 알리바바, 아마존 등 AI를 대표하는 기업들은 개도국 시장에서 이미 치열하게 경쟁하고 있지만 취하는 전략은 다르다. 실리콘밸리 공룡기업들이 자사 제품으로 새로운 시장을 점령하려 한다면, 중국 인터넷 기업들은 미국 기업의 시장지배를 물리치기 위해 현지의 영세한 스타트업들을 지원하는 전략을 취한다. 이제 막 개전을 시작한 이 전쟁은 21세기 세계 경제 풍광을 뿌리부터 뒤흔들 영향을 미칠 것이다.

　미국과 중국 국내만이 아니라 다른 나라들의 시장까지도 차지하려는 경쟁이 어떻게 전개될 것인지 이해하고 싶다면, 우선은 우리의 경제에 몰려오고 있는 이 네 가지 AI 물결 속으로 잠수해야 한다.

1차 물결: 인터넷 AI

당신의 지갑은 아닐지라도 당신의 안구는 이미 인터넷 AI 손아귀에 있다. 끝없이 펼쳐지는 유튜브 동영상의 홍수 속에서 허우적거려 본 적이 있는가? 동영상 스트리밍 사이트에서 한 편을 다 봤는데 이것만 보고 가라면서 추천 동영상이 떡하니 뜨는 경험을 해본 적이 있는가? 아마존이 당신이 구매하고 싶은 것을 귀신같이 알아채고 있다는 느낌이 든 적이 있는가?

그렇다면 당신은 인터넷 AI의 수혜자다(또는 당신이 시간과 사생활과 돈을 얼마나 귀중히 여기는지에 따라 피해자가 되기도 한다.). 이 1차 AI 물결은 15년 전부터 시작했지만 2012년 즈음에야 주류가 되었다. 인터넷 AI의 핵심은 AI 알고리즘을 '추천 엔진'으로 활용하는 것이다. 다시 말해, 개인의 기호를 파악해 맞춤 콘텐츠를 제시해주는 시스템이 인터넷 AI이다.

AI 추천 엔진의 마력은 디지털 데이터 접속량에 좌우되며, 현재 인터넷 대기업들은 누구보다 더 많은 데이터를 보관하고 있다. 그러나 디지털 데이터가 알고리즘에 제대로 활용되려면 '라벨링'부터 되어야 한다. 여기서 말하는 '라벨링'이란 콘텐츠의 급을 나누거나 키워드를 붙여야 한다는 뜻이 아니다. 데이터와 특정 결과를 연결하는 작업만 하면 라벨링 작업은 끝난다. 구매했음과 구매하지 않았음, 클릭했음과 클릭하지 않았음, 끝까지 동영상을 봤음과 보지 않았음으로 나누기만 하면 된다. 알고리즘은 구매, 좋아요,

시청, 웹페이지에 머문 시간 등으로 구분된 라벨을 이용해 우리에게 소비 가능성이 가장 높은 콘텐츠를 추천하는 훈련을 한다.

평범한 사람들은 인터넷이 '점점 좋아지고 있다'고-즉, 우리가 원하는 것을 더 잘 내민다고-느낄 만한 상황이다. 그러면서 알게 모르게 그런 인터넷에 중독된다. 그러나 이것은 데이터로 우리를 파악하고 우리가 원하는 것에 최적화하는 AI의 능력을 보여주는 증거이기도 하다. 이 최적화는 우리가 클릭하는 횟수로 돈을 버는 구글과 바이두, 알리바바, 유튜브 등 인터넷 대기업의 막대한 이익 증가로 고스란히 이어졌다. 인터넷 AI를 이용해 알리바바는 당신이 가장 살 만한 제품을 추천할 수 있고, 구글은 당신이 가장 클릭할 만한 광고를 띄울 수 있고, 유튜브는 당신이 가장 볼 만한 동영상을 제시할 수 있다. 똑같은 방법을 다른 상황에 적용한 예가 케임브리지 애널리티카Cambridge Analytica: 영국에 본사를 둔 케임브리지 애널리티카는 페이스북 이용자 데이터를 불법 도용한 것이 드러나 2018년 파산 선언을 했다-옮긴이로, 이 회사는 페이스북 이용자 데이터를 사용해서 2016년 미국 대선에서 유권자들 동향을 파악하고 선거 선전용으로 사용했다. 케임브리지 애널리티카의 창업자 로버트 머서Robert Mercer가 했다고 알려진 유명한 말이 있다. "더 많은 데이터만큼 좋은 데이터는 없다."[1]

알고리즘과 편집자

1차 AI 물결은 완전히 새로운 유형의 AI 중심 인터넷 기업을 탄생시켰다. 이 분야 중국 선두기업은 '오늘자 헤드라인'이라는 뜻의 쯔제탸오둥Bytedance, 字節跳動이다. 2012년에 세워진 쯔제탸오둥은 시기적절하게 입소문을 퍼뜨리는 허브 역할을 하면서 '중국판 버스피드'라고 불리기도 한다. 그러나 비슷한 점은 입소문으로 끝이다. 버즈피드의 주축이 독창적 콘텐츠 제작에 일가견이 있는 젊은 편집자들이라면, 쯔제탸오둥의 '편집자들'은 알고리즘이다.

쯔제탸오둥의 AI 엔진은 방대한 제휴 사이트 네트워크와 기고자들이 올린 기사와 동영상 콘텐츠를 저인망 작업을 하듯 긁어모은 후, 자연어 처리와 컴퓨터 비전을 이용해 요약하고 정리한다. 그리고 이용자의 과거 행동에 따라-클릭, 읽기, 시청, 댓글 등-개개인의 흥미에 맞는 고도의 맞춤별 뉴스피드를 작성한다. 심지어 쯔제탸오둥의 알고리즘은 이용자 클릭 수를 최대로 끌어올리기 위해 제목도 수정한다. 이용자 클릭이 늘어날수록 쯔제탸오둥이 이용자가 가장 원하는 콘텐츠를 정확히 추천하는 능력도 더 좋아진다. 이 양의 피드백고리가 만들어낸 중독성 강한 인터넷 콘텐츠 플랫폼에서 이용자들이 보내는 시간은 하루 평균 74분이나 된다.[2]

로봇 '기자'와 가짜 뉴스

간단한 뉴스 제시 외에도 쯔제탸오둥은 머신러닝을 이용해 콘텐츠를 제작하고 감시하는 일까지 한다. 2016년 리우데자네이루 하계올림픽 기간에 쯔제탸오둥은 베이징대학과 협력을 맺고 경기가 끝나고 몇 분 안에 토막기사로 경기 내용을 요약해서 보도하는 AI 기자를 만들었다. 명문으로 쓴 기사는 아니었지만 보도 속도는 놀라웠다. AI 기자는 경기 종료 호루라기가 울리고 2초 만에 요약 기사를 내보냈고, 하루에 30개가 넘는 경기를 보도했다.

알고리즘을 이용해 가짜 치료제처럼 플랫폼에 나도는 '가짜 뉴스'를 찾아내기도 한다. 초기에는 독자들이 가짜 뉴스를 찾아내 라벨링하는 방식으로 제보를 해주었다. 쯔제탸오둥은 가짜라고 라벨이 붙은 데이터를 이용해, 알고리즘 하나에는 인터넷에서 무분별하게 도는 가짜 뉴스를 식별하는 훈련을 시켰다. 그리고 다른 알고리즘에는 가짜 뉴스를 작성하는 훈련을 시켰다. 그런 다음 두 알고리즘의 실력이 향상될 수 있도록 서로 속고 속이는 대결을 펼치게 했다.

이런 AI 중심 콘텐츠 접근법은 이미 소기의 성과를 거두고 있다. 2017년 말에 쯔제탸오둥의 기업가치는 200억 달러로 평가되었으며 추가로 출자를 받으면 300억 달러까지 올라갈 것으로 보인다. 같은 시기 17억 달러였던 버즈피드의 기업가치가 초라해지는 금액이다. 쯔제탸오둥이 2018년에 거둘 매출은 45~76억 달러로 예상되었다. 게다가 이 회사는 해외로도 빠르게 사업을 확장하고 있다. 2016년에는 미국의 인기 의견취합 및 토론 사이트인 레딧Reddit을 인수하려다 실패했지만, 2017년에는 프랑스 소재 뉴스 애그리게이터 사이트뉴스 헤드라인을 모아놓은 웹사이트를 총칭하는 말로, 〈허핑턴 포스트〉가 대표적인 사이트이다-옮긴이와 미국 10대들에게도 인기 있는 중국 립싱크 동영상 앱 사이트인 뮤지컬리Musical.ly를 인수하는 데 성공했다.현재 쯔제탸오둥은 뮤지컬리와 틱톡을 합쳐서 틱톡 하나의 앱 사이트를 운영하고 있다-옮긴이

쯔제탸오둥은 일개 회사일 뿐이지만 이 회사의 성공은 중국이 인터넷 AI에 강하다는 것을 잘 보여준다. 7억이 넘는 인터넷 이용자들이 하나의 언어로 콘텐츠를 소화해주기 때문에 중국 인터넷 거인들은 AI로 온라인 서비스를 최적화하면서 막대한 보상을 수확하고 있다. 덕분에 텐센트는 시가총액이 급상승해 2017년 11월에는 페이스북을 추월해 중국 기업 사상 처음으로 시가총액이 5,000억 달러를 넘겼으며, 알리바바는 아마존과 자웅을 겨뤄볼 만한 위치에 올랐다. 바이두는 AI 연구에서는 강하지만 모바일 서비스에서는 구글에 크게 뒤처진 면이 없지 않았다. 그러나 그 차이를 쯔제탸오둥 같은 신진 기업들이 충분히 메꿔주고 있고, 중국 기업들은 자체 인터넷 AI 사업 기반을 구축해 수십, 수백억 달러의 가치를 창출하고 있다. 이 인터넷 기업들이 우리의 관심을 더 오래 끌고 클릭을 더 많이 유도할수록 이익도 천문학적으로 쌓일 것이다.

현재의 기술로 판단할 때 전체적으로 미국과 중국의 기업들이 주도권을 거머쥘 확률은 50대 50으로 거의 동수이다. 내 예측이긴 하지만, 앞으로 5년 뒤 중국 테크놀로지 기업들은 인터넷 AI 주도권 확보에 있어서는 약간 우세할 것이고(60대 40), 인터넷 AI 실

행으로 벌어들이는 이익은 가장 클 것이다. 중국의 인터넷 이용자 수는 미국과 유럽의 이용자 수를 합친 것보다 더 많고, 이 이용자들은 콘텐트 제작자와 O2O 플랫폼, 다른 이용자에게 언제라도 쉽게 모바일 결제를 할 수가 있다는 사실을 기억해야 한다. 이런 환경의 결합이 만들어내는 창의적인 인터넷 AI 앱과 수익 창출의 기회는 세계 어느 곳과도 비교가 되지 않는다. 거기에 근성과 투자기반까지 탄탄한 중국의 기업가들이 합류하고 있으니만큼, 중국은 실리콘밸리보다―아직 결정적이진 않지만―유리하다.

그러나 첫 AI 물결이 만들어내는 경제적 가치가 아무리 크다고 해도 그 물결의 파고는 하이테크 부문과 디지털 세상을 넘어서지 못한다. AI 최적화의 힘이 전통적인 기업들로 퍼져나가 더 넓은 경제에도 파장이 미치게 되는 것은 두 번째 물결인 기업 AI가 불어닥칠 때이다.

2차 물결: 기업 AI

1차 AI 물결은 인터넷 이용자가 데이터를 브라우징하면서 자동적으로 라벨링을 한다는 점을 이용한다. 기업 AI는 전통적 기업들역시 수십 년 동안 방대한 데이터를 자동으로 라벨링하고 있었다는 사실을 이용한다. 예를 들어 보험회사들은 사고 보상을 처리하고 사기를 가려내며, 은행들은 채무를 발행하고 상환률을 문서화하고, 병원은 진단과 생존률 기록을 보관한다. 이 모든 행동이 라벨링된 데이터를-일련의 특징과 유의미한 결과의 연결-만들지만, 최근까지 대다수 전통 기업들은 데이터를 가지고 더 좋은 결과를 뽑아내지는 못했다.

기업 AI는 육안과 인간 뇌로는 간파하지 못하는 데이터베이스의 숨은 상관관계를 캐낸다. 기업 AI는 조직에서 일어난 모든 역사적 결정과 결과를 다 활용해서 데이터에 라벨링을 하고 알고리즘을 훈련시킨다. 이렇게 훈련된 알고리즘은 가장 숙련된 인간 실무자보다도 일을 더 잘할 수 있는데, 그 이유는 인간은 '강한 특징strong feature'에 기반해 예측을 하기 때문이다. 다시 말해 특정 결과와 상관관계가 높고 대부분 인과관계도 뚜렷한 데이터 포인트 몇 가지를 추려서 예측을 하기 때문이다. 예를 들어, 누군가의 당뇨병 발병 가능성을 예측할 때에는 몸무게와 체질량지수가 강한 특징이 된다. AI 알고리즘도 이런 강한 특징을 고려하는 것은 맞지만, 다른 수천 가지 '약한 특징weak feature'도 감안한다. 약한 특징이란 결과와 관련이 없어 보이지만, 수만 가지가 합쳐지면 예측에 중요한 변수가 될 만한 변두리의 데이터 포인트를 의미한다. 인간으로선 이 미묘한 상관관계를 인과관계로써 설명하기가 거의 불가능하다. 이를테면 '수요일에 대출을 받은 사람들의 상환률이 더 빠른 이유는 무엇인가?'와 같은 것들이다. 그러나 알고리즘은 이런 약한 특징들 수천 가지와 강한 특징들을 합치고, 여기에 인간의 뇌로는 이해가 안 되는 복잡한 수학관계식까지 사용하기 때문에 분석 작업이 필요한 비즈니스 과제에서 최고 실력을 뽐내는 사람들보다도 더 뛰어난 실력을 발휘할 수 있다.

이런 최적화 작업은 유의미한 사업 결과에 대한 대량의 정형 데이터structured data가 있는 산업에서 진가를 발휘한다. 여기서 '정형' 데이터라는 것은 범주로 나눠지고 라벨링이 돼 있고 검색도 가능한 데이터를 말한다. 비즈니스 부문의 정형 데이터의 가장 좋은 예로는 역사적 주가 데이터, 신용카드 사용 데이터, 담보대출 부도율 데이터 등이 있다.

기업 AI의 비즈니스

2004년에도 플랜티르Palantir와 IBM 왓슨 등은 기업과 정부에 빅데이터 비즈니스 컨설팅을 제공하고 있었다. 그러나 2013년부터 확산된 딥러닝은 빅데이터 처리 능력에 터보엔진을 달았고, 캐나다의 엘리먼트 AIElement AI와 중국의 포패러다임4th Paradigm, 第四范式과 같은 새로운 경쟁 업체를 탄생시켰다.

이 분야 스타트업들은 전통적 기업이나 조직에 알고리즘을 통해 기존 데이터베이스를 최적화하는 서비스를 판매한다. 그들은 전통적 기업이 사기를 탐지하고 더 똑똑하게 매매를 하고 공급망의 비효율성을 찾아내도록 도와준다. 기업 AI 초창기 서비스는 주로 금융 부문에 집중되었는데, 금융 부문은 데이터를 분석하기가 한결 수월하기 때문이다. 게다가 금융 부문은 정형화된 정보가 훌륭하게 갖춰져 있고 최적화를 위한 기준이 명확한 것도 한몫을 한다.

미국이 기업 AI 초기 응용에 있어서 튼튼한 주도권을 구축한 이유도 여기에 있다. 미국 대기업들은 이미 방대한 데이터를 수집해 정형화된 포맷에 저장하고 있다. 그리고 대개는 회계와 재고관리, 고객관계관리 소프트웨어도 사용한다. 정형화된 포맷에 저장된 데이터는 플랜티르 같은 기업들이 기업 AI로 원가절감이나 이윤 극대화에 도움이 되는 유의미한 결과를 만들기도 쉽다.

중국은 그렇지가 못하다. 중국 기업들은 전사적 소프트웨어나 표준화된 데이터스토리지를 사용하기보다는, 기업 고유의 시스템에 따라 장부에 정리한다. 이런 시스템은 확장성도 없고 기존 소프트웨어에 통합하기도 어려워서 데이터를 클리닝하고 정형화하는 작업 자체가 굉장히 품이 많이 들고 까다롭다. 빈약한 데이터에서 만드는 AI 최적화 결과도 당연히 빈약할 수밖에 없다. 중국 기업들은 기업 문화 특성 상 미국 기업들에 비해 외부 컨설팅에 돈을 쓰는 데 인색하다. 전통적 중국 기업들은 현대적 조직이라기보다는 여전히 개인의 왕국에 가까우며, 외부 전문가 채용은 그럴 만한 가치가 없는 일이라고 생각한다.

은행 직원을 해고하라

중국의 기업 데이터와 기업 문화가 가진 특성 상 2차 AI 물결을 전통적 기업에 적용하기가 힘든 측면이 있다. 그러나 기업 AI가 레거시 시스템legacy system: 여전히 사용되는 구식 시스템-옮긴이을 뛰어넘을 수 있는 산업에서는 중국이 크게 진일보하고 있다. 이를테면 금융서비스 부문에서 중국이 가졌던 상대적 낙후는 역으로 최첨단 AI 응용으로 향하는 디딤돌이 되었다. 이중에서도 발전 가능성이 가장 높은 분야가 AI 기반 마이크로파이낸스다.

중국은 신용카드 단계를 생략하고 곧장 모바일 결제로 건너뛰면서 한 가지 중요한 퍼즐 조각을 빠뜨렸다. 바로 소비자의 신용이다. 위챗이나 알리페이로 연동 은행계좌에서 바로 결제를 할 수 있지만, 통장에 있는 금액을 초과하는 금액은 결제가 불가능하다.

이 빈틈을 파고 든 것이 전적으로 알고리즘에 의지해 수백만 건의 소액 대출을 해주는 스마트 파이낸스Smart Finance, 智融集团의 AI 기반 앱이다. 이 앱은 대출자에게 한 달 소득을 입력하라고 요구하는 것이 아니라 스마트폰의 특정 데이터를 요청한다. 이 데이터를 통해 차입자가 대출받은 300달러를 갚을 것인지 아닌지를 예측하는 놀라운 능력을 발휘하는 디지털 지문이 만들어진다.

기계 은행원이라 할 수 있는 스마트 파이낸스의 딥러닝 알고리즘은 위챗 지갑에 보유한 현금 액수 등 가시적 기준은 참조하지 않는다. 대신에 이 알고리즘은 인간 대출 담당자라면 중요하지 않게 생각할 데이터로 대출 상환 가능성을 예측한다. 예를 들어, 생년월일을 적어 넣는 속도나 휴대전화의 배터리 잔존량을 비롯해 수천 가지 변수를 고려한다.

대출 신청자의 휴대전화 배터리 잔존량이 신용도와 무슨 관련이 있다는 것인가? 단순한 인과관계로는 전혀 답을 구할 수 없는 문제다. 그렇지만 AI의 오류를 뜻하는 신호도 아니다. 이것은 우리의 정신이 거대한 데이터 더미 속 상관관계를 인지하는 데 한계가 있다는 것을 나타내는 신호이다. 알고리즘에 수백만 건의 대출 데이터를-상환이 된 대출과 그렇지 못한 대출 데이터-훈련시킴으로써 스마트 파이낸스는 신용도와 상관이 있지만 인간이 이해할 수 있는 단순한 방법으로는 설명이 불가능한 상관관계를 다수 발견했다. 이 새로운 측정 요소들이 대출 심사에 있어서 소득, 주소, 심지어 신용점수와 같은 원시적 분석을 대신한다는 의미에서 쟈오커焦可 스마트 파이낸스 창업자는 이 요소들을 '미의 새로운 기준'이라고 부른다.[3]

데이터의 산이 커질수록 알고리즘의 정교함이 늘어나고 스마트 파이낸스는 사업성을 확장해 전통적 금융부문이 관례적으로 대출을 거부하던 젊은 세대와 이민 노동자들에게도 신용을 부여하는 것이 가능해진다. 2017년 말에 스마트 파이낸스는 매달 200만 건이 넘는 대출을 제공했고 연체율은 한 자릿수 이하였다. 콧대 높은 전통 은행들이 부러워할 만한 기록이다.

"알고리즘이 당신을 진찰할 것입니다"

기업 AI에서는 돈보다 더 중요한 것이 있다. 기업 AI를 정보 중심 공익 상품에 접목한다면 돈이 없어 꿈도 못 꾸던 사람들에게도 복지의 대중화가 가능해진다. 그중에서도 가장 기대가 되는 분야가 의학적 진단이다. 앤드류 응이나 서배스천 스런 같은 최정상급 연구자들이 이미지만 보고도 특정 질환을 정확히 진단하는 뛰어난 알고리즘을 선보인 적은 있다. 이 알고리즘들은 흉부 X-레이로 폐렴을 알아맞혔고 사진 몇 장으로 피부암을 진단했다. 기업 AI가 의료 부문에 더 광범위하게 응용된다면 진단 과정 전체를 다룰 수 있기 때문에 더 다양한 질병을 진단하는 것이 가능해질 것이다.

현재로선 의학 지식은-그리고 정확한 진단을 내릴 수 있는 힘은-소수의 전문 인력에게 고도로 집중돼 있지만, 그들의 기억력은 불완전하고 새로운 의학 발전을 계속 따라잡기에는 시간도 부족하다. 인터넷에 의학 정보가 넘쳐나는 것은 사실이지만, 그렇다고 그 정보를 쉽게 검색할 수 있는 것도 아니다. 정확한 진단은 여전히 지리적으로, 그리고 까놓고 말해 돈을 낼 형편이 되는 사람들에게 편파돼 있다.

중국은 그 편파가 유독 심하다. 이 나라의 실력 있는 의사는 다 잘사는 도시에 몰려 있다. 베이징이나 상하이만 벗어나도 질병 치료 지식을 갖춘 의사의 수는 확 줄어든다. 전국 각지에서 몰려든 환자들은 대형병원 앞에 진을 치고 있을 수 밖에 없고 제한된 수의 전문인력은 한계점까지 몰리지 않을 수 없다.

2차 AI 물결은 이런 상황을 다 바꿀 것이라고 약속한다. 진료 예약을 잡는 데 필요한 여러 사회적 요소에 가려 드러나지는 않지만, 진단에서 어려운 부분은 데이터를(증상, 병력, 환경 요인) 수집하고 데이터와 상관관계가 있는 현상을 예측하는(질병) 것이다. 이렇게 다양한 상관관계를 찾고 예측을 하는 일이야말로 딥러닝이 잘하는 부분이다. 정확한 의료 기록으로 충분히 훈련을 한 AI 진단 툴은 어떤 의료 전문인이건 최고의 진단전문의로, 수천만 건의 병례 경험이 있는 의사로, 숨은 상관관계를 찾아내는 기묘한 능력을 가진 사람으로, 완벽한 기억 능력을 가진 사람으로 바꿔줄 수 있다.

알엑스싱킹RXThinking, 大数医达이 만들려는 것이 이런 툴이다. 실리콘밸리와 바이두에서 해박한 경험을 쌓은 중국 AI 연구자가 창업한 이 스타트업은 중국 오지와 벽지의 지형적 제약을 받지않는 초특급 진단전문의를 길러내기 위해 의학 AI 알고리즘을 훈련시키고 있다. 알엑스싱킹의 AI 앱은 알고리즘으로 의사를 대체하는 것이 아니라 의사의 능력을 강화해준다. 모든 의학 지식을 동원해 최고의 경로를 추천하지만 운전대는 의사가 잡게 하는, 말하자면 진단 보조용 '내비게이션 앱'이라고 생각하면 된다.

알고리즘은 특정 병례 데이터가 늘어날수록 가능한 질환의 범위를 점차 좁혀가고 진단 완료에 필요한 명확한 정보를 추가로 요청한다. 알고리즘은 정보가 충분히 입력돼 확실성이 일정 수준 이상 높아졌다 싶으면 증상의 원인을 예측하고 다른 모든 진단명과 그 각각의 진단이 맞을 확률적 퍼센트도 함께 보여준다.

알엑스싱킹 앱은 의사를 무시하지 않으며, 앱의 추천을 무시할지 아닐지는 전적으로 의사가 선택하기 나름이다. 그러나 이 앱은 4억 건이 넘는 의료기록을 토대로 하며, 추천 내용 업데이트를 위해 최신 의학간행물을 주기적으로 스캔해서 올린다. 이 앱은 세계 수준의 의학지식을 대단히 불공평한 사회 곳곳에 공평하게 퍼뜨려주고, 의사와 간호사에게는 환자가 제대로 진찰받고 있다는 느낌을 받게 해주거나 나쁜 진단이 나왔을 때 위로의 말을 건네주는 일과 같이 기계가 하지 못하는 인간적인 일에 집중하게 해준다.

판사 재판하기

비슷한 일이 중국 사법제도에도 벌어지고 있다. 사법부도 관료주의가 횡행하고 전문인력도 지역별로 편차가 심하기는 마찬가지인 분야이다. 아이플라이텍은 AI를 법정에 응용하는 일에서도 제일 앞서 나갔다. 이 회사는 여러 툴을 구축했으며, 판례 데이터를 이용해 판사에게 증거와 선고에 대한 조언을 해주는 상하이시 기반 파일럿 프로그램을 실행하고 있다. 증거 교차 참고 시스템은 음성인식과 자연어처리를 이용해 법정에 제출된 모든 증거를—증언, 서류, 배경 자료 등—비교하고 사실 관계에 서로 모순은 없는지 찾아본다. 그런 다음 판사에게 법원 직원들을 시켜 사실 관계를 더 조사하고 명확하게 확인해 보게 하도록 모순되는 부분을 알려준다.

판결문을 건네받은 판사는 최종 선고를 내리기 전에 다른 AI 툴의 도움을 받을 수도 있다. 선고 보조 AI 툴은 사실 관계 확인에 들어가―피고의 범죄 기록, 나이, 피해의 정도 등―알고리즘을 이용해 비슷한 사건 수백만 건을 스캔한다. 이 AI 툴은 데이터에 저장된 방대한 지식을 동원해 형기나 벌금 액수를 추천한다. 또한 판사는 비슷한 판례들이 X-Y 그래프로 나타나도록 설정해서 점 하나를 클릭할 때마다 각 사실 관계에 따른 선고 내용도 자세히 확인할 수 있다. 이런 과정이 진행되면서 10만 명이 넘는 판사들은 사법제도의 일관성을 구축하게 되고, 주류에 크게 벗어나는 최종 선고를 내리는 판사들을 제어하는 효과도 얻을 수 있다. 중국의 한 성省은 심지어 검사들의 실적을 평가하고 순위를 매기는 일에도 AI를 이용한다.[4] 몇몇 미국 법정도 비슷한 알고리즘으로 재소자의 가석방 허가에 따른 '위험' 수준을 판단하기도 하지만 해당 AI 툴의 역할과 투명성 부족에 대해 일찌감치 문제도 제기했다.

알엑스싱킹이 의사들의 '내비게이션'이 되어주는 것처럼 아이플라이텍의 AI 사법 툴도 불완전한 정보로 결정을 내려야 하는 인간을 보완해주는 역할을 한다. 데이터에 기반해 불완전함을 보완한 판사는 정의의 저울의 균형을 맞추고 아무리 베테랑 판사일지라도 가지기 마련인 편견을 없애는 데 도움을 받을 수 있다. 미국 법학자들은 미국 재판부가 피해자와 피고의 인종에 따라 대단히 편파적인 선고를 내린다는 사실을 입증했다. 인종 차별에 비하면 재판부의 편파성은 악의적인 것이라고 말할 수도 없다. 이스라엘 재판관들을 대상으로 한 연구에서, 판사들은 점심을 먹기 전에는 가석방 승인에 인색했고 배부르게 먹은 후에는 가석방 승인에 너그러웠다.

누가 주도하는가?

그렇다면 어느 나라가 광의의 기업 AI를 이끌게 될 것인가? 현재 2차 AI 물결에서는 미국이 90대 10으로 압도적으로 우위이지만, 내가 보기에는 5년 뒤에 중국은 그 차이를 70대 30까지 크게 좁힐 것이고 중국 정부는 지금보다 기업 AI의 힘을 더 제대로 활용하게 될 것이다. 미국은 기업 AI 기술을 즉시 실행하고 이익을 내는 분야에 있어서는 뚜렷하게 앞서고 있다. 금융과 보험을 비롯해 의사결정에 도움이 되는 정형 데이터를 수도 없이 채굴할 수 있는 산업에서는 미국 기업들이 이미 최적화를 이루고 있다. 게다가 이 분야 기업들은 AI 기술을 응용해 이윤을 극대화하려는 의지도 뚜렷하다.

기업 세계에서 중국 쪽이 한창 뒤처져 있다는 점에는 의문의 여지가 없지만, 공공서비스 부문과 구식 시스템을 내던질 잠재력이 있는 서비스 부문에서는 앞서 달리고 있을지도 모른다. 중국의 미숙한 금융시스템과 불균형한 의료보건제도는 역으로 소비자신용과 의료 등의 서비스를 배분하는 방법을 다시금 생각하게 만드는 강한 계기가 되고 있다. 이런 산업들을 첫 그림부터 다시 그리면서 기업 AI는 이 분야 기업들이 가진 약점을 강점으로 바꿀 것이다.

2차 AI 물결의 응용은 현실 세계에 즉각적인 영향을 미치지만 알고리즘에 입력되는 디지털 정보는 여전히 사람의 손을 거친 정보들이다. 3차 AI 물결에서는 정보가 완전히 달라진다. 3차 AI 물결이 들이밀 AI는 인간의 가장 강력한 정보수집 도구를 가지게 된다. 바로 눈과 귀다.

3차 AI 물결: 지각 AI

AI 이전의 모든 기계는 장님이고 귀머거리였다. 물론 디지털 사진을 찍고 음성 녹음이 가능했을지라도, 그것은 인간이 해석할 수 있도록 인간의 청각과 시각 환경을 재생산한 것일 뿐, 기계 혼자서는 그렇게 재생산한 결과물을 이해할 능력이 전혀 없었다. 일반적인 컴퓨터에 있어서 사진은 컴퓨터에 저장될 무의미한 픽셀 덩어리들의 조합일 뿐이었다. 아이폰에 저장된 노래는 아이폰이 인간에게 재생해줘야 할 0과 1의 조합에 불과했다.

지각 AI가 등장하면서 모든 것이 바뀌었다. 알고리즘은 사진이나 동영상의 픽셀을 유의미한 무리로 묶어서 우리의 뇌가 하는 것과 같은 방식으로 사물을 인지할 수 있다. 골든 리트리버, 신호등,

형제인 패트릭을 알아볼 수 있다. 오디오 데이터도 마찬가지이다. 알고리즘은 오디오 파일을 디지털 조각들의 수집으로 저장하기만 하는 것이 아니라 단어를 가려낼 수 있고 심지어 전체 문장의 뜻을 분석하기도 한다.

3차 AI 물결은 말하자면 널리 보급된 센서와 스마트 기기를 통해 AI의 이런 지각 능력이 우리가 사는 환경 구석구석으로 연장되고 확장되면서 주위 세상 전체를 디지털화하는 것을 의미한다. 스마트 기기들이 우리의 물리적 세상을 디지털 데이터로 바꾸면 딥러닝 알고리즘이 데이터를 분석하고 최적화한다. 아마존 에코 Amazon Echo는 집안의 오디오 환경을 디지털화하고 있다. 알리바바의 시티 브레인은 카메라와 사물인식 AI로 도심 교통 흐름을 디지털화한다. 애플의 아이폰 X와 쾅스커지의 카메라는 우리의 얼굴을 디지털화한 지각 데이터를 스마트폰이나 디지털 지갑의 보안 장치로 사용한다.

희미해진 경계와 'OMO' 세상

이러다 보니 지각 AI 물결은 온라인과 오프라인의 경계를 허물고 있다. 지각 AI는 우리가 인터넷과 상호행동하는 통로를 극적으로 확장하고 있다. 지각 AI 전에 우리는 두 개의 아주 좁은 관문을 통해서나 겨우 온라인 세상과 상호행동했다. 하나는 컴퓨터 키보드였고, 다른 하나는 스마트폰 스크린이었다. 두 기기는 월드와이

드웹의 방대한 지식 창고로 들어가는 관문이지만 동시에 정보를 입력하거나 회수하기가 아주 불편한 관문이기도 하다. 특히 실세계에서 쇼핑을 하거나 운전을 할 때면 그 불편함은 더 커진다.

지각 AI의 안면인식과 음성인식, 세상을 관찰하는 능력이 좋아질수록 온라인과 오프라인의 자연스러운 접점도 수백만 개는 더 늘어날 것이다. 이 접점은 어디에나 자연스럽게 녹아 있기 때문에 '온라인에 접속한다'는 생각마저도 들지 않게 할 것이다. 소파에 앉아 한 문장만 말해도 식사 주문이 끝난다면 당신은 온라인에 있는 것인가 오프라인에 있는 것인가? 냉장고가 우유가 떨어진 것을 알고 장바구니에 담기를 알아서 해준다면, 당신이 장을 보는 곳은 물리적 세상인가 디지털 세상인가?

나는 이렇게 혼합된 환경을 '온라인과 오프라인의 합병online-merge-offline'이라는 뜻에서 OMO라고 부른다. OMO는 O2O의 다음 단계다. 지금까지의 모든 진화 단계가 온라인과 물리적 세상을 연결하는 새 다리를 건설했다면 OMO는 그 둘을 완전히 통합한다. OMO는 온라인의 편리함을 오프라인으로, 오프라인의 풍성한 감각적 리얼리티를 온라인으로 가져온다. 몇 년 뒤면 지각 AI는 쇼핑몰과 슈퍼마켓, 도시의 거리, 우리의 집을 OMO 환경으로 바꿀 것이다. 그 과정에서 OMO가 만들어낼 인공지능 앱 몇 가지는 평범한 소시민에게도 SF에나 나오는 미래에 살고 있다는 느낌이 들게 할 것이다.

몇 개는 이미 실현 중이다. 중국 KFC는 최근 알리페이와 제휴를 맺고 일부 매장에서 안면인식 결제 선택이 가능한 서비스를 첫선을 보였다. 고객이 디지털 단말기로 주문을 하면 안면이 곧바로 스캔되면서 주문 내역이 알리페이 계좌로 연결된다. 현금도 카드도, 심지어 스마트폰도 필요없다. 심지어 이 디지털 단말기의 AI가 작동시키는 '생체반응 알고리즘liveness algorithm'은 다른 사람이 당신 사진을 이용해 식사를 주문할 가능성도 원천 차단한다.

안면인식 결제 앱은 재미있지만, OMO라는 거대한 빙산의 일각에 불과하다. 그 빙산이 어느 쪽으로 나아갈지 조금이라도 이해하기 위해 몇 년 후의 미래로 건너가 지각 AI 기기가 곳곳에 갖춰진 슈퍼마켓을 구경해 보자.

모든 쇼핑 카트가 당신의 이름을 기억하는 곳

"안녕하세요, 리카이푸씨! 저희 매장에 오신 것을 환영합니다!"

용휘 슈퍼스토어의 오랜 친구를 맞이하는 듯한 쇼핑 카트의 환영 인사는 언제 들어도 기분이 좋다. 잠금 장치에서 카트를 빼내기 전에 손잡이에 내장된 시각 센서는 이미 내 얼굴 스캔을 완료해 그것을 AI에 매칭하는 작업까지 다 끝냈다. AI에는 식도락가이자 쇼퍼이자 중국 요리를 잘하는 사람의 남편인 나의 습관이 자세하게 기록돼 있다. 내가 이번 주에 사야 할 식료품 목록을 생각하며 머리를 굴리는 동안 손잡이에 달린 화면이 켜진다.

"고객님께서 거의 매주 사시는 식품 목록은 다음과 같습니다." 카트에서 말이 흘러나온다. 그리고 신선한 가지, 초피, 그릭 요거트, 무지방 우유 등 우리 가족이 빼놓지 않고 사는 식료품 목록이 화면에 뜬다.

냉장고와 찬장은 이번 주에 다 떨어진 식료품을 점검했고 상하지 않는 식품들은—쌀, 간장, 요리유 등—이미 배달 주문을 넣었다. 그렇기 때문에 쇼핑 카트의 화면에는 배달 주문을 하지 않는 식품 리스트만 골라 보여주는 것이 가능하다. 신선한 청과물이나 와인, 해산물 같은 것들이다. 게다가 슈퍼마켓들은 매장 수를 과감히 줄일 수 있고 주택가에서 걸어서 오갈 수 있는 거리에 비교적 작은 규모의 매장들만 운영해도 된다.

"목록에 더하거나 빼고 싶으신 상품이 있습니까?" 카트가 말을 건다. "카트와 고객님 댁의 냉장고에 있는 식품을 점검했더니 이번 주 식단에는 섬유질이 부족한 것 같습니다. 아몬드 한 봉지나 말린 완두콩 수프 재료를 추가해 넣어도 되겠습니까?"

"말린 완두콩 수프는 됐고, 아몬드 큰 봉지 하나는 집으로 배달 바랍니다. 고맙습니다." 알고리즘이 감사 인사를 받고 싶어하는지는 모르겠지만, 나는 습관적으로 고맙다고 한다. 목록을 훑어 본 후 두세 가지를 바꾼다. 현재 딸들이 집에 없기 때문에 몇 가지는 빼도 될 것 같고, 소고기도 사서 냉장고에 넣어 두었으니 어머니가 해주시던 소고기 국수를 아내에게 해줄 생각이다.

"그럭 요거트는 빼고 이제부터는 그냥 우유로 바꿔주세요. 그리고 집에 없는 소고기 국수 재료도 부탁합니다."

"알겠습니다." 카트가 대답을 하곤 쇼핑 목록을 수정한다. 카트에서 나오는 것은 베이징 중국어이지만, 목소리는 내가 좋아하는 배우인 제니퍼 로렌스의 목소리이다. 이 작지만 기발한 아이디어 덕에 장을 보는 것이 더는 귀찮고 싫지만은 않은 일이 되었다.

쇼핑 카트가 알아서 매장을 움직이다가, 내가 잘 익은 가지를 고르고 소고기 국수의 톡 쏘는 맛을 내는 데 꼭 필요한 가장 신선하고 향이 좋은 초피 열매를 고를 때는 나보다 몇 발짝 앞선 곳에서 기다리기까지 한다. 그런 다음 나는 카트를 따라 매장 안쪽 깊숙이로 간다. 그곳에서는 정밀 로봇이 뽑아준 신선한 면이 있다. 생면을 카트에 담으니, 카트 테두리에 달린 깊이 감지 카메라는 담긴 물품들을 알아서 식별하고 바닥에 있는 센서들은 물품을 넣을 때마다 무게를 자동으로 측정한다.

화면에 내가 담은 물건들이 뜨면서 총 가격이 뜬다. 모든 상품의 위치와 배열은 매장이 수집한 지각 및 구매 데이터에 맞춰서 정밀하게 최적화돼 있다. 고객은 어떤 상품을 그냥 스쳐 지나가는가? 잠깐 멈춰서 집어 들어 살펴보는 상품은 무엇인가? 최종 구매로 이어지는 상품은 무엇인가? 시각 데이터와 비즈니스 데이터를 조합해 AI 슈퍼마켓들도 과거 온라인 쇼핑몰들이 전유했던 소비자 행동에 대한 풍부한 이해가 가능하게 되었다.

통로를 돌아 와인코너로 가니 안내 직원 유니폼을 입은 인상 좋은 젊은 직원이 다가온다.

"안녕하세요, 리카이푸 선생님, 잘 지내셨나요? 꽤 괜찮은 나파 밸리 와인이 얼마 전에 입고되었습니다. 좀 있으면 사모님 생신이신 걸로 압니다. 그래서 처음 구매하시는 2014년 오퍼스 원에 10% 할인을 제공해 드리려 합니다. 사모님이 평소에 오버추어를 즐겨 드시죠. 이건 같은 와이너리에서 프리미엄 라인으로 나온 겁니다. 풍취가 아주 좋은 와인입니다. 약간의 커피 향과 다크초콜릿 향도 느껴지실 겁니다. 시음 한 번 해보시겠습니까?"

그는 내가 캘리포니아산 와인에 약하다는 것을 잘 알고 있다. 나는 그의 권유를 받아들인다. 멋진 와인이다.

"마음에 드는군요." 나는 와인잔을 직원에게 돌려주며 말한다. "이것으로 두 병 주세요."

"후회 안 하실 겁니다. 마저 쇼핑하고 계시면, 얼른 두 병 가져오겠습니다. 정기 배달을 받고 싶으시거나 다른 와인을 추천받고 싶으시면 앱에 들어가셔도 되고 매장에서 저를 찾아주시면 됩니다."

모든 상품 안내 직원들은 아는 것도 많고 서글서글하게 대화도 잘 나누고 더 고가의 상품을 파는 훈련도 받았다. 그들이 하는 일은 전통 슈퍼마켓 직원들의 일보다 사교성이 훨씬 많이 필요하며, 언제라도 조리법이나 생산지 직송에 대해 자세히 말해 줄 수 있어야 하고, 지금 이 상품이 내가 전에 먹었던 것과 어떻게 다른지도 일일이 비교해 줄 수 있어야 한다.

쇼핑 카트는 내가 늘 사던 물건들이 진열된 곳들로 나를 이끌고, 안내 직원들이 간간이 등장해 알고리즘이 내가 살지 모른다고 예측한 물건들을 내게 권유한다. 이것이 마트에서의 쇼핑이다. 안내 직원이 내가 산 물품들을 담아주는 동안 내 스마트폰에는 지금 산 물건 대금의 영수증이 들어왔다는 알림음이 뜬다. 이것까지 다 끝나면 쇼핑 카트는 알아서 원래 있던 자리로 돌아가고, 나는 두 블록을 천천히 걸어 가족이 있는 집으로 간다.

지각 AI 기반 쇼핑은 우리가 맞이할 AI 시대가 가진 근본적 모순을 잘 보여준다. 지각 AI는 지극히 일상적이지만 또한 대단히 혁명적인 것이기도 하다. 대부분의 일상활동은 여전히 정해진 패턴을 따르겠지만, 디지털화는 공통으로 생기는 마찰을 제거하고 개인 맞춤 서비스를 제공한다. 지각 AI 기반 쇼핑은 온라인 세계의 편리성과 풍부함을 오프라인 현실로 가져온다. 게다가 쇼퍼 개개인의 습관을 이해하고 예측하는 중요한 능력까지 갖추게 된 오프라인 매장들은 기존 공급망을 대대적으로 개선해 음식 낭비를 줄이고 수익성을 높이게 될 것이다.

위에 묘사한 슈퍼마켓이 현실이 될 날은 머지않았다. 핵심 기술은 이미 존재한다. 남은 문제는 소프트웨어의 작은 결함들을 바로잡고, 공급망의 후방 활동을 통합하고, 지각 AI를 실행할 수 있는 매장을 세우는 것이다.

OMO 기반 교육

이런 종류의 몰입형 OMO 시나리오는 쇼핑 외에 다방면으로 활용될 수 있다. 시각 식별, 음성인식, 개개인의 과거 행동에 기반한 상세한 프로필 작성 등과 같은 기법은 맞춤형 교육 프로그램을 만들 때에도 사용이 가능하다.

오늘날의 교육제도는 사실상 19세기 '공장식 교육'에서 변한 것이 거의 없다. 모든 학생은 똑같은 속도와 똑같은 방법으로 똑같은 장소에서 똑같은 시간에 교육받아야 한다. 학교는 '조립라인' 방식에 따라 매년 아이들을 한 학년씩 올려보내고 아이들이 배운 내용을 제대로 흡수했는지 아닌지에는 상관하지 않는다. 이런 식의 교육법은 학생을 가르치고 모니터링하고 평가할 수 있는 사람들의 시간과 관심, 다시 말해 교육자원이 심하게 한정된 상황에서는 괜찮은 방법이었다.

그러나 AI는 이런 한계를 없애도록 도와준다. AI의 지각, 인식, 추천 능력은 학생별 맞춤 학습 과정을 제안할 수 있고, 교사들에게는 일대일 교습 시간을 더 많이 확보할 수 있게 해준다.

AI 기반 교육 경험은 교실 수업, 과제와 연습, 시험과 채점, 맞춤 교습이라는 네 가지 시나리오를 거치게 된다. 이 네 가지 시나리오를 거치며 나타나는 학생의 성과와 행동은 AI 기반 교육의 토대가 되는 학생기록부에 차곡차곡 입력된다. 학생기록부에는 학생의 학습 과정에 영향을 미치는 모든 것이 자세히 기록되는데, 그 학생이 잘 파악한 내용, 이해하지 못하는 내용, 교습 방법에 따른 반응, 수업 집중도, 질문에 대답하는 속도, 그리고 학습 욕구를 불러일으키는 요인 등이다. 이런 데이터가 어떻게 수집되고 이용되어 교육 과정을 개선하는지 이해하려면 우선은 네 가지 시나리오를 자세히 살펴봐야 한다.

교실 수업은 교습 능력이 월등한 교사가 원격 방송 수업을 하고, 교실에서는 다른 한 명의 교사가 학생 하나하나에게 좀 더 관심을 기울이는 2인 교사 체제로 진행된다. 수업 시간의 절반 동안 교실 앞 대형 TV에서는 교습 실력이 뛰어난 교사가 수업 내용을 가르친다. 이 교사의 수업은 20개 교실에 동시에 방송되고, 학생들은 리모컨으로 교사의 질문에 즉시 답해야 한다. 이로써 교사는 학생들이 수업 내용을 이해했는지 아닌지 실시간으로 피드백을 받을 수 있다.

수업이 진행되는 동안 교실 정면의 화상카메라는 안면인식과 자세분석 기능을 통해 출결을 점검하고, 수업 참여도를 확인하고, 고개를 끄덕이거나 가로젓거나 뭔지 모르겠다는 표정 등으로 이해도를 평가한다. 이런 모든 데이터는-클릭을 해 질문에 대답하는 비율, 참여도, 이해도-곧바로 학생기록부로 수집되어 그들이 이해한 것과 보충 학습이 필요한 것을 실시간으로 파악하게 해준다.

교실 수업은 AI 기반 교육의 일부에 불과하다. 학생들이 하교하는 동안 학생기록부는 질문 창출 알고리즘과 결합해 학생 개개인의 실력에 정확히 맞춘 숙제를 낸다. 이해력이 빠른 아이들에게는 어려운 고난도 문제를 내고, 아직 수업 내용을 다 이해하지 못한 아이들에게는 기본에 충실한 질문과 별도 보충 학습이 숙제로 주어진다.

아이들이 문제를 푸는 데 걸리는 시간과 정답률이 학생기록부에 반영돼 다음 문제가 만들어져 이해를 돕는다. 게다가 영어 수업(중국 공립학교에서는 영어가 필수과목이다) 동안 AI 기반 음성인식은 산간벽지에도 최고 수준의 영어 지도를 해준다. 학생들의 영어 발음을 평가하는 훈련을 받은 고성능 음성인식 알고리즘은 영어 억양과 강세를 고치도록 도와준다.

교사들은 AI 덕분에 채점에 들었던 시간만큼 아이들 본인에게 더 많은 시간을 쏟을 수 있다. 지각 AI는 시각인식 능력을 이용해 다지선다형과 빈칸 채우기 문제를 채점할 수 있다. 심지어 논술형 시험에서도 문법에서 틀린 부분이 나오면 미리 정해 놓은 감점 방식에 따라 자동으로 채점이 가능하다. 이런 AI 기반 교육은 기본을 수정해 주는 데 걸리는 시간을 덜어주고, 아이들과 소통을 늘려 글쓰기 실력 함양이라는 더 어려운 일을 도와주는 데 더 많은 시간을 할애하게 해준다.

마지막으로, AI 기반 학생기록부는 학부모에게 아이의 학업 진척 상황을 알려주고 아이가 어떤 부분에서 이해가 미진한지를 정확하고 자세하게 설명해준다. 학부모는 AI가 전해 준 정보를 바탕으로 북미 원어민 선생님과 중국 학생을 연결해 온라인 영어 수업을 진행하는 사이트인 브이아이피키드VIPKid, 贵宾宝贝를 통해 온라인 튜터를 섭외한다. 온라인 강습은 예전부터 있던 방식이지만, 이제는 지각 AI라는 기술이 더해져 학생의 표정과 감정을 분석해 몰입도에 대한 데이터도 수집할 수 있게 되었다. 데이터가 꾸준히 학생 기록부에 반영되면서 온라인 교육 플랫폼은 학생들의 수업 참여도를 높이는 교사를 가려낼 수 있다.

지금까지 설명한 툴은 이미 출시된 것들이고 상당수가 중국 전역의 여러 교실에서 실행 중이다. 이 툴들로 만든 온–오프라인 통합의 새로운 AI 기반 교육 패러다임은 학생의 필요와 실력에 맞는 개인별 맞춤 학습 경험을 제공한다. 중국은 학부모들의 교육열이 대단히 높기 때문에 교육 AI에서 미국을 뛰어넘는 것은 시간문제일 듯하다. 중국의 뿌리 깊은 교육 중시 가치관, 치열한 대학입시 경쟁, 그리고 실력 편차가 심한 공교육제도로 인해, 대부분 한자녀를 둔 중국 부모들은 교육비를 아끼지 않는다. 그들의 아낌없는 지출에 힘입어 브이아이피키드는 불과 몇 년 사이에 회사 가치가 30억 달러를 넘어섰다.

공공의 영역과 개인정보 데이터

OMO 경험을 만들고 이용하려면 실세계로부터 수많은 데이터를 빨아들여야 한다. 알리바바 시티 브레인으로 교통 흐름을 최적화하려면 도시 전역에서 비디오 피드를 무한정 공급받아야 한다. 쇼퍼 개개인에게 맞춤형 OMO 소매 경험을 제공하려면 먼저 안면인식 시스템으로 쇼퍼 개인의 얼굴을 식별해야 한다. 음성인식으로 인터넷에 접속하려면 모든 단어를 알아듣는 기술이 선행해야 한다.

이런 종류의 데이터 수집에 대다수 미국인은 눈살부터 찌푸릴지 모른다. 그들은 빅 브라더나 주식회사 미국이 자신들을 너무 세세히 파악하는 것을 원하지 않는다. 그러나 중국 사람들은 자신의 얼굴과 목소리와 쇼핑 취향이 포착되고 디지털화되는 것을 어느 정도 용납한다. 중국인들이 편의성과 개인정보를 어느 정도까지 맞바꿀 용의가 더 있다는 것이 여기서도 드러난다. 이런 감시는 개별 이용자를 도시 전체 환경으로 서서히 옮겨 놓는다. 중국 도시들은 교통법규 집행을 위해 카메라와 센서 네트워크를 촘촘하게 깔아 놓고 있다. 이런 감시 카메라 네트워크에서 나오는 데이터는 교통 관리와 치안, 응급구조 서비스를 위한 최적화 알고리즘으로 직접 흘러간다.

개인정보 보호와 공공 데이터의 균형을 어떻게 맞출지는 나라마다 상황에 맞게 결정하면 된다. 개인정보 보호에 가장 엄격한 곳은 유럽으로, EU 내의 데이터 수집과 이용을 크게 제약하는 일반개인정보보호법General Data Protection Regulation을 제정하고 시행에 들어갔다. 미국은 적절한 수준의 이용자 개인정보 보호를 시행하는 데 여전히 애를 먹고 있고, 케임브리지 애널리티카의 페이스북 데이터 도용과 이어진 하원 청문회는 이러지도 저러지도 못하는 상황을 잘 보여주고 있다. 중국도 이용자 데이터의 불법 수집이나 거래에 대한 처벌을 강화한 사이버보안법을 2017년부터 시행했다.

편리함과 안전을 위해 어느 정도까지 사회적 감시를 용인할 수 있는지, 또는 공항이나 지하철역에서 우리의 익명성이 어느 정도까지 보장되어야 하는지 묻는다면 정답은 없다. 그러나 데이터 수집의 직접적인 영향력에 대해서는 답할 수 있다. 공공장소에서의 데이터 수집에 비교적 관대한 중국의 분위기는 지각 AI를 실행하는 데 큰 힘이 되고 있다. 이것은 도심 환경의 디지털화를 촉진하고, 새로운 OMO 응용이 소매와 보안, 대중교통에서 일어날 수 있도록 문을 활짝 열어 주었다.

하지만 지각 AI가 그런 영역까지 확대되려면 비디오 카메라와 디지털 데이터만으로는 충분하지 않다. 인터넷 AI나 비즈니스 AI와 다르게 지각 AI는 하드웨어 의존도가 높다. 병원과 차와 주방을 OMO 환경으로 바꾸려면 물리적 세상과 디지털 세상을 동기화할 다양한 센서기능 하드웨어 기기가 있어야 한다.

메이드 인 선전 深圳

소프트웨어 혁신의 세계 챔피언이 실리콘밸리라면, 하드웨어의 왕좌를 치지한 도시는 선전이다. 중국 남부 해안가에 위치한 이 젊은 제조업 대도시는 지난 5년 동안 지능형 하드웨어 제조에 딱 맞는 세계에서 가장 약동하는 생태계로 거듭났다. 혁신적 앱을 만드는 데에는 실세계의 도구가 거의 필요 없다. 컴퓨터와 참신한 아이디어를 가진 프로그래머만 있으면 된다. 그러나 지각 AI용 하드웨어를-눈이 달린 쇼핑 카트와 귀가 달린 스테레오 등-만들려면 센서 공급업체, 사출성형 엔지니어, 스몰배치small-batch: 고품질 소량생산-옮긴이 전자제품 공장을 다 아우르는 강력하고 유연한 제조 생태계가 조성되어야 한다.

대다수 사람들은 중국 공장이라고 하면 수천 명의 저임금 노동자들이 싼 신발과 곰인형에 바느질을 하며 착취 당하는 공장을 떠올린다. 이런 공장도 아직 있기는 하지만, 중국 제조업 생태계는 기술이 대대적으로 개선되었다. 오늘날 중국 제조업의 가장 큰 우위는 저임금 노동이 아니다. 임금은 베트남이나 인도네시아가 더 싸다. 중국의 제조업은 비할 데 없이 유연한 공급망과, 새로운 기기의 원형을 만들고 그것을 양산할 수 있는 숙련된 산업엔지니어 군단을 가지고 있다.

이 비법 재료가 선전의 힘이다. 유능한 근로자들은 먼지 풀풀 날리는 저임금 공장 도시였던 선전을 신형 드론과 로봇, 웨어러블 기기, 지능형 기계를 제작하기 원하는 기업가들이 찾아가는 곳으로 변신시켰다. 기업가들은 이곳 선전에서 어느 곳보다도 빠르게 제품의 개선을 반복하고 어느 곳보다도 더 싸게 상품을 만들도록 도와줄 수천 개의 공장과 수십만 명의 엔지니어들을 직접 만날 수 있다.

기업가들은 눈이 휘둥그레질 정도로 큰 선전 전자상가에서 수천 가지 다양한 회로판과 센서, 마이크, 초소형 카메라를 보고 마음에 드는 것을 고를 수 있다. 원형 조립이 완성되면 개발자는 공장 수백 곳을 직접 방문하면서 제품을 생산해 줄 공장을 물색한다. 부품 공급업체와 제품 제조업체가 지리적으로 밀집해 있다보니 혁신 과정에도 속도가 붙는다. 하드웨어 기업가들은 선전에서의 1주일은 미국에서의 1개월 만큼의 효과가 있다고 말한다.

스마트 기기의 실험과 생산이 용이하다는 것은 중국 스타트업들에는 큰 경쟁력이 된다. 외국계 하드웨어 스타트업도 선전에 들어갈 수는 있지만, 현지 스타트업들만큼 홈 어드밴티지를 크게 얻지는 못한다. 외국에서 영업활동을 하면 언어 장벽이나 비자 문제, 세금 처리 문제, 본사와의 거리 등 여러 애로에 부딪칠 수밖에 없고 제품 생산비용도 올라갈 수밖에 없다. 애플 같은 거대 다국적 기업들은 중국 생산을 십분 활용하기에 충분한 자원을 갖추고 있지만, 외국계 스타트업에게는 작은 애로 사항도 커다란 걸림돌이 될 수 있다. 하지만 현지 스타트업들은 선전에서는 초콜릿가게에 온 아이들처럼 마음껏 실험하면서 저비용 개발을 즐길 수 있다.

미 Mi

중국 하드웨어 스타트업 샤오미Xiaomi, 小米는 촘촘한 거미줄처럼 엮인 지각 AI 기기들이 어떤 모습일지 짐작하게 해준다. 저가 스마트폰 회사로 출발한 샤오미는 지금 우리의 주방과 거실을 OMO 환경으로 바꿀 AI 기반 홈 디바이스 네트워크를 개발하고 있다.

이 네트워크 시스템의 중심은 미Mi AI 스피커다. 이 음성인식 AI 기기는 아마존 에코와 비슷하지만 중국 본토 생산의 이점 덕분에 가격은 절반에 불과하다. 홈 어드밴티지는 공기청정기, 전기밥솥, 냉장고, 보안 카메라, 세탁기, 로봇 진공청소기 등 다양한 스마트 센서형 기기를 개발하는 데 활용된다. 샤오미는 이런 기기들을 다 직접 제작하는 대신에 220개 회사에 투자를 하고 29개 스타트업에 인큐베이터를 제공한다. 상당수가 선전에 위치한 이 회사들의 지능형 가전제품들은 샤오미 생태계로 연결된다. 이 기기들이 한자리에 모이면 와이파이로 이어져 서로를 알아보고 환경설정도 쉬우며 가격도 저렴하기까지 한 인공지능 홈에코시스템이 구축된다. 샤오미 이용자들은 음성명령이나 스마트폰으로 이 홈에코시스템을 간단하게 통제할 수 있다.

값싸고 다양하며 능력까지 뛰어난 이 별자리는 2017년 말에는 8,500만 대의 기기로 이뤄진, 세계 최대 지능형 가전기기 네트워크를 만들어냈다.[5] 미국의 그 어떤 네트워크와도 비교가 안 되는 엄청난 규모이다. 그리고 메이드 인 선전이라는 이점도 이 생태계 구축에 한몫을 한다. 값싼 가격과 중국의 거대 시장은 샤오미의 데이터 수집 과정에 터보엔진을 달아주고, 더 강한 알고리즘과 더 스마트한 제품, 더 좋은 이용자 경험, 더 많은 판매량, 훨씬 더 많은 데이터라는 선순환에 불을 붙인다. 그리고 이 생태계는 샤오미 생태계 안에서만도 4개의 유니콘 스타트업을 길러냈고, IPO를 앞둔 샤오미를 1,000억 달러의 기업가치가 예상되는 회사로 끌어올렸다.[6] 실제로 샤오미는 당초 계획했던 뉴욕증권거래소가 아니라 홍콩증권거래소에서 2018년 7월에 IPO를 했고, 미중 무역 불화와 증시 혼란 등으로 인해 실제 IPO로 모인 자금 조달은 예상했던 100억 달러를 한참 밑도는 47억 달러에 그쳤다 - 옮긴이

지각 AI가 터를 잡는 가전기기가 늘어날수록 디지털화된 실생활 데이터는 우리의 생활 전반을 반영해 작동할 것이다. 당신의 AI 냉장고는 우유가 떨어지면 즉시 우유를 주문할 것이다. 카푸치노 머신은 당신이 음성 명령을 내리는 순간 카푸치노를 만들기 시작할 것이다. 연로한 부모님이 사는 집의 AI 내장 바닥재는 부모님이 미끄러지거나 넘어지는 즉시 당신에게 연락할 것이다.

3차 AI 물결이 들이미는 제품들은 우리를 일상생활이 완전히 뒤바뀌기 직전까지 이끌고 간다. 3차 AI 물결은 디지털과 물리적 세상의 경계를 흐릿하게 만들다가 마침내는 사라지게 할 것이다. 개인정보에 민감하지 않은 중국 이용자들의 문화와, 선전이 가진 하드웨어 생산 기지로서의 강점은 지각 AI를 실행하는 데 있어 커다란 힘이 될 것이다. 현재는 지각 AI 실행에서 중국이 조금 앞서

나가는 정도이지만(60대 40), 나는 5년 뒤에는 위의 요소들 덕분에 중국이 80대 20 정도로 미국과 다른 나라들을 압도할 것이라고 예상한다.

3차 AI 혁신은 대단한 경세적 기회가 된다는 점에서도 중요하지만, 4차이자 마지막 물결인 자율행동 AI의 토대가 된다는 점에서도 중요하다.

4차 AI 물결: 자율 행동 AI

기계가 세상을 보고 듣게 되는 순간 안전하게 세상을 돌아다니고 생산적으로 일할 준비가 끝난 셈이다. 자율행동 AI는 극도로 복잡한 데이터 세트를 최적화와 새로 갖춰진 감각 지각 능력을 융합하면서 앞선 세 차례의 물결을 통합하고 인공지능의 최정점에 올라선다. 이런 초인적 능력이 결합돼 탄생하는 기계는 단순히 세상을 이해하는 데 그치지 않는다. 그 기계들은 세상을 만든다.

오늘날은 자율주행차량이 거의 기정사실화 되었지만, 자율주행차량 시대로 접어들기 전에 먼저 해결해야 하는 과제가 있다. 시야를 넓혀 4차 AI 물결의 파급력이 얼마나 깊고 넓을 것인지부터 파악해야 한다. 자율행동 AI 기기들은 쇼핑몰, 레스토랑, 도시, 공장, 소방서에 이르기까지 우리 일상생활의 아주 많은 부분에 혁명을 일으킬 것이다. AI의 다양한 파도는 한꺼번에 밀려오지는 않을 것이다. 초기의 자율이동 로봇은 경제 가치를 즉시 창출할 수 있는 고도로 체계화된 환경에서만 일하게 될 것이다. 공장이나 창고, 농장 등이 여기에 해당한다.

선진국에서는 이미 인간의 근력을 고성능 기계들이 대부분 대신하고 있다. 하지만 이 기계들은 '자동화' 되었을 뿐, '자율로' 움직이지는 않는다. 같은 행동을 반복할 수는 있지만, 환경 변화에 따라 직접 결정을 하거나 즉시 대처하지는 못한다. 시각 데이터를 전혀 인식하지 못하기 때문에 인간의 통제를 받거나 하나의 고정된 경로만 돌아야 한다. 이 기계들은 반복 작업은 잘 하지만 조작해야 할 대상이 조금이라도 달라지거나 규칙에서 어긋나면 바보가 된다. 그러나 기계가 시각과 촉각, 그리고 데이터를 바탕으로 최적화하는 능력을 갖추게 된다면 이 기계들이 처리할 수 있는 작업의 수도 극적으로 늘어날 것이다.

딸기밭과 로봇 풍뎅이

자율행동 AI 응용 기술의 일부는 이미 실현 중이다. 딸기를 따는 것은 단순 작업이지만, 잘 익은 딸기만 줄기에서 골라 따는 것은 자율행동 AI 이전에는 자동화가 불가능한 작업이었다. 수만 명의 저임금 노동자들이 딸기밭을 하루 종일 걸어 다니며 허리를 구부리고 눈과 손놀림으로 잘 익은 딸기를 골라내야 했다. 힘들고 지루한 작업이다. 캘리포니아의 많은 농장주는 딸기 따는 작업을 할 인부를 구하지 못하면 딸기가 익다 못해 썩어가는 것을 그냥 지켜봐야 했다.

그러나 캘리포니아 소재 스타트업 트랩틱Traptic은 딸기 수확 작업을 하는 로봇을 발명했다. 이 로봇은 소형 트랙터에(미래에는 자율주행차량에) 올라앉아 첨단 시각 알고리즘으로 초록 이파리 바다 한가운데서 딸기를 찾아낸다. 같은 시각 알고리즘으로 딸기색으로 익었는지를 판별하고 나면, 기계 팔은 딸기에 상처 하나 가지 않게 섬세한 동작으로 딸기를 수확한다.

아마존 창고만 봐도 이 기술이 얼마나 혁명적인 것인지 얼추 짐작이 간다. 5년 전만 해도 아마존 창고는 전통적 창고와 다르지 않았다. 선반들이 길게 줄을 이루고 있고, 그 사이 통로를 직원들이 걷거나 지게차를 타고 다니며 재고 물품을 가져온다. 지금 아마존 창고에서 사람은 움직이지 않고 선반들이 사람에게 온다. 자율로 움직이는 풍뎅이 모양의 로봇 무리가 등에는 네모난 상품 탑을 올리고 창고 바닥을 바지런히 돌아다닌다. 자리에 앉아 있는 사람이 물건을 가져오라고 명령하면 풍뎅이들은 서로 용케 부딪치지 않고 창고를 다니며 필요한 물건을 가져다준다. 직원들은 풍뎅이 등의 탑에서 필요한 상품을 꺼내 스캔하고 그것을 포장상자에 담기만 하면 된다. 인간이 가만히 서 있는 동안 창고는 인간 주위를 빙빙 돌며 우아한 자율주행 발레 공연을 펼친다.

위에 나온 자율동작 로봇들은 한 가지 공통점이 있다. 소유주에게 직접적인 경제 가치를 만들어준다는 것이다. 이미 말했지만 자율행동 AI는 상업 환경에서 제일 먼저 부상하게 될 것이다. 임금이 날로 올라가고 제대로 된 사람을 찾기도 힘든 분야에서 사람의 일을 대신하면서 유형의 투자수익률을 내줄 것이기 때문이다.

미국의 가사 도우미들 – 청소부, 요리사, 보모 등 – 대부분도 찾기 힘들고 임금도 올라가는 직종이기는 하지만, 가까운 미래에 자율행동 AI가 집안에 상주하게 될 가능성은 거의 없다. 공상과학 영화가 불러일으켰던 상상과는 반대로, 인간처럼 집안일을 해주는 로봇은 여전히 불가능하다. 방을 청소하거나 아이를 돌봐주는 것이 무슨 어려운 일이냐고 생각할 수 있지만 현재 AI의 능력을 한참 벗어난 일이고, 이것저것 놓인 우리의 생활환경은 그들에게 아주 험난한 장애물코스나 다름없다.

떼 지능

하지만 자율 기술 로봇들이 더 민첩하게 움직이고 더 똑똑하게 행동하게 되는 날, 우리의 정신을 매혹하고 목숨도 구하는 기술 응용의 향연이 펼쳐질 것이다. 그리고 그 대표주자는 드론이 될 것이다. 드론 떼가 자율비행을 하며 두세 시간만에 당신 집 외벽 페인트칠을 끝낼 것이다. 열에 강한 드론 떼는 전통적인 소방대원들보다 몇 백배는 효율적으로 움직이며 산불을 진화할 것이다. 허리케인과 지진이 일어나면 드론들이 수색과 구조 작업을 펼치면서 이재민들에게 음식과 물을 갖다주고 근처 드론과 힘을 합쳐 사람들을 재난 현장에서 빼낼 것이다.

자율비행 드론 기술의 선두는 중국이 가져가게 될 것이 확실하다. 선전에는 세계 최고 드론제조사이며 저명한 테크 전문기자 크리스 앤더슨Chris Anderson이 "내가 만나 본 중 최고의 회사"라고 평한 다장촹신DJI, 大疆创新이 있다.[7] 추정에 따르면, 다장촹신은 이미 북미 드론 시장의 50%를 점유하고 있으며 하이엔드 시장의 점유율은 훨씬 높다. 다장촹신은 연구개발에 막대한 자원을 투자하고 있으며, 산업용과 개인용으로 일부 자율비행 드론을 배치중에 있다. 떼 지능swarm intelligence: 분권화되어 자율적으로 움직이는 개체들의 집단 행동. 같은 집단 무리는 물론이고 환경과도 유기적으로 상호작용하는 무리의 행동을 뜻하며, 생물계 떼 지능의 예로는 개미집단과 세떼를 들 수 있다-옮긴이은 제라도 베니Gerardo Beni와 징 왕Jing Wnag이 1989년에 처음 소개한 개념으로 기술에서는 아직 유아단계이지만, 세계 최고 수준인 선전의 하드웨어 생태계가 더해진다면 세상을 놀라게 할 결과를 만들어낼 것이다.

드론 떼가 하늘을 바꾸는 동안 자율주행차들은 도로를 바꿀 것이다. 이 혁명은 단순한 교통의 혁명을 훌쩍 뛰어넘어 도시 환경과 노동시장, 그리고 우리가 하루를 구성하는 방식도 파괴할 것이다. 구글을 비롯한 몇몇 회사들은 자율주행차가 인간이 모는 차보다 훨씬 안전하고 더 효율적이라는 사실을 증명했다. 현재 수십 개의 스타트업, 테크놀로지 대기업, 유명 자동차회사, 심지어 전기자동차회사들도 자율주행차량의 진정한 상용화에 일착으로 성공하는 회사가 되기 위해 총력전을 펼치고 있다. 구글, 바이두, 디디추싱, 테슬라를 비롯해 많은 회사가 팀을 구축하고 기술을 시험하고 데이터를 수집하면서 운전이라는 방정식에서 인간 운전자를 완전히 배제하게 될 길을 걷고 있다.

이 경주의 두 선두 기업은–구글, 정확히 말하면 모기업 알파벳의 자율주행차량 자회사인 웨이모와 테슬라–서로 다른 철학으로 자율주행을 전개하고 있는데, 두 철학의 차이는 두 AI 초강국의 정책적 차이와 괴이할 정도로 닮아 있다.

구글 방식과 테슬라 방식

구글은 자율주행 기술을 처음으로 개발했지만 기술의 전개 규모는 비교적 느린 편이었다. 이렇게 조심하게 된 데에는, 완벽한 제품을 개발하고 시스템이 인간 운전자보다 훨씬 안전하다는 판단이 들면 그때 완전 자율주행을 곧바로 전개한다는 구글의 기본 철학이 작용한다. 이것은 사람의 생명이나 기업의 평판을 위험에 빠지게 하는 것은 용납하지 않는 완벽주의자의 방식이다. 또한 몇 년이나 일찌감치 연구를 시작한 구글이 경쟁에서 얼마나 큰 격차로 앞서고 있는지를 보여주는 신호이기도 하다. 테슬라는 구글을 따라잡기 위해 조금 더 점증적인 방식을 취했다. 엘론 머스크 Elon Musk가 세운 이 회사는 사용이 가능한 자율주행 성능을 조금씩 덧붙이는 방식을 선택했다. 고속도로에서 자율행동을 하는 오토파일럿 기능, 충돌을 피하는 오토스티어 기능, 자율주차 기능 등이 여기에 해당한다. 이 접근법은 자율주행 기술의 전개 속도를 높이지만 동시에 위험도 어느 정도 수준까지는 감수한다.

두 방식이 사용하는 힘은 AI의 원천이 되는 힘과 같은 것이다. 바로 데이터다. 자율주행차량이 사물을 식별하고 차와 보행자의 움직임을 예측하는 방법을 익히려면 수백만, 어쩌면 수십억 킬로미터의 주행 데이터로 훈련을 해야 한다. 도로를 다니는 수천 대 차량으로부터 수집한 데이터는 알고리즘 핵심 집단인 중앙의 '뇌'로 공급되어 알고리즘으로 굴러가는 함대(자동차) 전체의 의사결정 능력을 길러 준다. 즉, 자율주행차량 하나가 생소한 상황을 만나면 알고리즘이 같은 모든 차량이 그 상황을 학습하게 된다는 의미이다.

느리고 안정적인 데이터 수집 방법을 선택한 구글은 소규모 함대에 고가의 감지기술 장비를 장착해 주행에 들어갔다. 반대로 테슬라는 저가의 장비를 상업용 차량에 장착했고, 테슬라 운전자들이 특정 자율주행 기능을 사용할 때마다 저절로 데이터가 수집되게 한다. 두 회사의 방식의 차이는 쌓이는 데이터의 양에도 큰 차이를 만들었다. 2016년까지 6년 동안 구글은 240만 킬로미터가량의 실세계 자율주행 데이터를 수집했다.[8] 테슬라가 수집한 데이터는 7,560만 킬로미터였다.

구글과 테슬라는 현재 서로의 방식에 조금씩 가까워지고 있다.

구글은 테슬라와 다른 경쟁사의 열기를 감지해서인지 피닉스시 내에서만 운행을 하는 자율주행 택시 시범 서비스를 시작하면서 완전자율주행의 속도를 높였다. 반면에 테슬라는 완전자율주행을 향해 쉼 없이 달리던 태도를 자제하는 분위기이다. 2016년 테슬라 운전자가 오토파일럿 기능을 사용하는 중에 충돌사고로 사망하는 사건이 생기면서 나온 숨 고르기였다.

하지만 두 방식의 근본적 차이는 여전하고 둘 다 나름의 일장일단이 있다. 구글은 완벽한 안전을 추구하지만 시스템 배치를 미루면서 생명을 구하는 일도 뒤로 미루고 있다. 테슬라의 방식은 기술실리주의에 가깝다. 이 회사는 자율주행차량이 인간 운전자보다 낫다는 판단이 서면 차량을 출시하고 본다. 그러면 데이터 누적 속도가 빨라져 시스템 훈련이 더 빨라지고 더 많은 생명을 구하게 될 것이라고 희망한다.

중국의 '테슬라' 방식

인구 13억 9,000만이고 매년 교통사고 사망자 수가 26만 명인 나라를 다스리는 중국 정부의 심리에는 완벽한 것이 좋은 것의 적이 되게 해서는 안 된다는 생각이 깔려 있다. 다시 말해, 중국 지도자들은 완벽한 자율주행차량이 등장하기를 기다리기보다는 통제된 환경에서 제한된 자율주행 기능을 갖춘 차들을 더 많이 배치하는 방법을 찾는 쪽으로 기울 것이다. 이런 전개에는 누적되는 데이터가 더 기하급수적으로 증가하고 여기에 힘입어 AI의 힘도 같이 발전한다는 부수효과도 따른다.

이런 점증적 전개의 목표는 자율주행차량 수용이 가능한 새로운 인프라다. 이와 대조적으로 미국은 도로 변경이 불가능하다고 판단하기 때문에 기존 도로에 맞는 자율주행차량을 만들려 한다. 중국에는 바꾸지 못할 것은 없다는 정서가 있고, 물론 기존 도로도 포함된다. 실제로도 지방 관료들은 기존 고속도로를 변경하고 화물운송 패턴을 재편성하고 무인 차량에 특화된 도로를 건설하는 작업을 이미 시작했다.

중국 저장성 고속도로감독청은 중국 최초의 지능형 초고속도로 건설 계획을 발표했다. 이 초고속도로는 자율주행차량 및 전기 자동차를 겨냥한 기반시설이다. 이 초고속도로 건설계획은 도로와 차량, 운전자들의 센서와 무선통신을 통합해 속도를 20~30% 높이고 사상자 수를 극적으로 줄일 것이라고 발표했다. 초고속도로 표면 곳곳에 설치될 태양광 발전 패널은 전기자동차 충전소에 에너지를 공급한다. 장기적으로는 전기자동차가 도로를 달리는 동안에도 충전이 가능하게 하는 것을 목표로 삼는다. 이 초고속도로 계획이 성공한다면 자율주행차량과 전기자동차의 배치 속도가 빨라질 것이고, 자율행동 AI는 아직은 혼잡의 도가니인 도심 주행은 해결하지 못할지라도 고속도로 주행은 쉽게 해결하게 될 것이고 데이터도 더 많이 모으게 될 것이다.

중국 관료들은 자율주행차량에 맞는 도로를 건설하는 데 만족하지 않는다. 그들은 완전히 새로운 기술 도시를 건설하고 있다. 베이징 남쪽으로 100킬로미터 정도를 가면 중앙정부가 한적한 시골마을들을 모아 기술 발전과 지속가능 환경을 위한 시범 도시로 개발 계획을 추진 중인 슝안신구雄安新区가 나온다. 슝안신구에 투자될 기반시설 비용만도 5,830억 달러에 이를 전망이며, 개발 완성 후 거주하게 될 인구는 시카고 인구수와 맞먹는 250만은 될 것으로 기대된다.[9] 시카고 만한 도시를 새로 건설한다는 개발 계획은 미국에서는 상상하기도 힘든 일이지만, 중국에서는 정부의 전체 도시 개발 계획 종합상자에 든 한 가지 품목에 불과하다.

슝안신구는 세계 최초로 자율주행차량의 전면 수용을 내걸고 건설되는 도시가 될 것이다. 바이두는 교통관리, 자율주행차량, 환경보호에 중점을 둔 'AI 도시'를 건설하기로 지방정부와 협약을 체결했다. 콘크리트 속에 센서가 달려 있고, 신호등에는 컴퓨터 비전이 장착돼 있으며, 교차로는 보행자의 연령대를 알아보고, 주차 공간의 필요성이 극적으로 줄어든다는 점 등이 기존 도시와 다른 부분이다. 모두가 자율주행 택시를 호출할 수 있는 시대라면 주차장을 도심공원으로 바꾸지 못할 이유가 없지 않은가?

여기서 한 단계 더 나아가 슝안신구와 같은 신도시 개발계획에서는 시내 도로를 지하에만 설치하고 도심은 보행자와 자전거족을 위해 고스란히 보존하는 계획을 추진할 수도 있다. 운전자들이 실수로 터널 내 교통 흐름을 막는 사태가 빈번한 세상에서 이런 계획은 실행이 불가능하지는 않더라도 대단히 어려울 것이다. 하지만 도로 증강과 조명 통제, 그리고 자율주행차량이 합쳐진다면, 지하 도로에서도 고속도로만큼 빠른 속도로 달릴 수 있고 땅 위의 사람들은 더 인간에 맞는 속도로 움직일 수 있게 될 것이다.

이런 거창한 AI 편의시설들이 계획대로 순조롭게 설치될 것이라는 보장은 없다. 중국이 부르짖었던 기술도시 개발 계획 중에는 시작도 못하고 주저앉은 것도 있고, 어떤 신도시들은 주민 유입에 어려움을 겪고 있다. 그러나 중국 중앙정부는 슝안신구 프로젝트를 최우선에 두고 있으며, 계획이 성공한다면 슝안과 같은 도시들은 자율행동 AI와 동반 성장할 것이다. 신도시는 AI가 주는 효율성을 누리고, AI는 신도시가 공급하는 데이터로 알고리즘을 훈련할 것이다. 미국의 현재 기반시설에서는 자율행동 AI가 도시에 적응한 다음에 도시를 정복하는 수순으로 진행되어야 한다. 중국 정부의 선행적 방식에서 AI는 도시를 정복하는 것이 아니라 도시와 공진화한다.

자율행동 AI의 힘의 균형

이것만 보면 중국에는 온통 짜릿한 혁신으로만 가득할 것 같지만, 중국 정부가 아무리 많이 지원을 해도 중국이 자율행동 AI에서 선두에 설 것이라고는 보장할 수 없다. 그것이 엄연한 진실이다.

자율주행차량의 핵심 기술은 미국 기업들이 중국보다 2~3년은 앞선다. 기술의 시간으로 따지면 그것은 몇 광년의 거리이다. 그 이유는 4차 AI 물결에서는 최상의 전문지식이 상대적으로 중요하다는 데 있다. 자율주행의 엔지니어링은 안전 문제와 고도의 복잡성까지 겸비한 대단히 까다로운 문제이다. 여기에는 다수의 괜찮은 엔지니어보다 최정상급 엔지니어들로 이뤄진 핵심 팀이 필요하다. 그러다보니 운동장은 자연히 미국으로 기울어 있다. 세계 최고의 엔지니어들은 구글을 비롯한 몇몇 미국 기업에 밀집해 있기 때문이다.

실리콘밸리 기업들은 대규모 프로젝트를 추진하는 특유의 경향으로 인해 연구개발에서도 상당히 앞서가고 있다. 구글은 일찍이 2009년부터 자율주행차량 시험을 시작했고, 구글 출신 엔지니어들 상당수는 회사를 나와서 초창기 자율주행 스타트업을 창업했다. 중국에서는 2016년이 되어서야 자율주행 창업 붐이 일기 시작했다. 바이두를 비롯한 중국 거인들과 모멘타Momenta, 初速度, 징치 JingChi, 景馳科技, 포니Pony.ai, 小马智行 등의 자율주행차 스타트업들이 기술과 데이터를 빠르게 추격하고 있다. 바이두가 50개 자율주행차 관련기업들과-개중에는 포드와 다임러도 포함된다-오픈소스 제휴 및 데이터 공유 협력을 맺어 추진하는 아폴로 프로젝트는 웨이모의 폐쇄적 단독 개발 방식에 대한 야심 찬 도전이라고 할 수 있다. 중국 기업들이 기를 쓰고 뒤를 쫓고 있기는 하지만, 지금 이

글을 쓰는 시점에서 자율주행 부문의 최고 전문가들 상당수는 여전히 미국을 고향이라고 부른다.

자율행동 AI의 주도권을 움켜쥘 나라를 예측하는 것은 결국 한 가지 굵직한 질문으로 귀결된다. 자율행동 AI의 완전한 전개를 정체시키는 것은 기술인가, 아니면 정책인가? 복잡한 기술적 문제가 자율행동 AI의 앞길을 가로막는 가장 큰 걸림돌이라면 구글 웨이모는 뒤를 바짝 쫓는 경쟁자보다 몇 년은 앞서 그 문제를 해결할 것이다. 하지만 컴퓨터 비전 분야 등에서 새로운 기술 발전이 일어나 자율주행 산업 전체로 빠르게 확산된다면, 다시 말해 기술의 밀물이 모든 배를 물에 띄워 준다면, 핵심 기술에서 실리콘밸리가 앞선 것은 의미가 없어질 수 있다. 많은 기업이 안전한 자율주행차를 개발할 것이고, 자율행동 AI 전개에서 중요한 관건은 정책 변경이 될 것이다. 이 분야에서 중국의 테슬라식 정책 결정 접근법은 국내 기업들에게는 큰 이점으로 작용할 것이다.

현재로서는 어디에서 병목현상이 생길지, 4차 AI가 누가 주도하는 게임이 될지 전혀 알 수 없다. 지금은 미국이 압도적 우위를 정하지만(90대 10), 나는 5년 뒤에는 자율주행차량에 있어서는 미국과 중국이 나란히 선두를 달릴 것이고 자율비행 드론 같은 하드웨어 집약 응용에서는 중국이 우위에 설 것이라고 짐작한다. 옆의 표는 총 네 번의 AI 물결에서 미국과 중국의 현재 역량 및 5년 뒤 이 힘의 균형이 어떻게 바뀔 것인지 내 나름대로 평가한 결과이다.

	현재		5년 뒤 예측	
중국 5 : 5 미국	인터넷 AI	중국 6 : 4 미국		
중국 1 : 9 미국	비즈니스 AI	중국 3 : 7 미국		
중국 6 : 4 미국	지각 AI	중국 8 : 2 미국		
중국 1 : 9 미국	자율 AI	중국 5 : 5 미국		

네 번의 AI 물결에서 현재 및 5년 뒤 미국과 중국의 힘의 균형

시장 정복과 무장 반란군

게임 판도를 바꾸는 AI 제품이 세계 시장에 진출한다면 어떤 일이 일어나겠는가? 아직까지 AI 제품 대부분은 미국과 중국 시장에 머물러 있으며 두 나라의 기업들은 상대국의 홈그라운드에서 맞붙는 것은 피하는 편이다. 미국과 중국이 세계 2대 경제대국인 것은 사실이지만, 미래에 AI를 이용할 사람의 대다수는 다른 나라 사람들이고 개도국 사람들도 상당수이다. AI 시대의 페이스북이나 구글이 되기를 원하는 회사는 이 이용자들에게 다가가고 시장을 차지할 수 있는 전략을 마련해야 한다.

당연한 말이지만 미국과 중국 테크 기업들은 글로벌 시장 정책에서 완전히 다른 노선을 걷고 있다. 미국의 글로벌 공룡기업들은 직접 시장을 정복할 방법을 모색하고, 중국 기업들은 현지 스타트업 반란군을 무장시키는 방법을 취한다.

이렇게 이해하면 된다. 실리콘밸리 거인들인 구글과 페이스북, 우버는 자사 제품을 들고 해외 시장에 직접 진출한다. 그들은 현지화 노력은 최소한도로만 하고 원래 시장 정책을 고수한다. 그들은 하나의 글로벌 제품을 개발해 그것을 전 세계 수십억 이용자들에게 밀어붙인다. 이 '도 아니면 모'식의 시장 정책은 정복이 성공하면 막대한 이익을 안겨줄 수 있지만, 반대로 빈털터리로 시장에서 퇴출당할 가능성도 아주 높다.

중국 기업들은 직접적인 맞대결은 피하고 대신에 실리콘밸리가 내리누르려 하는 아직 걸음마 단계인 현지 스타트업에 투자하는 전략을 취한다. 예를 들어, 알리바바와 텐센트는 공룡기업인 아마존에 대항해 필사적으로 싸우는 인도와 동남아시아의 토종 스타트업에 돈과 자원을 투자한다. 이런 전략을 취하게 된 것은 중국 국내 시장에서 단련된 경험 때문이다. 알리바바의 마윈은 오합지졸 반란군이 공격할 틈을 주지 않는 외국계 거대기업과 싸우는 것이 얼마나 위험한 일인지 아주 잘 안다. 그래서 중국 기업들은 현지 토종 스타트업의 싹을 짓밟으면서 실리콘밸리와도 경쟁하는 대신에, 이 스타트업들과 운명을 같이 하는 전략을 선택했다.

차량공유서비스 전쟁

중국의 이런 접근법은 이미 전례가 있다. 디디추싱은 중국 시장에서 우버를 몰아낸 후 똑같은 싸움을 벌이고 있는 다른 나라 현지 스타트업에 투자를 하고 제휴관계를 맺었다. 미국의 리프트, 인도의 올라Ola, 싱가포르의 그랩Grab, 에스토니아의 택시파이Taxify, 중동의 카림Careem이었다. 브라질에서는 2017년에 99 택시99 Taxi에 투자했다가 이후 2018년 초에 이 회사를 인수했다. 중국 돈으로 굴러가고 중국 노하우까지 전수받은 현지 스타트업들이 모여 글로벌 반우버 동맹이 만들어졌다. 어떤 스타트업은 디디추싱의 투자를 받은 후 자사 앱에 디디추싱 이미지를 집어 넣어 다시 만들었고, 또 어떤 스타트업은 디디추싱의 AI 기술을 활용한다는 계획을 세우고 있다. 운전자 매칭을 최적화하고, 승객과 운전자 사이에 발생하는 다툼을 자동으로 조정하고, 마지막에는 자율주행택시를 도입한다는 계획이었다.

그들 사이에 얼마나 깊은 기술 교류가 진행되고 있는지는 모르지만, 이들의 제휴는 세계의 AI 전문지식을 현지 데이터와 결합함으로써 토종 스타트업의 역량을 키워준다는 점에서 AI 세계화의 대안모델이 될 수 있다. 이 모델의 바탕에 깔린 것은 정복이 아니라 협력이며, 최우수 엔지니어와 대규모 데이터 수집이 동시에 필요한 기술을 세계화하는 작업에도 더 적절할 것이다.

초창기 인터넷 서비스에서도 현지화가 중요했지만 AI에서는 그

중요성이 비교가 안 될 정도로 높다. 인도의 자율주행차는 보행자들이 벵갈루르 도로를 어떻게 건너는지 학습해야 하고, 브라질의 소액대출 앱은 리우데자네이루에 사는 천만 명에 가까운 시민들의 지출 습관 데이터를 흡수해야 한다. 이용자 기반이 달라져도 효과에 차이가 없는 알고리즘 훈련법도 있지만, 진짜 실세계 데이터를 대체할 수 있는 것은 없다.

실리콘밸리 공룡기업들도 다른 나라 현지인들의 검색 습관이나 사회적 습관을 어느 정도 파악하고 시장에 진출하기는 한다. 그러나 비즈니스 AI, 지각 AI, 자율행동 AI 제품에게 필요한 기업은 각 시장의 토양을 제대로 이해하는 기업이다. 그들은 북아프리카 쇼핑몰이나 인도네시아 병원의 특색에 맞는 하드웨어 기기를 설치하고 AI 서비스를 현지화해야 한다. 실리콘밸리의 힘을 세계 시장으로 투사한다면서 컴퓨터 코드만 입력하는 것은 장기적 해답이 되지 못한다.

물론 이 글로벌 AI 체스 대국의 결승전이 어떻게 끝날지는 아무도 모르는 일이다. 미국 기업들이 갑자기 태도를 바꿔 적극적으로 현지화를 하고 기존 제품을 적절히 바꾸고 중국을 제외한 모든 시장에 군림하던 것을 멈출지도 모른다. 아니면 포기를 모르는 새로운 기업가 세대가 개발도상국 시장에 등장해 중국이라는 뒷배를 이용해 실리콘밸리도 무너뜨리지 못할 현지 왕국을 건설할 수도 있다. 두 번째 시나리오가 현실이 된다면 중국의 테크 거인들은 세계를 지배하지는 못해도 모든 시장에서 중요한 역할을 하게 되고, 세계가 제공하는 데이터로 알고리즘 훈련 능력을 강화하고, 세계 시장에서 발생하는 이익에서 적지 않은 부분을 중국으로 가져오게 될 것이다.

앞을 내다보며

AI의 수평선을 내다보면 세계 경제를 휩쓸 기술의 물결과 중국 쪽으로 기울어지는 지리적 풍경이 보인다. 미국의 전통 강호들은 딥러닝을 활용해 사업 이익을 극대화하는 일을 훌륭하게 해내고 있고, 구글을 비롯한 AI 기반 기업들이 단단히 지키는 성채에는 최우수 전문 인력이 즐비하다. 그러나 새로운 인터넷 제국을 건설하거나 질병 진단 방식을 바꾸거나 우리의 쇼핑과 이동과 식생활 방식을 바꾸는 일에 있어서는 중국이 세계 리더 자리에 오를 가능성이 조금은 더 높다. 중국과 미국 인터넷 기업들은 서로 다른 방식으로 세계 시장에 접근했다. 그리고 AI 서비스가 우리의 생활 구석구석에 파고들수록 두 나라 기업들은 인도, 인도네시아, 중동, 아프리카에서 치열한 대리전을 펼치고 있다.

이러한 분석은 새로운 AI 세계 질서를 조명하는 동시에, AI 강론의 맹점 한 가지를 적나라하게 드러내기도 한다. 다시 말해 우리는 경마를 말하듯 AI를 말한다. 누가 1등인가? 각 말의 승률은 얼마인가? 최종 승자는 누구일 것인가?

이런 경쟁이 중요하지 않다는 뜻은 아니지만 다가올 변화를 더 깊이 파고들수록 표면 아래에 굉장히 묵직한 문제가 숨어 있는 것이 보인다. 인공지능이 진정한 실력 발휘를 하게 될 때 가장 중요한 격차는 미국과 중국의 차이가 아니다. 이 무시무시한 단층선은 한 나라도 빠뜨리지 않고 모든 곳에서 활동을 시작할 것이고 내부에서부터 나라를 붕괴시킬 것이다.

6
유토피아와 디스토피아, 그리고 진짜 AI 위기

앞에서 나온 모든 AI 제품과 서비스는 현재 기술로 실현 가능한 범위에 있는 것들이다. 이들을 출시하는 데 새롭고 중대한 AI 연구의 돌파구 같은 것은 필요 없다. 그냥 일상에 맞게 작고 기본적인 사안들을 실행하면 된다. 데이터 수집, 공식 변경, 실험과 다양한 결합을 통한 알고리즘 반복 개선, 제품 원형 개발, 그리고 사업모델 실험이라는 작업의 연속이다.

하지만 실행의 시대가 된다는 것은 이 제품들이 현실의 제품이 되게 했다는 것을 넘어선다. 실행의 시대는 AI에 대한 대중의 상상력에 불을 지폈다. AI 연구의 성배인 일반인공지능artificial general intelligence, AGI—인간이 하는 모든 지적인 작업을 스스로 생각하며 처리하는 기계—은 물론이고 그 이상을 실현하는 것도 머지않았다는 생각을 심었다.

AGI의 여명기가 다가오면 스스로 발전하고 개선이 가능한 기계들의 컴퓨터 지능이 걷잡을 수 없이 성장할 것이라고 예측하는 사람도 있다. '특이점singularity' 또는 초인공지능artificial superintelligence, 이하 초지능이라고도 불리는 미래의 인공지능을 갖춘 컴퓨터들이 세상을 이해하고 조종하는 능력은 인간과 곤충의 지능 차이 만큼이나 인간의 능력을 압도한다. 이런 어지러운 예측 속에서 인공지능 집단도 유토피아파와 디스토피아파라는 두 진영으로 나뉘었다.

유토피아파는 AGI의 여명과 그 이후의 특이점은 인간 번영의 최종 개척지이자 우리의 의식을 확대하고 죽음을 정복할 기회라고 생각한다. 괴짜 발명가이고 미래학자이며 구글의 구루 레이 커즈와일Ray Kurzweil은 인간과 기계가 하나로 완전히 뭉쳐진 지금과는 전혀 다른 미래를 구상한다. 그의 예측에 따르면, 혈액과 함께 몸 구석구석을 돌아다니는 인공지능 나노봇은 우리가 생각하는 것을 바로 클라우드에 업로드하고 몸을 깨끗하게 청소해준다. 커즈와일은 2029년이면 컴퓨터의 지능이 인간의 지능에 맞먹을 것이고AGI, 2045년이면 특이점이 올 것이라고 말한다.[1]

다른 유토피아파도 AGI의 도움으로 인류가 물리적 우주의 신비를 빠른 속도로 벗겨내게 될 것이라고 예상한다. 딥마인드 창업자

데미스 하사비스Demis Hassabis는 초지능의 탄생으로 인류 문명은 지구온난화나 불치병 등 해결 기미가 보이지 않던 문제 해결에 있어 신기원을 이루게 될 것이라고 내다본다. 인간은 상상도 못하는 방식으로 우주를 이해하는 능력을 갖춘 초지능 컴퓨터는 인류의 숙제를 덜어주는 단순한 도구가 아니다. 그것들은 신의 전지전능에 다가간다.

그러나 모두가 낙관론자인 것은 아니다. 엘론 머스크는 초지능의 탄생을 '악마 소환'[2]에 비유하면서 그것을 '인류 문명이 처한 최대의 위험'[3]이라고 말한다. 엘론 머스크만이 아니라 우주학자였던 고故 스티븐 호킹Stephen Hawking을 비롯해 여러 유명 지식인들도 디스토피아파에 생각을 같이했다. 이들이 디스토피아를 생각하게 된 데에는, 스웨덴 출신 철학자이며 옥스퍼드 교수이고 2014년 발표한 『슈퍼인텔리전스 Superintelligence』로 미래학자들이 상상하는 세상을 포착한 닉 보스트롬Nick Bostrom의 영향이 컸다.

디스토피아파에 속한 학자들은 영화 〈터미네이터〉처럼 인간형 로봇이 '악마로 돌변해' 인류를 사냥하고 힘으로 인간을 정복하는 것과 같은, AI가 인간을 지배하는 세상이 올 것이라고 생각하지 않는다. 초지능은 자연스런 진화가 아니라 인간이 창조한 산물이므로 인간이나 동물의 행동 동기가 되는 생존과 번식, 지배의 본능이 없다는 것이다. 그보다는 AI는 가장 효율적으로 주어진 목표를 달성하는 방법을 찾는 데 매진할 것이다.

여기서 걱정되는 부분은, 만약 이런 목표를(예를 들어 지구온난화 해결) 달성하는 데 인간이 방해가 된다 싶으면 초지능 행위자가 의도치 않게 그리고 아주 쉽게 우리 인간을 지구에서 청소해버릴 수도 있다는 것이다. 인간과는 비교가 안 될 정도로 뛰어난 지적 상상력을 가진 컴퓨터 프로그램이나 총을 찬 로봇 같은 세련되지 못한 존재는 필요 없다. 초지능이 가진 화학과 물리학, 나노기술에 대한 깊고 해박한 지식이면 훨씬 독창적 방법을 고안해 즉시 목표를 달성할 수 있다. 연구자들이 말하는 이런 '제어 문제control problem' 내지 '가치 정렬 문제value alignment problem'는 AGI 낙관론자들까지도 같이 걱정하는 부분이다.

이런 능력이 현실이 되는 시대에 대해서는 의견이 크게 엇갈리지만, 보스트롬의 책에서 AI 연구자들의 의견을 취합한 결과, AGI가 탄생할 것으로 예측되는 중앙값은 2040년이고, 그 후 30년 안에 초지능이 등장할 것이라고 한다. 그러나 우리는 아직 더 짚고 넘어가야 할 것들이 있다.[4]

현실 점검

초지능 미래가 건설할 유토피아와 디스토피아를 공개 석상에서 말하면 청중은 감탄과 공포의 탄성을 동시에 내지른다. 이런 소모적 감정에 휩싸인 우리는 상상 속 미래와 AI 실행의 시대인 현실을 이성적으로 구분하지 못한다. 그 결과, 대중 전체는 우리가 지금 어디에 서 있고 어느 방향으로 나아가고 있는지를 파악하지 못하고 혼란에 빠진다.

분명히 말하지만, 위에 나온 시나리오 중에서 – 불사의 디지털 정신이라든가 전지전능한 초지능 – 현재 기술로 구현이 가능한 것은 하나도 없다. AGI 알고리즘도, 거기에 이르는 분명한 엔지니어링 방법이 무엇인지도 여전히 미지의 영역이다. 딥러닝으로 움직이는 자율주행차들이 갑자기 '잠에서 깨' 하나로 뭉쳐서 초지능 네트워크를 형성해 순식간에 특이점이 오게 되는 일 같은 것은 없다.

AGI가 실현되려면 인공지능의 과학적 근간을 뒤엎는 돌파구가 여러 번은 있어야 한다. 다시 말해 딥러닝에서 엄청난 규모의, 그리고 딥러닝보다 훨씬 큰 과학적 개가가 연달아 발생해야 한다. 이런 돌파구를 통해 오늘날 구현되는 '좁은 AI' 프로그램의 치명적 제약을 없애고, 멀티도메인 학습이나 도메인 독립형 학습, 자연어 이해, 소수의 사례를 통해서도 상식적으로 추론하고 계획하고 학습하는 등의 다양한 능력을 부여해줄 수 있어야 한다. 다음 단계로 로봇이 감성지능까지 가지려면 자의식과 유머감각, 사랑, 공감 능력, 심미안의 능력도 가져야 한다. 이것이 데이터 상관관계를 파악하고 예측을 하는 오늘날의 AI가 AGI로 도약하지 못하게 만드는 결정적 장애물이다. 이 능력을 모두 갖추려면 거대한 돌파구가 아주 여러 번은 있어야 할 것이다. AGI는 이 모든 능력이 다 해결된 상태의 인공지능을 의미하기 때문이다.

AGI를 예측할 때면 지난 10년의 눈부신 발전 속도가 그대로 이어질 것이라고 착각하는 실수를 저지른다. 빠른 속도로 불어나는 눈덩이처럼 컴퓨터 지능의 발전 속도도 기하급수적일 것이라고 착각한다. 딥러닝은 머신러닝이 한 단계 크게 상향 이동해 새로운 고원에 안착했고 실세계 다양한 응용이 가능해졌다는 의미이다. 실행의 시대가 왔다는 의미이다. 그러나 이런 발전은 머신러닝이 기하급수적 성장기로 들어가 AGI와 초지능을 향해 전보다 훨씬 빠른 속도로 질주하게 될 것이라는 증거가 되지는 않는다.

과학은 어렵고, 근본적 돌파구 마련은 더욱 더 어렵다. 딥러닝처럼 기계지능을 가둔 빗장을 들어내는 발견은 수십 년에 한 번이나 있는 드문 일이다. 반면에 획기적 발견 후의 실행과 개선은 흔하게 일어나고, 딥마인드 같은 곳의 연구자들은 강화학습을 비롯해 강력하고 새로운 접근법을 보여주었다. 하지만 제프리 힌튼과 그의 동료들이 딥러닝에 대한 기념비적 논문을 발표하고 12년이 흐른 지금까지도 딥러닝만큼 급격한 변화를 불러오는 발견은 일어나지 않았다.[5] 보스트롬의 설문조사에 응한 AI 과학자들이 예측한 AGI 도래 시기의 중앙값은 2040년이지만, 내가 보기에 이 과학자들은 학계의 이론이 실제 제품으로 응용되는 시기를 앞당겨 예측하는 경향이 있다. 1980년대 음성인식 분야에서 나름 최고를 달리는 연구자였던 시절에는 나도 이 기술이 5년 안에 주류가 될 것이라고 생각하며 애플에 들어갔다. 그리고 아시다시피, 예상에

20년은 더 더해야 했다.

과학자들이 AGI와 초지능을 이룰 획기적 돌파구를 절대 이루지 못할 것이라는 말이 아니다. 지금의 기술이 조금씩 계속해서 발전하고 개선될 것은 분명한 사실이다. 그러나 AGI가 현실이 되려면 수백 년은 아니어도 수십 년은 더 기다려야 할 것이다. 현실적인 면에서도 AGI는 인간이 절대로 이룰 수 없는 영역이다. 일반인공지능이 실현된다면 인간과 기계의 관계에도 중대 전환점이 일어날 것이다. 인류 역사에서 가장 중요하다고 손꼽히는 사건이 될 수도 있다. 우리의 통제와 안전의 문제를 먼저 온전히 해결하지 못하는 한 그 사건으로 넘어가는 선을 절대로 넘어서는 안 된다. 다행히도 과학에서 근본적 돌파구가 마련되는 속도는 상대적으로 느린 편이고, 나도 앤드류 응과 로드니 브룩스Rodney Brooks를 비롯한 AI 전문가들도 AGI는 생각보다도 훨씬 먼 미래의 일일 것이라고 믿는다.

의미심장한 발전은 느리게 진행되고 인간은 눈부신 번영을 누리는 그런 AI의 미래만이 펼쳐진다는 것인가? 전혀 아니다. 인류 문명은 AI가 초래할 다른 종류의 위험을 맞이하게 될 것이다. 이 위기는 할리우드 블록버스터 영화에 나오는 종말론적 드라마를 펼치며 등장하지는 않지만 기존 정치와 경제 제도를 동시에 무너뜨릴 것이다. 더 나아가서는 21세기에 인간으로서 존재한다는 것이 무엇인지, 그 핵심 의미마저도 뒤집을 것이다.

간단히 말해 AI가 초래할 위기는 일자리와 불평등 위기이다. 현재의 AI 기술로는 문명을 파괴할 초지능을 만들지 못한다. 하지만 우리 인간이 직접 나서서 문명 파괴의 능력을 입증하려 할지 모른다는 가능성마저 배제할 수는 없다.

접는 도시[6] : 공상과학소설의 장면과 AI 경제학

시계가 아침 6시를 알리면 도시는 스스로를 집어삼킨다. 다닥다닥 붙은 콘크리트와 철근 건물들이 몸을 반으로 접고 등을 잔뜩 웅크린다. 외부에 달린 발코니와 차양이 안으로 접히면서 외벽은 구멍 하나 없이 매끄럽게 밀봉된다. 고층건물들은 구성 부분 별로 분해되더니 이리저리 뒤섞이다가 이윽고 산업마다 구역을 갖춘 루빅 큐브(3×3×3 형태의 정육면체 퍼즐 큐브 – 옮긴이) 형태로 합쳐진다. 각 구역 안에는 베이징 제3공간의 주민들이 거주한다. 그들은 밤에는 허드렛일을 하고 낮에는 잠을 자는 경제 하층민들이다. 도시가 차곡차곡 안으로 접히면 지표면의 사각형 묶음들은 180도로 회전을 시작하고 한덩이가 된 구조물들은 완전히 뒤집힌 채 지하로 사라진다.

이제 이 사각형들의 반대편이 하늘을 바라볼 시간이다. 완전히 다른 도시가 모습을 드러낸다. 새벽의 첫 햇빛이 수평선에 길게 드리우면 새로운 도시가 움츠렸던 몸을 펴고 일어난다. 가로수가 늘어선 대로, 넓은 공원, 아름다운 단독주택이 바깥쪽으로 활짝 펼쳐지다가 이윽고 지표면 전체를 가득 덮는다. 제1공간의 주민들은 잠을 자고 일어나 기지개를 활짝 켜며 그들만의 세상을 내다본다.

중국 공상과학소설 작가이며 경제 연구자이기도 한 하오징팡郝景芳이 그리는 미래 베이징의 모습이다. 하오징팡은 경제 계층에 따라 사는 세계마저 다른 도시의 모습을 매혹적으로 묘사한 중편소설 『접는 도시北京折叠』로 2016년에 공상과학소설의 노벨상이라 불리는 휴고상을 수상했다.

접는 도시에서 미래의 베이징에 사는 사람들은 세 개의 계급으로 나뉘고 지표면에서 활동하는 시간도 서로 다르다. 최상층이 사는 제1공간의 500만 주민들은 아침 6시를 시작으로 깨끗하고 초현대적이며 깔끔하게 정비된 도시의 24시간을 낮과 밤 동안 충분히 즐긴다. 제1공간이 접혀 안으로 뒤집혀 들어가면, 제2공간의 2,000만 주민들이 밖으로 나와 조금은 반짝거림이 시들해진 도시를 돌아다니며 일을 한다. 그들에게 주어진 시간은 16시간이다. 마지막으로, 제3공간의 시민 취급도 못 받는 사람들이 밤 10시부터 새벽 6시까지 8시간 동안 일하기 위해 지표면으로 뒤집혀 올라온다. 이 5,000만 명에 달하는 청소부와 식품 노점상과 잡역부들은 깜깜한 어둠 속에서 고층건물과 쓰레기 처리장을 돌아다니며 일을 한다.

제3공간 주민들의 중요한 일자리인 쓰레기 분류 작업은 완전 자동화가 얼마든 가능한 일이지만, 그곳에서 살게 된 불쌍한 하층민들의 고용 보장을 위해 일부러 수작업으로 진행된다. 다른 공간으로의 여행은 금지돼 있기 때문에 제1공간의 특권층 시민들은 불결한 무리가 자신들만의 기술 유토피아를 더럽힐까 봐 전전긍긍하며 살지 않아도 된다.

진짜 AI 위기

접는 도시는 공상과학 소설이 그린 디스토피아일 뿐이지만, 여기에는 자동화된 미래의 실업과 경제 계층화에 대한 심각한 불안이 깊숙이 깔려 있다. 하오징팡은 명망 높은 칭화대학교 경제학과 경영학 박사학위 소지자이다. 낮에는 그녀는 중국 중앙정부 직속 싱크탱크 기관에서 경제학 연구를 수행한다. AI가 중국 일자리에 미치는 영향을 조사하는 것도 그녀의 일이다.

일자리 문제는 많은 경제학자, 테크놀로지스트, 미래학자들이 걱정하는 주제이다. 나도 그런 사람 중 하나이다. 네 번의 AI 물결이 글로벌 경제 전체로 확산되고 기술적 실업technological unemployment; 기술 발달로 일자리가 사라지는 현상. 존 메이너드 케인스에 의해 처음 명명되고 정의되었다-옮긴이도 같이 확산되면서 가진 자와 가지지 못한 자의 경제적 차이는 더욱 크게 비틀어지고 벌어질 수 있다. 하오징팡의 소설이 그토록 생생하게 보여주는 것처럼, 부와 계층의 골은 훨씬 깊은 무언가로 바뀔 것이다. 우리 사회의 구성을 무너뜨리고 인간으로서의 존엄성과 목적의식마저도 위태롭게 만드는 경제적 분리로 바뀔 것이다.

이윤을 창출하는 작업의 자동화로 생산성은 크게 증가하지만 그러면서 많은 노동자의 일자리도 없어질 것이다. 이런 대량해고 사태는 화이트칼라와 블루칼라를 가리지 않을 것이고, 고학력 화이트칼라 근로자들도 육체노동자들 못지않게 큰 타격을 입을 것이다. 인간의 뇌로는 도저히 불가능한 수준으로 정확히 패턴을 찾아내고 결정을 내리는 능력을 갖춘 기계와 대적해야 하는 세상에서 심지어 특수성이 강한 전문직 학위마저도 일자리 안전을 보장해주지 못할 것이다.

인공지능은 세계 경제의 불평등도 더욱 심화시킬 것이다. 인공지능이 불러일으킨 제조업 혁명으로 로봇들이 뛰어난 시각적 능력을 갖추고 자율 동작 능력까지 갖추게 되면 저임금 노동자들을 기반으로 하던 제3세계 영세 공장들은 공장문을 닫게 될 것이다. 그 결과 경제 발전 사다리의 제일 아래 칸도 잘려 나갈 것이다. 저가품 수출은 한국과 중국, 싱가포르 등이 경제 성장에 시동을 걸고 가난을 벗어던지게 해준 효과적인 길이었지만 지금의 빈국들은 그럴 기회조차 얻지 못할 것이다. 한때 가난한 나라들의 최대 우위였던 청년 근로자가 높은 인구구성비는 이제 순부채로 변하고 잠재적으로는 국가 불안을 야기하는 원인이 될 것이다. AI 초강국들이 하늘로 날아오르는 동안, 경제 발전 과정을 시작할 방법조차 없는 가난한 나라들은 침체의 늪에 허덕일 것이다.

AI는 기술 발전의 풍요를 누리는 부국 안에서도 가진 자와 가지지 못한 자의 격차를 더욱 크게 벌릴 것이다. 데이터량 증가의 순환은 AI 중심 산업을 자연스럽게 독점 추세로 진행시키면서 가격을 낮추고 동시에 경쟁도 없앨 것이다. 중소기업들은 눈물을 삼키며 폐업을 하겠지만 AI 공룡기업들은 상상도 못할 수준으로 이익이 치솟을 것이다. 소수의 손에 집중된 경제력은 잔뜩 벌어진 사회 불평등이라는 상처에 소금을 문지르는 셈이 될 것이다.

선진국의 경제 불평등과 계층간 불화는 가장 위험하고 언제 터질지 모르는 시한폭탄이나 다름없다. 오랫동안 내리누르기만 하던 불평등의 가마솥이 어떻게 순식간에 끓어넘쳐 정치적 격변으로 이어지는지는 지난 몇 년만 봐도 알 수 있다. 가만히 두고 보기만 한다면 AI라는 휘발유는 사회경제적 화재를 걷잡을 수 없이 키울 것이다.

이런 사회와 경제의 혼란을 뒤집으면 그 아래에는 대서특필될 일은 없지만 모든 차이의 근원이 되는 심리적 싸움이 존재한다. 기계에 내몰리는 사람이 늘어날수록 우리 앞에는 훨씬 근본적인 질문이 던져질 것이다. 인공지능 기계의 시대에, 인간으로 존재한다는 것은 무슨 의미인가?

기술낙관론자와 '러다이트 오류'

유토피아파와 디스토피아파의 AGI 예측이 의견이 엇갈리듯이 일자리와 불평등 위기에 대한 예측도 서로 말이 다르기는 하다. 상당수 경제학자와 기술낙관론자들은 기술 발달로 일자리가 감소할 것이라는 우려는 근거 없는 억측일 뿐이라고 믿는다.

기술낙관론 진영 사람들은 실업률이 심각해질 것이라는 전망이 '러다이트 오류 Luddite fallacy'의 산물에 불과하다고 생각한다. 러다이트 오류란 새로운 산업용 방직기 때문에 생계 수단을 잃었다며 기계 파괴 운동을 부르짖은 19세기 영국 방직공 집단인 러다이트(기계파괴주의자)에게서 따온 말이다. 러다이트의 기계 파괴와 항의 운동에도 불구하고 산업화는 기세 좋게 증기를 내뿜으며 앞으로 나아갔고, 그 후 두 세기 동안 영국은 꾸준히 발전했다. 자동화에서 자신들의 수공업을 보호하려던 러다이트들의 노력은 실패했지만—그리고 그들 중 상당수는 자동화로 인해 한동안 벌이 부진에 시달려야 했지만—그들의 자손들은 전보다 생활이 훨씬 좋은 쪽으로 바뀌었다.[7]

기술낙관론자들은 이것이 기술 변화와 경제 발전의 진실이라고 주장한다. 기술은 인간의 생산성을 향상시키고 재화와 서비스 가격을 낮춘다. 가격이 낮아지면 소비자의 구매력이 늘어나 재화를 더 많이 사거나 아니면 다른 것을 사는 데 쓸 수 있다. 어느 쪽 결과가 나오건 노동력 수요가 증가하고 일자리도 늘어난다. 기술 변화가 단기적으로는 사람들을 일자리에서 내모는 것이 맞다. 그러나 수백만 농부들이 공장 노동자가 된 것처럼, 기술 발달로 일자리를 잃은 이 근로자들이 요가 강사나 소프트웨어 프로그래머가 되지 말란 법은 없다. 멀리 내다보면 기술 발전은 절대 일자리를 줄이지도 않고 실업률을 높이지도 않는다.

산업세계의 점점 늘어가는 부와 비교적 안정적인 일자리 시장에 대한 단순하고 우아한 설명이다. 또한 기술적 실업과 관련해 여러 번이나 등장하는 '늑대가 나타났다고 외치는 소년'의 순간을 명쾌하게 반박하는 말이기도 하다. 산업혁명 이후로 방직기부터 트랙터, ATM에 이르기까지 모든 기술 기기는 언제나 대량 실업으로 이어질 것이라는 두려움이었다. 그러나 그때마다 생산성 증가로 인한 근심 걱정을 달래주는 시장의 마법이 함께 짝을 이뤄 등장했다.

역사를 말하는 경제학자들은―그리고 AI에서 거대한 이익을 보게 될 공룡기업들도―과거의 사례를 거론하며 AI로 인해 미래에 실업률이 늘어날 것이라는 주장을 무시한다. 그들은 수백만 가지 발명품 중에서―면화의 솜과 씨를 분리하는 조면기, 전구, 자동차, 비디오카메라, 휴대전화까지―대량 실업을 이끈 것은 하나도 없었다고 지적한다. 그들은 인공지능도 다르지 않다고 말한다. 인공지능은 생산성을 크게 늘리고 일자리와 인류의 안녕을 건실하게 증진시켜 줄 것이므로 걱정할 부분은 전혀 없다고 말한다.

맹목적 낙관론의 끝

모든 발명품이 똑같은 가중치를 가지는 데이터 포인트라고 한다면 기술낙관론자들의 주장도 데이터에 기반한 설득력을 가진다. 그러나 모든 발명품이 똑같지는 않다. 어떤 발명품은 한 가지 작업 방식에서만 변화를 불러오고(타자기), 어떤 발명품은 한 종류의 노동을 없애고(계산기), 어떤 발명품은 한 산업 전체를 파괴한다(조면기).

그리고 차원이 다른 규모로 펼쳐지는 기술 변화도 있다. 이런 기술 변화는 수십 개 산업에 파급되면서 경제적 과정은 물론이고 심지어 사회조직마저도 근본적으로 뒤집히는 영향을 미치기도 한다. 이런 기술을 일컬어 경제학자들은 범용기술general purpose technology, GPT이라고 한다. MIT 교수인 에릭 브린욜프슨Erik Brynjolfsson과 앤드류 맥아피Andrew McAfee의 명저 『제2의 기계 시대 The Second Machine Age』는 범용기술을 '경제 발전의 정상 속도를 무너뜨리고 그 속도를 빠르게 만드는 진정으로 중요한 기술'이라고 설명한다.[8]

범용기술만 살핀다면 기술 변화와 일자리 상실을 평가할 때 사용할 수 있는 데이터 포인트의 숫자가 크게 줄어든다. 정확히 어떤 현대 기술을 중요하게 평가해야 하는지에 대해서는 경제사학자들마다 말이 다르지만, 여러 문헌을 종합적으로 보면 중요하다고 평가되는 기술은 크게 세 가지로 요약된다. 증기기관, 전기, 그리고 컴퓨터와 인터넷 같은 정보통신기술이다. 이 셋은 게임의 판도를 바꾸는 기술이며, 경제의 모든 구석으로 퍼져나가 우리가 사는 방식과 일하는 방식도 급격하게 바꾸는 파괴기술이다.

세 가지 범용기술만 놓고 보면 얼마나 파괴기술인지 제대로 평가하기가 힘들지만, 그래도 볼펜이나 자동변속장치 같은 상대적으로 작은 혁신 수백만 가지를 다 합친 것과는 비교가 되지 않는다. 그리고 역사는 장기적으로는 일자리를 늘리고 번영을 높이는 방향으로 흐르는 것이 맞지만, 범용기술이라는 세 가지 데이터포인트만 가지고는 철옹성 같은 원칙을 만들기에는 부족하다. 대신에 우리는 격변을 불러온 이 세 가지 혁신이 일자리와 임금에 어떤 영향을 미쳤는지 역사적 기록을 살펴봐야 한다.

증기기관과 전력 실용화는 1차 산업혁명(1750~1830년)과 2차 산업혁명(1870~1914년)의 가장 핵심적인 기반이었다. 두 범용기술이 있었기에 전통적 생산 방식을 없애고 방대한 동력과 환한 조명을 제공하는 근대적 건물을 갖춘 공장시스템이 탄생할 수 있었다. 더 넓게 말하면 범용기술을 통한 전근대적 생산방식의 변화는 일종의 탈숙련화deskilling였다. 근대적 공장들은 고숙련 노동자들만이 할 수 있던 작업을(수공예 직조 등) 넘겨받아 그 작업을 저숙련 노동자들도 할 수 있는 훨씬 단순한 작업들로(증기동력 직조기 작동) 쪼갰다. 두 기술로 말미암아 제품 생산량은 크게 늘었고 가격은 현격하게 낮아졌다.

고용 측면에서 보면 초기의 범용기술로 조립라인 등의 프로세스 혁신이 가능해지면서 수천 명의—그리고 결국에는 수억 명의—농부들은 새로운 산업경제에서 생산적인 역할을 맡게 되었다. 그렇다. 범용기술은 비교적 소수였던 장인들에게서 일자리를 빼앗았지만(이들 중 일부는 러다이트가 된다) 대신에 훨씬 많은 수의 저숙련 노동자들에게는 생산성을 늘려주는 기계의 힘을 빌려 반복 작업을 수행할 수 있게 해주었다. 경제 파이도 전반적인 생활수준도 올라갔다.

그렇다면 가장 최근의 범용기술인 정보통신기술은 어떤 영향을 미쳤는가? 정보통신기술이 노동시장과 부의 불평등에 미친 영향은 아직은 정의하기가 굉장히 모호하다. 브린욜프슨과 맥아피는 『제2의 기계 시대』에서 지난 30년 동안 미국은 근로자 생산성은 꾸준히 증가했지만 중위소득과 고용의 증가는 정체 상태였다고 지적한다. 브린욜프슨과 맥아피는 이 둘이 따로 노는 것을 '거대한 탈동조화 great decoupling'라고 부른다.[9] 생산성과 임금, 일자리가 거의 같은 보폭으로 증가했던 수십 년이 끝나고, 단단히 잘 짜여 있던 천의 올이 풀리기 시작했다. 생산성은 상승세를 멈추지 않았지만, 임금과 일자리는 제자리걸음이거나 떨어지고 있다.

이런 사태는 미국을 위시한 선진국의 경제 계층화 심화를 이끌었고 인터넷통신 기술의 경제적 이득은 상위 1%에게 점점 집중되고 있는 현실이다. 미국의 상위계층이 국민소득에서 차지하는 비중은 1980~2016년 동안 거의 두 배로 늘었다.[10] 2017년에 미국 상위 1%는 하위 90%의 부를 다 합친 것보다 거의 두 배나 되는 부를 소유하고 있었다.[11] 가장 최근의 범용기술이 경제 전체로 퍼져나간 것은 맞지만, 미국의 중위임금은 30년 동안 변하지 않았고 미국 최빈층의 임금은 사실상 떨어졌다.[12]

인터넷통신 기술이 증기기관이나 전력 사용과 다른 이유는 이 기술이 가진 '숙련 편향skill bias' 속성에 있다. 앞의 두 범용기술이 상품 생산을 '탈숙련화'해 생산성을 증대했다면, 인터넷통신 기술은 (항상은 아니지만) 고숙련자에게 '숙련기술이 편향되는' 성격이 짙다. 디지털 통신 장비를 이용하면 최고 실력자는 아주 큰 조직을 효율적으로 관리하고 많은 청중에게 어렵지 않게 접근할 수 있다. 정보 전파를 가로막는 장애물을 무너뜨린 인터넷통신 기술은 정상급 지식 근로자에게는 힘을 키워주고 대다수를 이루는 중간 실력 근로자들에게서는 경제적 역할을 뺏어 버린다.

인터넷통신 기술이 미국의 임금과 일자리를 정체시키는 데 얼마나 큰 역할을 했는지에 대해서는 의견이 분분하다. 세계화, 노조의 쇠퇴, 그리고 아웃소싱도 경제학자들로서는 원인이라고 저마다 주장할 수 있는 중요한 영향을 미쳤다. 그러나 한 가지는 확실해지고 있다. 범용기술이 생산성을 증대한다고 해서 일자리 증가나 임금 상승으로 연결된다는 보장은 없다는 것이다.

기술낙관론자들은 이런 우려도 러다이트 오류와 똑같은 것이라고 무시할지 모르지만, 세계 최고로 인정받는 몇몇 경제학자들은 그 반대로 주장한다. 대표적인 인물이 세계은행 수석경제학자였고, 빌 클린턴 행정부에서 재무부장관을 지냈으며, 버락 오바마 대통령 시절 국가경제위원회 의장을 역임한 로렌스 서머스Lawrence Summers이다. 그는 지난 몇 년 동안 기술 변화와 고용에 대한 '묻지 마'식 낙관론을 조심해야 한다고 경고했다.

서머스는 2014년 〈뉴욕타임스〉와의 인터뷰에서 이렇게 말했다. "기술 변화를 멈추려는 시도는 절대로 답이 되지 못한다.[13] 하지만 모든 것이 다 좋을 것이라거나 시장의 마법이 보증해줄 것이라는 생각도 마찬가지로 답이 되지 못한다."

에릭 브린욜프슨도 "부의 창조와 일자리 창출이 점점 단절되는 추이는 향후 10년간 우리 사회가 처할 가장 큰 도전이 될 것이다"라며 비슷한 경고를 했다.[14]

AI: '범용' 자격을 얻다

이 모든 것이 AI와 무슨 관련이 있는가? 나는 AI가 보편적으로 인정되는 범용기술 엘리트클럽에 입성해 경제 생산과 사회조직 혁명에 박차를 가할 날은 머지않았다고 확신한다. AI 혁명의 규모는 산업혁명에 버금가는 것을 넘어 더 크고 훨씬 빠르게 일어날 것이다. PwC는 2030년까지 AI로 증가하는 글로벌 경제가 15.7조 달러에 이를 것이라고 전망한다. 이 전망이 맞는다면 이 증가분은 지금 중국의 GDP보다 큰 액수이고 2017년 미국 GDP의 80%나 된다. 그리고 그 증가분의 70%가 미국과 중국에서 나올 것이다.

AI의 파괴력은 앞선 경제 혁명보다 훨씬 광범위하게 뻗어 나갈 것이다. 증기동력은 육체노동의 성격을 근본적으로 바꾸었고, 인터넷통신 기술도 특정 인지노동에 같은 영향을 미쳤다. AI는 육체노동과 지식노동을 모두 바꿀 것이다. AI는 여러 가지 육체노동과 지식작업을 인간보다 훨씬 빠르게 그리고 훨씬 뛰어나게 수행하면서 수송에서 생산, 의료에 이르기까지 모든 산업의 생산성을 극적으로 끌어올릴 것이다.

1차와 2차 산업혁명의 범용기술과 달리 AI는 생산 현장의 탈숙련화를 불러오지는 않을 것이다. 또한 소수가 하던 고숙련 작업을 다수의 저숙련 근로자들이 할 수 있는 작은 일로 세분화하지도 않을 것이다. 대신에 데이터 사용에 최적화돼 있고 사회적 상호작용도 필요 없는 AI는 저숙련과 고숙련 작업을 모두 넘겨 받을 것이다. (AI가 대신할 수 있는 일과 할 수 없는 일에 대해서는 뒤에 자세히 설명한다.)

그 과정에 로봇 수리와 AI 데이터 과학자처럼 새로 창출되는 일자리도 있기는 할 것이다. 그러나 AI가 불러올 고용 충격에서 가장 심각하게 봐야 할 부분은 탈숙련화를 통한 일자리 창출이 아니라, 나날이 똑똑해지는 기계가 사람의 일자리를 가져간다는 것이다. 일자리에서 쫓겨난 노동자는 자동화가 힘든 다른 산업으로 옮겨가면 된다고 이론적으로 말하기는 쉬워도, 이 대대적인 파괴

과정이 하루아침에 일어날 리는 없다.

하드웨어―더 좋게 더 빠르게 더 강하게

그리고 시간 문제도 있다. AI 혁명은 우리에게 시간 여유를 주지 않는다. 과거 범용기술로 인한 혁명보다 훨씬 빠른 속도로 진행되는 AI 위주 경제로의 전환에, 근로자와 조직은 적응하는 것만으로도 힘에 부칠 것이다. 산업혁명이 몇 세대에 걸쳐 진행되었다면, AI 혁명의 충격파는 한 세대가 지나기 전에 고스란히 전해질 것이다. 증기기관과 전기가 도입될 때에는 존재하지 않았던 세 가지 촉매제가 AI 채택의 속도를 높이고 있기 때문이다.

첫째, 생산성이 늘어나는 AI 제품 대다수는 그 특성상 무한 복제돼 즉시 전 세계로 배분될 수 있는 디지털 알고리즘 제품이다. 이 점이 하드웨어에 집약된 혁명이었던 증기기관, 전력, 심지어 정보통신 기술 부품과도 크게 대조되는 특징이다. 과거의 혁명이 본격적인 궤도에 오르기 위해서는 물리적 제품을 발명하고 원형을 만들고 제작하고 판매하고 최종 이용자에게 배송하는 작업까지 무사히 마쳐야 했다. 이런 하드웨어 제품을 조금이라도 개선하려면 처음의 과정을 다시 반복해야 했고, 그 과정에서 수반하는 비용과 사회적 마찰은 개선된 제품의 선택 속도를 늦추었다. 모든 마찰은 신기술 개발을 둔화시켰고 기업이 받아들일 수 있는 비용효과적인 제품이 탄생할 때까지 적용할 시간도 연장해 주었다.

이와 반대로 AI는 그런 제약을 거의 받지 않는다. 디지털 알고리즘은 사실상 제로 비용으로 유통이 가능하고 유통된 알고리즘을 업데이트하고 개선하는 데에도 비용이 들지 않는다. 알고리즘은—고성능 로봇이 아니라—현장에 투입되자마자 화이트칼라 직원이 하던 일을 대부분 넘겨받을 수 있다. 오늘날 화이트칼라 직원은 정보를 받고 처리하고 그 정보를 바탕으로 결정을 내리거나 제안을 하는 대가로 월급을 받는다. 문제는 이 일이 AI가 가장 잘할 수 있는 일이라는 것이다. 사회적 구성이 최소한도로만 필요한 산업일수록 기계는 인간을 빠르게 그리고 대량으로 대체할 수 있으며, 생산이나 선적, 설치, 출장 수리 같은 힘든 잡일은 하지 않아도 된다. 유산비용legacy cost: 기업이 퇴직 직원에게 제공하는 연금이나 의료지원 비용. 이 책에서는 그밖에도 제품의 유지관리와 유통에 드는 비용도 포함한 의미이다—옮긴이의 일부면 하드웨어인 AI 로봇이나 자율주행차의 비용을 충당할 수 있고, 기초 소프트웨어에는 비용이 들지 않으므로 시간이 흐를수록 개선되는 기계를 파는 것이 가능해진다. 유통과 개선 장벽이 낮아진 만큼 AI 채택 속도도 급물살을 탈 것이다.

두 번째 촉매제는 오늘날 테크놀로지 세계 대다수가 당연한 존재로 여기게 된 벤처캐피털(이하 VC) 산업의 탄생이다. 리스크가 높고 잠재력도 높은 신생기업의 초창기에 투자하는 VC 펀딩은 1970년대 전만 해도 개념조차 성립 안 된 분야였다. 1차와 2차 산업혁명 때 투자자와 혁신가를 잇는 자본조달 메커니즘은 구멍이

숭숭 뚫린 얇은 조각보나 다름없었다. 제품이 세상의 빛을 보게 하는 수단은 개인의 부나 가족의 돈, 부유한 후원자, 아니면 은행 대출이 전부였다. 이런 자본조달 수단에는 혁명적 혁신에 돈을 대는 고위험/고보상 게임을 진행하기 위한 인센티브 체계가 전혀 없었다. 돈을 마련하지 못한 혁신이 많다는 것은 좋은 아이디어가 빛을 보지 못하는 일도 그만큼 많다는 뜻이었고 범용기술의 실용화 속도도 굉장히 느려진다는 뜻이었다.

오늘날 기름칠을 넉넉히 한 VC 펀딩이라는 기계는 신기술 탄생과 상용화를 위해 힘껏 돌고 있다. 소프트뱅크Softbank가 1,000억 달러 규모의 '비전펀드vision fund'를 조성해 몇 년간 투자하기로 결정하면서 2017년 세계 벤처 투자 기금은 1,480억 달러가 되었다.[15] 같은 해, AI 스타트업에 투자하는 글로벌 VC 펀딩도 2016년보다 141%가 늘어난 152억 달러로 껑충 뛰었다.[16] 이런 투자 기금은 인공지능을 비롯한 범용기술로 마지막 한 톨까지 생산성을 증대할 방법을 눈에 불을 켜고 찾고 있으며, 무엇보다도 한 산업 전체를 완전히 파괴하고 재창조할 위대한 아이디어를 찾는 데 혈안이 돼 있다. 다가올 10년 동안 만족을 모르는 VC들은 급속한 기술 응용과 사업모델의 반복적 개선을 견인하면서 모든 방법을 다 동원해 AI로 가능한 일을 찾아내려 할 것이다.

마지막으로 세 번째 촉매제는 훤히 드러났는데도 많은 사람이 간과하는 것이다. 바로 중국이다. 인공지능은 중국이 기술 발전과 응용 모두에서 서구와 어깨를 나란히 하는 현대의 첫 범용기술이 될 것이다. 산업화 시대, 전력을 사용하게 된 전화電化 시대, 그리고 컴퓨터화 시대가 진행되는 동안 중국은 크게 뒤처져 있었고 발전에 기여할 인재도 거의 없었다. 중국이 인터넷 기술을 충분히 따라 잡아 글로벌 생태계에 아이디어와 인재를 제공할 수 있게 된 것은 채 5년 밖에 되지 않는다. 그리고 그것을 이끈 것은 불붙은 모바일 인터넷 혁신이었다.

인공지능의 발전만이 아니라 중국은 연구 인력과 창의적 역량도 넉넉해졌다. 중국은 인공지능을 배분하고 활용하는 작업에 기여할 수 있는 사람의 거의 5분의 1를 차지한다. 이런 인재들이 검투사 기업가들, 독특한 인터넷 생태계, 정부의 적극적 지원과 합쳐졌고, 중국의 AI 입성은 과거의 범용기술들은 가지지 못했던 촉매제가 되었다.

앞서의 주장들을 다시 점검하면 몇 가지가 뚜렷하게 정리된다. 첫째, 산업시대의 신기술은 장기적으로 일자리를 창출하고 임금도 높였다. 둘째, 범용기술은 전체적으로는 경제를 개선하는 방향으로 진행되지만 아주 드물게 생겨나고 또한 그 하나가 일자리에 미친 영향을 독립적으로 평가할 수 있을 만큼 의미가 있어야 한다. 셋째, 현재 보편적으로 인정되는 세 가지 범용기술 중에서 증기기관과 전력화의 숙련 편향 속성은 생산성과 고용을 둘 다 끌어올렸다. 인터넷통신기술은 생산성은 증대했지만 고용에서는 고개를 갸웃하게 된다. 오히려 많은 선진국 근로자들의 임금이 줄고 불평등이 심화되는 원인이 되었다. 마지막으로, AI는 디지털 전파와 VC 펀딩, 중국이 촉매제로 작용하는 범용기술이며, AI 특유의 숙련 편향 속성과 채택 속도로 보건대 고용과 소득 배분에 미치는 영향은 그다지 긍정적이지는 않을 것이다.

위에 정리한 대로라면 다음 질문들도 정리가 된다. 진짜로 위협받는 일자리는 어떤 일자리일까? 얼마나 위협받을 것인가?

AI가 할 수 있는 것과 할 수 없는 것: 대체위험 그래프

AI가 어떤 일자리를 대체하게 될지에 대해 저숙련 노동과 고숙련 노동이라는 전통적인 일차원적 이분법을 적용하는 것은 들어맞지 않는다. 대신에 AI가 대체할 일자리는 해당 직무의 내용이 어떤 특수성을 담고 있느냐에 따라서 승자와 패자가 복잡하게 갈린다. AI는 데이터로 최적화할 수 있는 좁은 영역의 작업에서는 인간보다 훨씬 뛰어나지만, 사람들과 자연스럽게 상호행동을 해야 하거나 손가락과 사지를 유연하고 능란하게 움직여야 하는 일에서는 여전히 답답할 정도로 무능하다. 게다가 영역을 넘나들며 창의적 사고를 해야 하는 일이나 복잡한 전략이 필요한 일, 다시 말해 투입과 결과를 계량하기가 어려운 직업도 아직은 AI가 넘보지 못하는 영역이다. AI의 이런 능력을 일자리 대체와 관련지어서 X-Y 그래프로 도식화했다. 처음은 인지노동에서의 대체위험이고 두 번째는 육체노동에서의 대체위험이다. 육체노동의 대체위험에서 X축은 왼쪽으로 갈수록 '미숙한 몸놀림과 체계적 환경'이고 오른쪽으로 갈수록 '유연한 몸놀림과 비체계적 환경'의 직종이다.

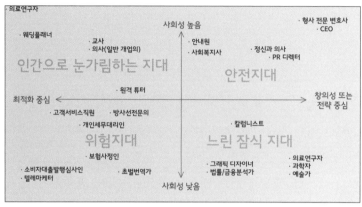

대체위험: 인지노동

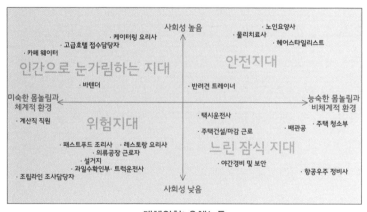

대체위험: 육체노동

Y축은 아래로 갈수록 '사회성이 낮은' 직종이고 위로 갈수록 '사회성이 높아야 하는' 직업이다. 인지노동의 대체위험은 Y축은 육체노동 그래프와 같지만(사회성 낮음-사회성 높음) X축은 다르다. 왼쪽으로 갈수록 '최적화 중심' 직종이고 오른쪽으로 갈수록 '창의성 또는 전략 중심' 직종이다. 데이터를 수집해 계량화가 가능한 변수를 최대로 늘리는 것이(최적의 보험료 산정이나 최대의 세금환급액 산정 등) 핵심 업무인 인지노동은 '최적화 중심' 직업군에 속한다.

위의 X-Y 축에 따라 그래프는 사분면으로 나뉘는데, 좌측하단은 '위험지대'이고 우측상단은 '안전지대', 좌측상단은 '인간으로 눈가림하는 지대', 우측하단은 '느린 잠식 지대'이다. 위험지대에 속하는 직종들은 몇 년 사이 AI에 의해 대체될 위험이 아주 높다. '안전지대'의 직종은 (정신분석의, 가정방문 간호사 등) 언제쯤 자동화가 이뤄질지 예상이 안 되는 분야이다. '인간으로 눈가림하는 지대'와 '느린 잠식 지대'의 직종은 완벽한 대체도 아니지만 대체가 되지 않는 것도 아니다. 지금 당장은 AI가 일을 완전히 대신하지 못해도 업무가 재편성되거나 기술이 꾸준히 발전하면 이 두 분면도 전체적으로 일자리가 줄어들 수 있다. 한 가지를 더 말하자면, 하나의 직종이라고 해도 '핵심 업무'로 인해 특정 분면에 배치된 것일 뿐 다른 일까지 같이 하는 경우도 많다. 이런 업무 다양성은 자동화의 걸림돌이 되지만, 일단은 AI로 인한 일자리 대체위험을 생각할 때 위의 X-Y 축과 네 개의 분면을 대략적인 지침으로 삼을 수 있다.

'인간으로 눈가림하는 지대' 분면에서는 전산작업과 육체작업을 기계가 상당 부분 대신할 수 있지만 사회적 상호작용이 꼭 필요하다는 점이 대량 자동화를 힘들게 만드는 요인이다. '느린 잠식 지대'라는 이름도 자동화 가능성이 아주 높다는 뜻을 내포하는데, 뒤에서는 기계가 최적화 작업을 다 처리하고 겉에서는 인간 직원이 고객을 응대하는 사회적 인터페이스를 담당하면서 인간과 기계의 공생관계가 만들어진다. '인간으로 눈가림하는 지대'의 직종으로는 바텐더, 교사, 심지어 의료인도 포함된다. 이 직업의 일자리가 얼마나 빨리 얼마나 많이 사라질 것인지는 기업들이 얼마나 유연하게 직원들의 업무 체계를 재구성하고 고객이 컴퓨터와의 상호행동을 얼마나 받아들일지에 따라 좌우될 것이다.

'느린 잠식 지대'의 직종은 (배관공, 건설근로자, 초보 수준의 그래픽 디자이너) 사회성은 많이 필요로 하지 않지만 신체적 놀림과 창의성, 그리고 비체계화된 환경에 적응하는 능력이 필요하다. AI에서는 여전히 커다란 장애물이지만, 기술 발전이 거듭될수록 서서히 무너질 장애물이기도 하다. '느린 잠식 지대' 분면에서 일자리가 사라질 속도를 좌우하게 될 것은 기업의 프로세스 혁신이 아니라 AI 역량의 실질적 확장이다. 하지만 '느린 잠식 지대'에서도 가장 오른쪽은 창의적 전문가로(과학자와 항공우주 엔지니어 등) 변신할 좋은 기회도 된다. 이때는 오히려 AI라는 도구를 능력 발전의 거름으로 삼을 수 있다.

두 그래프가 AI 시대에 사라질 위험이 높은 '직종'을 이해하도록 도와준다면, 경제 전반의 '총고용'에 AI가 미칠 영향은 무엇일까? 이 부분에 대해서는 경제학자들의 말을 들어야 한다.

연구는 무슨 말을 하는가

AI로 사라질 일자리를 예상하는 것은 전 세계 경제학자와 컨설팅회사들의 밥벌이 수단이 되었다. 어떤 예측 모델을 사용하는지에 따라 무시무시한 추정 결과가 나오기도 하고 문제 삼을 것이 전혀 없는 결과가 나오기도 한다. 여기서 잠깐 보고서와 연구 방법들을 살펴보고 이 토론 결과를 이끌어낸 연구들을 정리할 것이다. 중국 시장에 대한 괜찮은 연구는 찾기가 힘드므로 미국의 자동화 가능성을 추정한 연구들을 주로 보고 그 결과를 중국에 대입하기로 한다.

옥스퍼드대학 연구자 두 명이 2013년 충격적인 전망을 담은 논문을 발표하면서 본격적인 논쟁이 시작되었다.[17] 논문에서는 10년이나 20년 안에 미국 일자리의 47%가 자동화로 대체될 것이라고 예측했다. 논문 저자인 칼 베네딕트 프레이Carl Benedikt Frey와 마이클 A. 오스본Michael A. Osborne은 머신러닝 전문가들에게 70개 직종의 자동화 가능성을 전망해 달라고 문의했다. 설문 결과를 머신러닝에서 주로 '엔지니어링 병목현상'이(앞에 나온 '안전지대'의 특징과 비슷하다) 발생하는 목록과 합친 프레이와 오스본은 확률모델을 이용해 추가로 632개 직업이 자동화에 얼마나 취약한지를 예측했다.

파장을 불러일으킬 만한 결과가 나왔다. 미국 직종의 거의 절반이 앞으로 10년 내에 '고위험군'에 속하게 된다는 결과였다. 프레이와 오스본은 연구 결과에 대해 몇 가지 신중한 당부를 덧붙였다. 무엇보다도, 연구는 기계가 '기술적으로 처리할 수 있는' 직종을 예측한 것이지 실제 일자리 상실이나 실업률 증가를 예측한 것은 아니라고 말했다. 하지만 언론은 연구 결과를 대서특필하면서 이 당부의 말은 쏙 빼먹은 채 독자들에게 근로자 절반이 실직자 신세가 될 것이라며 겁을 잔뜩 줬다.

다른 경제학자들이 반격에 나섰다. 2016년 경제협력개발기구 OECD의 연구자 세 명은 다른 모델을 사용해 미래를 전망했다. 그리고 미국에서 자동화로 사라질 위험이 높은 일자리는 9%라는, 옥스퍼드 학자들과는 반대되는 결과를 내놓았다.[18]

왜 이렇게 큰 차이가 나왔을까? OECD 경제학자들은 오스본과 프레이의 '직업 중심occupation-based' 접근법에 문제가 있다고 말했다. 두 옥스퍼드 학자들은 머신러닝 전문가들에게 직종의 자동화 가능성을 예측해 달라고 문의했지만, OECD 연구진은 그들이 실제로 문의한 것은 자동화될 직종이 아니라 그 직종의 특정 업무가 자동화될 가능성이었다고 지적했다. OECD 연구팀은 직업 중심 접근법에서는 직원 한 명이 알고리즘이 하지 못하는 여러 일을 동시에 소화한다는 사실을 간파하지 못했다고 주장했다. 즉 동료들과의 협동이나 고객과의 대면 거래는 여기에 포함하지 못했다는 것이다.

OECD 연구팀은 그 대안으로 '업무 중심task-based' 접근법을 제시했다. 이것은 하나의 직종을 그것을 이루는 여러 개의 업무로 쪼개고 그중에서 자동화될 가능성이 있는 업무가 얼마나 되는지를 관찰하는 접근법이었다. 업무 중심 접근법에서는 세무대리인은 하나의 직종이 아니라 자동화가 가능한 일련의 업무들과(소득 서류 검토, 최대 공제액 계산, 비일관 항목의 신고서 검토 등) 자동화할 수 없는 업무들을(새로운 고객을 면담하고 신고액 결정을 설명하는 행동 등) 같이 행하는 직업군으로 분류되었다. 그런 다음 OECD 연구팀은 얼마나 많은 직종이 '고위험' 대체군이(하는 일 중에서 자동화될 수 있는 업무가 70%가 넘는 직종) 될 것인지 확률을 계산했다. 앞에서도 언급했듯이, 미국에서는 9%의 근로자들만이 고위험 대체군에 들어갔다. 같은 방법을 다른 20개 OECD 나라에도 적용했더니 한국에서 고위험 대체군 직종은 6%이고 오스트리아는 12%라는 결과가 나왔다. OECD 연구는 걱정하지 말라고, 노동의 사망에 대한 보고서들은 다 과장이 너무 심하다고 말하고 있었다.

예상했겠지만 그것으로도 소란은 가라앉지 않았다. OECD의 업무 중심 접근법은 대다수 경제학자들이 따르는 모델이 되었지만 보고서의 낙관적 전망에 모두가 고개를 끄덕인 것은 아니었다.

2017년 초 PwC의 연구자들은 업무 중심 접근법을 이용해 독자적 예측을 수행했고, 미국에서 2030년 초까지 자동화로 인해 일자리가 사라질 위험이 높은 직종은 38%나 된다는 결과가 나왔다.[19] 알고리즘을 약간 다르게 해서 계산을 했을 뿐인데도 OECD의 9%와는 크게 다른 수치가 나왔다. 앞의 연구들과 마찬가지로 PwC 보고서 저자들도 이것은 기계로 대체할 수 있는 직종을 전망했을 뿐, 규제나 관련 법, 사회적 움직임이 일자리 상실을 줄일 수 있을 것이라는 당부의 말을 잊지 않았다.

크게 엇갈리기만 하는 전망들이 나오는 중에 맥킨지 글로벌 연구소에서는 중간에 해당하는 연구보고서를 발표했다. 이 연구소가 중국을 연구할 때 나도 도움을 준 적이 있고, 중국 디지털 전망 보고서에 나도 공동저자로 이름을 올리기도 했다. 맥킨지 연구팀은 학계의 대세인 업무 중심 접근법을 따랐고, 전 세계 모든 업무의 50%가량이 '지금이라도 자동화가 가능하다고' 추산했다.[20] 중국은 51.2%였고 미국은 그것보다 조금 낮은 45.8%였다. 그러나 맥킨지 연구팀이 진짜로 일어날 '일자리 대체'와 관련해서 내놓은 전망은 그다지 비관적이지 않았다. 자동화 기계가 급속도로 도입된다면(위의 추정에 가장 비슷한 시나리오) 2030년까지 전 세계 직종의 30%가 자동화될 수 있지만 그중에서 직업을 바꿔야 하는 근로자는 14%에 불과하다는 것이다.

그렇다면 우리는 이 보고서들을 보면서 어떤 결론을 내려야 하는가? 전문가들의 의견은 여전히 뒤죽박죽이다. 누구는 미국의 자동화로 인한 일자리 대체를 9%로 예측하고 누구는 47%로 예측한다. 업무 중심 접근법 하나에서만도 9%에서 38%까지 다르게 나온다. 이 정도면 경제 전체의 번영과 총체적인 일자리 위기의 차이라고 말할 수도 있는 격차이다. 추정치가 이렇게 다르다고 해서 두 손 놓고 혼란에만 빠져 있어서는 안 된다. 그 반대로, 이 연구들이 우리에게 무엇을 가르치는지, 그리고 무엇을 놓치고 있는지 비판적으로 생각할 기회로 삼아야 한다.

전망 연구가 놓친 부분

나는 위에 나온 추정치들을 종합한 경제학자들의 전문성은 높이 사지만, 한편으로는 OECD가 내놓은 낙관적 추정은 존중은 해도 동의하지는 못한다. 내가 두 보고서를 다른 시각으로 보는 이유는 두 가지 부분에서 생각이 달라서이다. 하나는 방정식 투입 항목에 대한 것이고, 또 하나는 AI의 노동시장 파괴에 대한 시각차에서 연유한다. 투입 항목이 잘못되었다는 생각 때문에 나는 PwC가 내놓은 보고서에 찬성할 뿐 아니라, 내 시각에서는 그 수치가 훨씬 높게 나와야 한다.

방정식 투입 항목에서 내가 지적하고 싶은 부분은 위의 연구들이 기계가 가지게 될 기술적 능력을 추정한 방식이다. 2013년 옥스퍼드 연구는 머신러닝 전문가들에게 70개 업종이 20년 내에 자동화될 가능성을 질문했고, 그 답변 내용을 가지고 더 많은 분야의 자동화 가능성을 전망했다. OECD와 PwC가 직업과 업무를 분류한 방식은 달랐지만, 기본적으로 2013년에 추정한 미래의 기술력을 가지고 연구를 했다는 점은 같았다.

이 전문가들이 내놓은 기계의 기술력에 대한 예측이 당시에는 최선이었을지 몰라도, 그후 5년 동안 머신러닝의 정확성과 성능이 크게 발전해 골대 자체가 이동했다는 점을 감안해야 한다. 2013년의 머신러닝 전문가들은 그 당시 지평선에 어렴풋이 등장한 기술 발전 가능성만 짐작할 수 있을 뿐이었다. 딥러닝이 '이렇게나 빠르게 이만큼이나 훌륭해질' 것이라고 예상한 전문가는 거의 없었다. 거의 예상치 못한 머신러닝의 발전은 실세계 사용이 가능한 영역과 그로 인해 일자리 파괴가 진행될 영역을 넓히고 있다.

머신러닝이 빠른 속도로 발전하고 있다는 것은 이미지넷 대회만 봐도 분명하게 알 수 있다. 대회에 출전한 연구팀들의 알고리즘은 수백만 가지 이미지를 보면서 수천 가지 물체(새, 야구공, 스크루드라이버, 이슬람 사원 등)를 인식하는 과제를 수행해야 한다. 이미지넷은 순식간에 가장 권위를 인정받는 이미지 인식 대회가 되었으며 AI의 컴퓨터 비전 발전 정도를 가늠하게 해주는 지표가 되었다.

머신러닝 전문가들이 옥스퍼드 연구의 2013년 설문에 응해 미래의 기술 수준을 예측했다지만, 이미 2012년 이미지넷 대회에서 제프리 힌턴이 이끄는 연구팀이 선보인 딥러닝은 오차율 16%의 신기록을 세우며 대회를 우승했다. 그전까지 이 대회에서 25% 이하로 오차율을 낮춘 팀은 하나도 없었다.

이 정도의 껑충 뛰어오른 정답률로도 AI 세계가 딥러닝이라는 신기술에 관심을 보이기에 충분했지만, 그것은 맛보기에 불과했다. 2017년까지 거의 모든 출전 팀이 오차율을 5% 이하로 끌어 내렸다. 같은 과제에서 인간의 정답률과 비슷한 수준의 오차율이었고, 중요한 것은 2017년 출전 팀들의 알고리즘이 평균적으로 획득한 오차율은 2012년 우승팀의 3분의 1에 불과하다는 사실이었다. 전문가들이 옥스퍼드 설문에 응해 기술 수준을 예측한지 몇 년도 지나지 않아 컴퓨터 비전은 인간의 시각적 능력을 앞질렀고 실세계에서 응용될 수 있는 컴퓨터 비전 기술의 영역도 극적으로 넓어졌다.

컴퓨터 비전만이 아니라 다른 기술 수준도 비약적으로 증대되었다. 음성인식, 기계독해, 기계번역에서도 새로운 알고리즘들이 등장해 신기록을 세우고 있다. 이런 기술 발전이 AI에 근본적 혁신이 마련되었다는 것을 의미하지는 않지만, 기업가들의 눈을 뜨게 하고 상상력에 불을 지피기에는 충분하다. 새로운 기술 응용을 모두 고려한 결과 나는 2030년 초까지 미국 직종의 38%가 자동화로 인한 고위험 대체군이 될 것이라는 PwC의 전망에 더 높은 점수를 매기게 되었다.

두 종류의 일자리 상실: 일대일 대체와 전면 파괴

그러나 방법론보다 훨씬 중요하게 봐야할 점이 있다. 업무 중심 접근법에만 치중하면 AI 기반 사업모델이 한 산업 전체의 파괴를 불러올 것이라는 전혀 다른 범주의 일자리 상실을 간과할 소지가 크다. 이런 일자리 상실을 나는 직업 중심이나 업무 중심 접근법과 차별화하기 위해 '산업 중심industry-based' 접근법이라고 부른다.

이런 시각의 차이는 직업적 배경의 차이에서 왔다고 볼 수 있다. 앞에 나온 연구 보고서들의 저자는 경제학자이지만, 나는 기술전문가이고 초기단계 투자자이다. 자동화로 인한 대체위험이 높은 직업을 예상할 때 경제학자들은 개인이 자신의 직업과 관련해 어떤 업무를 처리하고 기계가 그 업무를 완료할 능력이 있는지를 탐구했다. 다시 말해 업무 중심 접근법은 기계가 인간 근로자를 일대일로 대체하는 것이 얼마나 가능한지 탐구했다.

내가 종사하는 분야에서는 다른 방식으로 문제에 접근하도록 훈련시킨다. 나는 젊은 시절 테크놀로지 회사에서 일할 때 첨단 AI 기술로 현실의 제품을 바꾸는 연구를 했고, 벤처투자자가 된 후에는 신생 스타트업에 투자하고 지원하는 일을 했다. 내가 파악한 AI의 일자리 상실 위협은 두 가지 뚜렷한 양상을 띠는데, 일대일 대체one-to-one replacement와 전면 파괴ground-up disruption 위협이다.

내가 투자를 하는 AI 기업들이 만드는 제품은 대부분이 특정 종류의 근로자를 대체할 수 있는 AI 기반 제품이다. 물류창고 직원이 하는 운반과 하적 작업을 대신하는 로봇이나, 택시운전사의 핵심 작업을 대체할 수 있는 자율주행차량 알고리즘 등이 그 예이다. 이 제품이 개발에 성공해 기업들에게 판매까지 된다면, 그 회사에서 일하는 직원의 상당수가 해고될 것이다. 경제학자들이 업무 중심 접근법을 통해 예상하는 일자리 상실도 이런 일대일 대체이고, 나는 PwC의 38% 전망이 합리적인 추정치라고 판단한다.

그러나 전혀 다른 종류의 AI 스타트업도 존재한다. 이 스타트업들은 산업의 모습을 기초부터 재구상한다. 그들이 상상하는 것은 맞춤형 로봇이 인간 근로자의 자리에 대신 앉아 똑같은 작업을 수행하는 모습이 아니다. 산업의 추동력이 되는 인간의 근본 욕구를 만족시켜 줄 새로운 방법을 찾기를 원한다.

스마트 파이낸스(인간 대출심사담당자가 없는 AI 기반 대출 금융기관), 무인 점포인 F5 퓨처스토어F5 Future Store, F5未来商店, 아마존고Amazon Go (슈퍼마켓처럼 무인으로 운영되는 슈퍼마켓), 터우탸오(편집자가 없는 알고리즘 기반 뉴스 앱)등이 모두 한 산업을 뿌리부터 뒤흔드는 방법을 모색하는 스타트업에 속한다. 이런 회사에서는 알고리즘이 인간 노동자들을 몰아내지 않는다. 처음부터 쫓아내고 말고 할 인간 직원이 없었기 때문이다. 그러나 이 회사들이 저비용과 우수한 서비스로 시장점유율을 높일수록 직원이 많은 경쟁사들은 압박을 받게 될 것이다. 경쟁사들은 업무 진행 방식을 재편해 AI를 이용하고 직원을 줄이는 식으로 자신들도 근본부터 뒤바꾸거나, 시장에서 퇴출 당하거나 둘 중 하나를 선택해야 할 것이다. 어느 쪽이든 직원 수가 줄어든다는 최종 결과는 같다.

경제학자들의 업무 중심 접근법 예측에서는 AI로 인한 한 산업 전체의 일자리 파괴가 빠져 있다. 뉴스 앱 편집자가 자동화로 대체될 가능성을 측정하는 데 업무 중심 접근법을 적용하면 기계가 대신하지 못할 수십 가지 업무가 주르륵 뜬다. 기계는 뉴스와 특집 기사를 읽고 이해하지 못하며, 앱 청중에 어울리는 기사인지 주관적으로 판단하지 못하며, 기자나 다른 편집자들과 소통하지도 못한다. 그러나 터우탸오의 창업자들은 위의 작업을 다 할 수 있는 알고리즘을 개발하려 하지 않았다. 그들은 뉴스 앱이 핵심 기능을-이용자가 원하는 기사 피드를 적절히 제공-수행하는 방식을 재구상했고, AI 알고리즘으로 그 재구상을 실현에 옮겼다.

나는 미국 근로자의 약 10%가 이런 전면 파괴로 일자리에 위협을 받을 것이라고 전망한다. 반복적인 최적화 작업과 외부 마케팅 및 고객서비스를 병행하는 업무 비중이 큰 업종이 가장 크게 타격을 입을 것이다. 패스트푸드, 금융서비스, 보안, 그리고 방사선의학과 등이다. 기업들이 고객 대응 업무를 소수의 직원에게 몰고 나머지 잡다하고 단순한 작업은 알고리즘이 뒤에서 처리를 하게 하면서 앞에 나온 대체위험 그래프의 '인간으로 눈가림하는 지대'의 고용률은 점차 잠식될 것이다. 이 분야의 일자리 수는 다는 아니더라도 가파르게 감소할 전망이다.

그래서 결론은 무엇인가?

두 종류의 자동화 가능성으로 인한 일자리 상실을 합치면—일 대일 대체를 통한 38% 감소와 전면 파괴에서 오는 10% 감소— 우리는 무시무시한 도전을 마주해야 한다. 내가 보기에 앞으로 10~20년 안에 기술은 미국 내 일자리의 40~50%를 자동화할 수 있는 수준으로 발전할 것이다. 운 좋게 곧바로 대체되지 않아도 자동화로 처리되는 업무가 늘어나면서 근로자가 회사에 창출할 수 있는 부가가치가 줄어들 것이고, 그러면서 임금교섭력이 줄고 장기적으로는 정리해고 대상에 오를 것이다. 훨씬 많아진 실직자 들이 훨씬 적어진 일자리를 얻으려 경쟁을 벌이는 통에 임금은 내 려가고, 복지혜택을 받지 못하는 임시직 일자리를 뜻하는 '기그 경제gig economy'로 많은 근로자들이 내몰릴 것이다.

그러면서도 절대 놓치지 말아야 할 점이 있다. 이런 자동화 비율 이 국가의 실업률이 40~50%로 올라갈 것이라는 뜻은 절대로 아 니다. 사회적 마찰, 규제당국의 제약, 오랫동안 몸에 밴 관성은 실 제 실업률 추이를 크게 늦출 것이다. 게다가 새롭게 생겨나는 일 자리들은 AI로 인한 일자리 상실의 일부분이나마 메워줄 것이다. 이 부분은 뒤에서 설명한다. 이와 같은 상쇄효과는 AI가 야기할 순실업률을 당초 전망치인 20~25%로 줄여주고, 더 낙관적으로 본다면 10~20% 사이로 낮춰줄지도 모른다.

이 전망은 가장 최근에 나온 연구 결과와도 부합한다. 2018년

2월 컨설팅회사인 베인앤컴퍼니Bain and Company는 '실제로 발생할 일자리 상실'을 추산한 보고서를 발표했다. 베인 보고서는 업무와 직종에 연연하는 대신에 거시 수준의 접근법을 선택했다. 그리고 글로벌 경제에 영향을 미치는 인구통계와 자동화, 불평능이라는 세 가지 거대한 힘의 상호 작용을 이해하려 노력했다. 베인 보고서는 다소 놀라운 결론을 도출했다. 2030년까지 기업에 필요한 직원의 수는 지금보다 20~25% 줄어들 것이라는 결론이었다.[21] 바꿔 말하면 미국에서 3,000만~4,000만 명의 근로자들이 직장에서 쫓겨난다는 뜻이었다.

베인은 이 실직자의 일부는 새로운 직종(로봇 수리 기술자 등)으로 재흡수될 수 있다고 인정하면서도 그런 재흡수가 하루가 다르게 늘어나는 거대한 실직 대열에서 유의미한 이탈을 만들지는 못할 것이라고 예측했다. 게다가 자동화의 영향을 실감하는 사람은 20~25%의 실직자들보다도 훨씬 많을 것이다. 베인 보고서는 실직에다 임금 억제의 압박까지 더하면 전체 근로자의 80%가 자동화로 영향을 받게 될 것이라고 계산했다.

근로자 계층은 치명상을 입을 것이다. 더욱이 2008년 금융위기 직후 미국 실업률이 10%까지 치솟았다가 점차 회복되었던 것과 같은 잠시 잠깐의 충격과도 다르다. 손 놓고 방치한다면 새로운 환경이 생겨날 수 있다. 지능기계는 완전고용을 실현하고, 일반 근로자는 고실업률의 늪에 허우적대는 시대 말이다.

미국과 중국 비교: 모라벡 역설

중국은 어떠할까? 이 멋진 신경제에서 중국 근로자들은 무사할 것인가? 자동화가 중국에 미치는 영향에 대해서는 제대로 된 연구가 거의 없지만, 지능형 로봇이 '세계의 공장'에서 일하는 근로자들의 황금시대를 끝내는 주문을 외우면 그들이 받을 충격은 훨씬 크다는 것이 대체적인 의견이다. 중국 노동인구의 구성과 자동화될 직종에 대한 본능적 직관을 토대로 나온 예상이다.

중국은 노동자의 4분의 1 이상이 여전히 농업 부문 종사자들이고, 또 4분의 1은 제조업 생산직에 종사한다. 농업이 2% 미만이고 생산직이 18% 안팎인 미국과 대조되는 수치이다. 『로봇의 부상 Rise of Robots』 저자 마틴 포드Martin Ford를 비롯한 전문가들은 중국에 단순 육체노동을 하는 근로자층이 많다는 것이 중국을 "로봇의 부상이 불러올 경제적, 사회적 파괴의 그라운드 제로(시작 지점)"가 되게 하는 요인이 될 수 있다고 주장한다.[22] 저명 기술 논평가이며 미래학자인 비벡 와드와Vivek Wadhwa도 비슷한 전망을 내놨다. 그는 지능형 로봇이 중국의 노동우위를 잠식하고 제조업이 미국으로 대거 유턴하는 상황이 벌어지겠지만 인간을 위한 일자리까지 돌아오지는 않을 것이라고 말한다. "미국 로봇도 중국 로봇처럼 열심히 일한다. 그리고 그들은 불평을 하지도 않고 노조에 가입하지도 않는다."[23]

최근의 노동 자동화는 이들의 예측에 설득력을 더한다. 지난

100년의 경제 진화사를 뒤돌아보면 블루칼라 노동자들과 농부들은 물리적 자동화로 빠르게 일자리를 잃었다. 산업장비와 농업장비(지게차와 트랙터 등)는 육체노동자 한 사람의 생산성을 크게 늘린 반면에 현장에 필요한 노동자의 수는 크게 줄였다. AI 시대도 같은 길을 걸을 것이라고 예상되고 중국 농부와 공장 노동자들은 지능형 자동화의 교차로에서 곧바로 오도가도 못하는 신세가 될 전망이다.

이와 대조적으로, 서비스 산업 지향적이고 화이트칼라 경제인 미국은 대학학위와 여섯 자리 소득이 잠재적 일자리 상실을 막아주는 넉넉한 완충막이 되어준다는 것이 대체적 의견이다.

내가 보기에는 시대착오적인 의견이다. 중국 노동시장은 자동화로 인해 고통스러운 변화를 맞이하겠지만, 그런 변화는 대부분 미국 경제를 괴롭힐 대규모 실직 행렬보다 늦게 오거나 느리게 진행될 수 있다. 가장 단순하고 반복적인 생산직 작업은-품질 검사와 조립라인 작업-몇 년이면 자동화가 완료되겠지만, 나머지 육체노동 작업들은 로봇이 넘겨 받기에는 무리가 있다. 그 이유는 21세기의 지능형 자동화와 20세기의 물리적 자동화가 운영 방식에서부터 다르다는 데 있다. 한마디로, 지능형 로봇을 개발하는 것보다 AI 알고리즘을 개발하는 것이 훨씬 쉽다.

이 주장의 핵심 논리가 되는 것은 인공지능의 정설로 자리잡은 모라벡 역설Moravec's Paradox이다. 카네기멜론대학에서 내 담당교수이기도 했던 한스 모라벡Hans Moravec은 인공지능과 로봇공학을 연구하면서 일반적 믿음을 뒤집는 근본적 진실을 발견했다. 성인의 높은 지능과 연산력을 흉내 내는 AI를 만드는 것은 상대적으로 쉽지만, 유아 수준의 지각능력과 감각운동능력을 가진 로봇을 만들기는 대단히 어렵다는 것이다. AI는 데이터에 기반한 예측 능력에서 인간과 비교도 안 되는 실력을 가졌지만, 호텔 메이드가 하는 청소를 똑같이 흉내 낼 수 있는 로봇은 없다. AI는 뛰어난 사고 능력을 가졌지만 로봇은 손가락 하나도 제대로 움직이지 못한다.

모라벡 역설은 1980년대에 알려졌고 그 후로 상황이 조금 달라졌다. 딥러닝을 장착한 기계는 음성과 시각 인식에서 초인적 지각 능력을 갖추게 되었다. 그밖에도 머신러닝에서 일어난 몇 가지 획기적 발전으로 기계들은 데이터에서 패턴을 찾아내거나 결정을 내리는 등의 지능형 작업에서 성능이 크게 올랐다. 그러나 로봇의 소근육 운동 기능은-물건을 잡거나 조종하는 능력-여전히 인간의 발치에도 미치지 못한다. AI는 바둑 세계챔피언을 이길 수 있고 정확하게 암을 진단할 수 있지만 농담을 알아듣지는 못한다.

알고리즘의 진보와 로봇의 부상

알고리즘과 로봇에 대한 엄연한 진실은 AI가 야기할 일자리 상실의 순서에도 근본적 영향을 미친다. 20세기 물리적 자동화의 가장 큰 피해자들은 육체노동자들이었지만, 향후 수십 년 동안 불어닥칠 지능형 자동화의 충격파를 가장 먼저 맞는 사람은 화이트칼라 종사자들일 것이다. 실제로도 화이트칼라 근로자들은 언제 발명될지 모르는 로봇보다 이미 존재하는 알고리즘을 훨씬 크게 두려워한다.

트랙터가 농부들의 일자리를 빼앗았던 것처럼 AI 알고리즘은 상당수 화이트칼라 근로자들의 일자리를 빼앗을 것이다. 두 장비 모두 근로자 한 명의 생산성은 몇 배로 올리지만 대신에 필요한 전체 직원의 수는 극적으로 낮춘다. 트랙터와 다르게 알고리즘은 세계 어디로든 즉시 배송할 수 있고 추가 배송비도 전혀 들지 않는다. 수백만 이용자에게-세무대리회사, 기후변화 연구소, 법률회사 등-배송된 소프트웨어 알고리즘은 언제라도 업데이트와 개선이 가능하며 따로 물리적 제품을 만들 필요도 없다.

하지만 로봇은 훨씬 어렵다. 로봇은 기계공학, 지각 AI, 소근육 운동 기능이 섬세하게 상호작용해야 한다. 풀지 못할 문제는 아니지만, 화이트칼라의 인지 작업에 필요한 소프트웨어를 개발하는 것처럼 빠른 속도로 해결될 수 있는 문제는 아니다. 개발한다고 끝이 아니다. 로봇을 테스트하고 팔고 선적하고 현장에 설치하고 관리하는 문제가 또 남아 있다. 로봇의 기본 알고리즘은 원격으로 수정하고 개선할 수 있지만, 기계적 고장이 발생하면 현장에서 기계를 직접 수리해야 한다. 이런 모든 마찰이 로봇 자동화의 속도를 늦추는 요인이다.

물론 중국 육체노동자들이 안전하다는 말은 아니다. 농장 살충제 살포용 드론, 트럭에서 물건을 내리는 창고 로봇, 시각 능력을 갖추고 공장에서 품질검사를 하는 로봇까지. 이 모든 로봇이 모두 육체노동 부문의 일자리를 크게 줄일 것이다. 게다가 중국 기업들은 이런 로봇들을 개발하는 데 많은 투자를 하고 있다. 중국은 이미 미국과 유럽을 합친 것에 맞먹는 세계 최대 로봇시장이다. 중국 CEO와 정치 지도자들은 하나로 똘똘 뭉쳐 중국 공장과 농장을 꾸준히 자동화하려 노력하고 있다.

그러나 일거에 폭풍에 휩싸일 화이트칼라 업종에 비교한다면 중국 블루칼라 직종의 일자리 상실 충격은 조금은 점진적이고 단편적으로 진행될 것이다. 디지털 알고리즘이 인지노동의 심장부를 맞히는 미사일 요격이라면, 로봇과 육체노동의 전쟁은 참호전에 가깝다. 나는 장기적으로는 자동화로 대체될 위험이 있는 일자리의 수는 중국과 미국이 비슷할 것이라고 본다. 창의성과 대인능력 함양에 중점을 두는 미국 교육방식은 시간만 충분하다면 고용 우위를 달성하는 데 도움이 될지도 모른다. 그러나 AI 시대가 불러올 변화에 적응하는 문제에서는 속도가 관건이고, 중국 특유의 경제 체계는 한동안 시간을 벌어줄 것이다.

두 AI 초강국과 나머지 나라들

중국과 미국의 격차는 이 두 AI 초강국과 나머지 나라들의 차이에 비교한다면 새발의 피도 되지 못한다. 실리콘밸리 기업가들은 그들의 제품을 설명할 때 "접속을 민주화하는"이나 "사람들을 연결하는"이나 "세상을 더 좋은 곳으로 만드는" 등과 같은 말을 자주 쓴다. 기술을 세계 불평등을 치유할 만병통치약으로 보는 시각이 지금까지는 아쉬움을 주는 신기루였다면, AI 시대에는 훨씬 위험한 무언가로 변질될 수 있다. 손 놓고 방치하는 AI는 국내외 불평등을 삽시간에 악화시킬 것이기 때문이다. AI는 두 AI 초강국과 나머지 나라들 사이의 골에 쐐기를 박고, 나아가서는 하오징팡의 디스토피아 소설처럼 계층 구분이 뚜렷한 사회를 만들지도 모른다.

AI는 기술도 산업도 자연스럽게 독점 체제로 향하고 있다. AI 발전이 가지는 특유의 높은 데이터 의존도는 더 좋은 제품이 더 많은 이용자를 이끌고, 더 많은 이용자가 더 많은 데이터를 이끌고, 더 많은 데이터가 훨씬 좋은 제품과 훨씬 많은 이용자와 데이터로 이어지는 영원한 순환고리를 만든다. 일단 이 궤도에 올라서기만 하면 순환고리가 계속 돌면서 다른 기업은 넘어서기 힘든 거대한 진입장벽이 만들어진다.

중국과 미국 기업들은 이미 그 순환고리에 올라타 나머지 다른 나라들을 멀찌감치 따돌렸다. 캐나다, 영국, 프랑스, 그리고 몇몇 나라들도 최고 인재들과 연구소를 보유하고는 있지만 진정한 AI 초강국이 되는 데 필요한, 대규모 이용자층과 약동하는 기업가와 벤처자본 생태계가 부족하다. 런던의 딥마인드를 빼면 이들 국가에서 세상을 놀라게 하는 AI 기업이 등장했다는 소식은 아직 없다. 일곱 AI 거인과, 최고 AI 엔지니어의 절대 다수가 미국과 중국에 집중돼 있다. 두 나라가 쌓아 올리는 방대한 데이터는 자율주행차, 언어번역, 자율비행드론, 안면인식, 자연어처리 등에 이르기까지 분야를 가리지 않고 다양한 제품을 개발하기 위한 자양분이 되고 있다. 이들 기업들이 축적하는 데이터가 늘어갈수록 다른 나라 기업들은 대적하기가 더 힘들어진다.

AI의 영향이 경제생활 구석구석으로 퍼져 나갈수록 거기서 발생하는 이득도 데이터와 AI 인재가 쌓인 요새로 몰릴 것이다. PwC의 추산에 따르면, 2030년에 AI가 세계에 새로 창출할 경제적 가치는 15.7조 달러이고 미국과 중국이 그중 70%를 차지하고 중국이 챙기는 몫만 7조 달러일 것이라고 한다.[24] 나머지 나라들이 부스러기를 조금씩 챙기는 동안, 두 AI 초강국은 국내 생산성이 올라가고 세계 시장의 이익을 독식할 것이다. 선진 시장에서는 미국 기업들이 소유권을 주장하고, 동남아와 아프리카, 중동 시장에서는 중국 AI 공룡기업들이 승리를 거머쥘 것이다.

이런 과정이 AI를 가진 자와 가지지 못한 자의 골을 악화하고 더 심하게 벌릴지도 모른다. AI 초강국은 천문학적 이익을 쓸어담지만, 기술과 경제의 문턱을 넘지 못한 나라들은 엉덩방아를 찧고는 한참을 낙오하게 될 것이다. 지능형 기계가 대신하는 생산과 서비스 업무가 늘어나면서 지금의 개도국들은 과거의 개도국들이 발전의 기폭제로 삼았던 저임금 생산직 노동이라는 경쟁우위를 사용하지 못하게 된다.

높은 청년 인구 비중은 한때는 이들 나라의 최대 강점이었다. 그러나 AI 시대의 청년들은 경제적 생산성이 높은 일자리를 얻지 못한 취업준비생 신세가 된다. 거대한 변화의 물결에 그들은 성장 엔진이 아니라 국가 정부의 부채로 추락해, 더 나은 삶을 원하는 자신들의 요구를 정부가 충족시켜주지 못한다 싶으면 언제라도 터질 수 있는 화약고가 된다.

AI 초강국들은 하늘로 비상하지만 가난한 나라들은 빈곤을 털어낼 기회조차 박탈당했기 때문에 아무 행동도 못하고 가만히 있기만 한다. 점점 벌어지는 경제 격차를 이겨내지 못한 이 나라들은 복종과 종속이나 다름없는 상황에 빠질 수도 있다. 정부는 AI 기술을 제공하는 초강국들과 협상을 시도하지만, 결국에는 자국 국민에게 경제 원조를 보장해주는 대가로 시장과 데이터 접속권을 내어주는 신세가 될지도 모른다. 어떤 식으로 협상이 타결되든, 대리인 개념이나 국가와 국가의 평등한 관계와는 거리가 먼 협상일 것이다.

AI – 불평등 기계

세계에 불고 있는 양극화의 바람은 AI 초강국 안의 불평등도 키울 것이다. AI가 천성적으로 타고난 친독점 성향은 수십 개 산업을 승자독식 경제로 바꾸고, AI 기술의 숙련 편향은 구직 시장을 양극화해 중산층 붕괴를 몰고 온다. 생산성과 임금의 '거대한 탈동조화'는 이미 1%와 나머지 99%로 양분된 세상을 만들었다. 인공지능을 그대로 방치한다면 이 틈은 수습할 수 없을 정도까지 크게 벌어질지도 모른다.

온라인 세상은 이런 독점화 추세를 진작에 보여주었다. 인터넷은 자유로운 경쟁과 평평한 운동장이 되어줄 것이라는 기대를 한 몸에 받았지만 핵심 온라인 기능이 선진국에 몰리는 데에는 오랜 시간이 걸리지 않았다. 선진국에서는 구글이 검색엔진을 제패하고 페이스북이 소셜네트워크를 지배하며 아마존이 전자상거래를 독차지한다. 중국 인터넷 기업들은 '노선 유지'를 크게 고민하지 않는 편이라 공룡기업들이 자주 작은 전투를 벌이는 편이지만, 온라인 활동의 대부분이 몇몇 대기업을 통해 벌어지고 있는 것은 중국도 마찬가지이다.

AI도 수십 개 산업을 똑같은 독점화 추이로 몰아가면서 시장의 경쟁 메커니즘을 없앨 것이다. 우리는 신진 과두 기업들이 어떻게 순식간에 우뚝 올라서는지를 목격했다. AI 기반 산업의 이 챔피언 무리는 데이터 우위를 양분 삼아 난공불락의 제국으로 올라선다. 이 상황에서는 미국식 반독점법을 집행하기가 힘든데, 미국 법에서는 독점이 실제로 소비자에게 피해를 주고 있는지를 원고가 입증할 것을 요구하기 때문이다. AI 독점 기업들은 독점을 할수록 생산성 증대와 기술 효율성의 상승으로 인해 더 싸고 더 좋은 서비스를 소비자에게 제공할 수 있게 된다.

AI 독점은 단가를 낮추며 불평등을 높인다. 기업의 이익이 폭발적으로 증가하고 일부 임원과 엔지니어들은 운 좋게 부의 홍수에 동참하게 된다. 완전 자율주행차량이 실현된다면 우버의 이익은 얼마가 될 것인가? 아이폰을 만드는 데 공장 노동자가 단 한 명도 필요 없다면 애플의 이익은 얼마로 늘어날 것인가? 계산대 직원이나 창고 직원, 트럭 운전사에게 월급을 주지 않아도 되는 월마트의 이익은 얼마가 될 것인가?

양분화 추이로 흐르는 노동시장의 등장도 소득불평등을 심화하는 요인이다. 살아남는 직종은 고액 연봉을 받는 고성과자의 일자리나, 저임금의 3D 일자리로 양분될 것이다. 앞의 그래프에서 나온 대체위험이 여기에 반영된다. 자동화가 가장 어려운 업종에는 - '안전지대'의 최상단 오른쪽에 속한 업종 - 소득 스펙트럼의 양끝인 CEO와 의료보조인, 벤처투자자와 마사지사가 다 포함된다.

반면에 중산층을 탄탄하게 떠받쳐 준 직종은 - 트럭 운전사, 회계사, 사무관리자 - 뭉텅이 채로 도려진다. 물론 이 근로자들이 사회성과 능숙한 몸놀림이 필요하고 안전지대에 속하는 직종으로 옮겨가도록 노력이야 할 수 있다. 기술낙관론자들은 방문 의료보조인이 미국에서 가장 빠르게 성장하는 업종이라고 말한다. 하지만 이 일은 연소득이 22,000달러에 불과한 최저소득 직종이기도 하다. 해고당한 근로자들이 이 업종으로 한꺼번에 몰린다면 원래 낮았던 소득이 더 낮아질 수도 있다.

실직자들이 저임금 일자리로 몰리고 부자들은 AI로 더 큰 부를 쌓는 현상은 단순히 불평등이 심화된 양극화 사회를 만드는 데 그치지 않는다. 어쩌면 지속 불가능하고 심각할 정도로 불안정한 사회가 만들어질 수도 있다.

암울한 그림

경제의 수평선을 멀리서 잠깐 내다보면 인공지능은 인류 역사상 유례없는 부를 약속하는 세상을 펼쳐줄 것이다. 이것만 보면 인공지능은 축복 받아 마땅한 존재이다. 그러나 잠깐이라도 수수 방관하는 순간, AI는 지금보다도 훨씬 불공평하고 절망적으로 부가 분배되는 세상을 탄생시킬 것이다. AI 빈국은 경제 발전의 사다리에 오르지 못하기 때문에 영원한 경제 속국 처지로 추락한다. AI 부국은 막대한 부를 쓸어 담지만 독점 경제가 확산되고 노동시장을 가르는 경제 계층화의 골은 깊어질 것이다.

착각하지 말자. 이것은 자본주의의 창조적 파괴가 불러오는 정상적 혼돈이 전혀 아니다. 지난 날 경제 발전에 도움을 주었던 창조적 파괴는 새로운 평형을 이끌어 모두에게 더 많은 일자리와 더 높은 임금과 더 좋아진 삶의 질을 가져다 주었다. 자유시장은 자정 능력이 있지 않느냐고 하지만, 인공지능이 만들 경제에서는 이 자정 능력이 고장 난다. 저임금 노동은 기계에 비해 아무 경쟁우위가 없고, 데이터 기반 독점기업들은 계속해서 스스로 힘을 키운다.

이런 작용들이 합쳐지면서 우리의 노동시장과 경제와 사회의 토대를 기초부터 뒤흔드는 역사에 없는 희한한 현상이 등장한다. 없어지는 일자리에 대한 가장 암울한 예측이 다 맞아떨어지지는 않는다고 해도, 불평등 심화가 사회에 던질 충격은 두고두고 큰 상처로 남을 수 있다. 하오징팡의 소설처럼 접는 도시가 탄생하지는 않겠지만, AI는 우리 사회를 AI 엘리트 계층과 역사학자 유발 N. 하라리Yuval N. Harari가 '무용 계급useless class'이라고 노골적으로 표현했던 21세기식 신카스트 제도를 만들지도 모른다.[25] 하라리가 말하는 무용 계급이란 먹고 살기에 충분한 경제적 부를 벌지 못하는 사람들을 의미한다. 더 심각한 부분은 따로 있다. 최근의 역사는 고삐가 풀린 심각한 불평등을 마주했을 때 우리의 정치 제도와 사회구성이 얼마나 쉽게 무너질 수 있는지를 입증했다. 최근의 소요 사태들은 AI 시대에 다가올 혼란의 시운전에 불과할지도 모른다.

개인의 입장에서 바라본 AI: 삶의 의미에 닥친 위기

정치와 경제, 사회 전체에서 대혼란이 예상되지만 개인적 차원에서도 극심한 혼란이 예상된다. 산업혁명 후 몇 세기가 흐른 지금, 일은 우리에게 있어 생계 수단을 넘어 개인적 자부심과 정체

성과 삶의 의미를 부여하는 원천이 되었다. 우리가 사교 모임에 나가 자신을 소개할 때면 제일 먼저 말하는 것은 직업이다. 일은 우리의 낮을 채우고 일과를 정해 주고 인맥의 원천을 마련해 준다. 꼬박꼬박 들어오는 월급은 일에 대한 보상일 뿐 아니라, 그 사람이 사회의 귀중한 구성원이고 공동의 프로젝트에 기여하고 있음을 알려주는 신호이다.

이런 결속력이 끊어지면-또는 불안정한 일자리로 내몰리면-우리는 재무생활을 넘어 전체 삶에 심각한 상처를 입는다. 이것은 정체성과 목적의식을 정면으로 가격하는 행위이다. 2014년 〈뉴욕타임스〉가 보도한, 전기기사였다가 해고 당한 프랭크 윌시라는 사람의 인터뷰가 실렸는데, 이는 실직 상태에서 벗어나지 못하는 것이 심리적으로 얼마나 큰 대가를 치르게 하는지 설명해준다.

"나는 자존감을 잃었다. 무슨 설명이 필요하겠는가? 누가 내게 '무슨 일을 하십니까?'라고 물으면 예전에는 '전기기사입니다'라고 대답했다. 지금은 대답할 말이 없다. 지금 나는 전기기사가 아니기 때문이다."[26]

의미와 목적의식의 상실은 굉장히 심각하고 커다란 영향을 미친다. 실직자들은 6개월 내에 우울증 발병률이 3배로 높아지고, 구직 시장에 뛰어든 사람들은 직업이 있는 사람들보다 자살률이 2배로 높아진다.[27] 실업률과 함께 알코올 중독과 진통제 과다복용도 동반 상승한다. 어떤 학자들은 학력이 낮은 백인 미국인의 사망률 증가 원인을 경기 하락에서 찾으면서 이런 현상을 '자포자기한 죽음deaths of despair'이라고 표현한다.[28]

AI가 야기할 실직의 심리적 폐해는 사람들을 깊숙이 난도질할 것이다. 그들은 잠시 일자리를 잃은 것으로도 모자라 경제를 기능하게 하는 역할에서도 영원히 쫓겨나는 신세가 될지도 모른다. 그들이 숙달되기까지 평생이 걸렸던 작업과 기술을 알고리즘과 로봇이 더 훌륭하게 해내는 모습이 눈앞에 펼쳐진다. 쓸모없는 인간이 되었다는 허탈함이 뼛속 깊이 파고든다.

AI 경제의 승자는 기계의 놀라운 힘에 경배를 바친다. 하지만 인류의 나머지에게는 더 근원적인 문제가 던져진다. 우리가 할 수 있는 일을 기계가 다 할 수 있다면 인간으로 존재한다는 게 무슨 의미가 있지?

나 자신 역시 죽음의 문턱까지 가고 삶의 의미에 위기를 맞으면서 깊이 고민했던 문제이기도 하다. 이 위기는 내 몸을 한계까지 몰아붙이고 인생에서 무엇이 중요한지에 대한 가장 근원적 가정까지도 뒤집게 만드는 깜깜한 어둠으로 나를 끌고 갔다. 그러나 인간과 인공지능을 다른 편에서 돌아보는 눈을 뜨게 만든 것도 내게 닥쳤던 그 고통이었다.

7

암에서 얻은
지혜

AI 미래가 던진 근본적 질문들은—일과 가치, 그리고 인간으로서 존재한다는 것과 AI의 관계에 대한 질문들—내 삶의 심장부에도 영향을 미쳤다.

어른이 되고 나서 나는 거의 일에만 미쳐 살았다. 가족이나 친구들에게도 거의 무심한 채 일에 모든 시간과 에너지를 쏟았다. 일에서의 성취, 경제 가치를 창출하는 능력, 세상에서 내 영향력을 확대할 수 있다는 것, 이런 것들이 내 자존감의 근원이었다.

연구자로 일하던 시절에는 더 강력한 인공지능 알고리즘을 개발하는 데 매진했다. 연구를 하면서 나는 내 삶이 목표를 명확히 설정한 최적화 알고리즘과 비슷하다고 생각했다. 둘 다 개인의 영향력을 최대화하고 목표에 도움이 되지 않는 것들은 최소화하기 때문이었다. 나는 내 삶의 모든 것을 계량화하기 위해 이런 '인풋'의 균형을 맞추고 알고리즘을 미세하게 조정하려 노력했다.

아내와 딸들에게 완전히 무관심한 사람은 아니었기에 딱 식구들이 불평하지 않을 정도로만 시간을 냈다. 그 기준만 충족했다 싶으면 나는 곧바로 일로 돌아가 이메일에 답장을 쓰고 제품을 출시하고 신생기업에 투자 자금을 대고 강연을 했다. 심지어 깊이 잠을 자다가도 미국에서 오는 이메일에 답장을 쓰려고 새벽 2시와 5시에는 자연스럽게 눈이 떠졌다.

일에만 미쳐 산 세월이지만 나름 보상은 있었다. 세계 최정상급 AI 연구자 중 하나가 되었고, 아시아 최고의 컴퓨터과학연구소를 세웠으며, 구글 차이나를 시작했고, 성공적인 벤처캐피털 펀드 회사를 만들었으며, 여러 권의 베스트셀러를 출간했고, 중국 소셜미디어에서 팔로워가 가장 많은 사람 중 하나가 되었다. 그러니 어떤 객관적 잣대를 들이대도 내 개인의 알고리즘은 눈부신 성공작임에 분명했다.

그러다 모든 것이 일순간에 멈췄다.

2013년 9월 나는 림프종 4기라는 진단을 받았다. 정신적 알고리즘과 개인의 성취로 가득했던 세상이 무너져 내렸다. 그런 성취들은 내 병을 치료하거나 위안이나 의미를 주지 못했다. 갑자기 죽음을 직면하게 된 사람들이 다 그렇듯이 나에게도 미래가 어찌될지 모르는 두려움이 엄습했고, 지금까지 살아온 방식이 가슴이 아플 정도로 후회가 되었다.

아주 오랫동안 나는 가장 가까운 사람들과 함께 시간을 보내고 애정을 나눌 기회를 외면했다. 가족은 내게 사랑과 온기만을 주었지만, 나는 그 사랑을 차갑게 계산해 돌려주었다. 인간처럼 생각하는 기계를 만들려는 탐구심에 정신이 빼앗긴 나는 기계처럼 생각하는 인간이 되고 말았다.

암은 차도가 있었고 내 삶도 연장되었지만, 죽음을 목전에 두자 나는 진정한 통찰을 얻게 되었다. 나는 내 우선순위를 뒤집었고 내 삶을 완전히 바꾸었다. 아내와 딸들과 같이 보내는 시간을 늘렸고, 연로하신 모친이 사는 곳 근처로 집을 옮겼다. 소셜미디어에 들어가는 시간을 많이 줄이고 대신에 나를 직접 찾아온 젊은이들을 만나고 그들을 도와주는 시간을 늘렸다. 내가 잘못을 저질렀던 사람들에게 용서를 구했고, 동료들에게는 조금은 더 친절하고 공감을 나누는 사람이 되려고 노력했다. 무엇보다도 나는 영향력을 늘리는 것에 최적화한 알고리즘으로 내 삶을 바라보는 태도를 버렸다. 이제 나는 내 삶에 진정한 의미를 만들어준다고 생각되는 한 가지에, 주위 사람들과 애정을 나누는 일에 에너지를 쏟으려 노력한다.

생사를 오간 경험은 인간과 인공지능의 공존에 대해서도 새로운 시각을 열어 주었다. 인공지능은 눈부신 경제적 부를 창출하지만 동시에 그만큼 많은 수의 일자리를 파괴한다. 경제적 가치를 인간으로서의 가치와 동일시하는 태도에 계속 갇혀 있다면, AI 시대로의 변화는 우리 사회를 파괴하고 우리 개인의 정신과 심리도 무너뜨릴 것이다.

그러나 다른 길도 있다. 우리가 진정한 인간이 되는 데 인공지능이라는 기회를 이용하는 것이다. 쉽지 않은 길이지만, 인공지능 시대에 살아남고 더 나아가 번영까지 누리고 싶은 우리의 드높은 희망을 실현할 수 있는 길이기도 하다. 내가 목숨을 내줄 뻔하고 발견한 길이지만, 이 여정을 걷게 됨으로써 나는 기계가 아니라 사람에, 그리고 지능이 아니라 사랑을 나누는 것에 다시금 주력하게 되었다.

1991년 12월 16일

출산이라는, 질서정연하다면 할 수 있는 혼돈에 나는 정신이 하나도 없었다. 수술복을 입은 의사와 간호사들이 분만실을 계속해서 들락날락하면서 측정 수치를 확인하고 링거를 교환했다. 아내 선링은 병상에 누워 인간으로서 신체적으로도 정신적으로도 가장 힘들게 사투를 벌여야 하는 일을 하고 있다. 그녀는 지금 또 하나의 인간을 세상에 내보내는 중이었다. 때는 1991년 12월 16일이었고, 나는 첫 아이의 아빠가 되기 직전이었다.

주치의가 내게 다가와 분만이 쉽지 않을 것 같다고 말했다. 아기의 얼굴이 엄마의 등쪽을 향하고 있어야 하는데 반대로 배쪽을 향해 뒤집혀 있어서라고 했다. 선링이 제왕절개를 해야 할지도 모른다고 했다. 나는 이 일생일대의 날에 다른 예비 아빠들보다도 훨씬 초조하고 안절부절한 마음으로 병실을 서성였다. 선링과 아기가 걱정이 되기는 했지만 내 마음 한켠은 분만실이 아니라 다른 곳에 가 있었다.

원래 그날은 애플 CEO이며 테크놀로지 세계에서 영향력이 누구보다도 큰 존 스컬리John Sculley 앞에서 프레젠테이션을 하기로 한 날이었다. 나는 1년 전에 음성인식 수석연구원으로 애플에 입사했고, 이날의 프레젠테이션은 모든 매킨토시 컴퓨터에 음성합성 기능을 추가하고 모든 신형 맥에 음성인식 장치를 포함하자는 내 제안에 대해 스컬리의 승인을 받아낼 기회였다.

아내의 분만은 끝나지 않았고 나는 계속 시계만 흘끗거렸다. 나는 내가 옆에 있는 동안 아내가 무사히 분만을 마치고 나도 늦지 않게 회사로 돌아가 회의에 참석할 수 있기를 간절히 바랐다. 분만실을 서성이는데 동료들이 전화를 해 회의를 취소하거나 나 대신에 다른 연구원이 스컬리 앞에서 프레젠테이션을 하는 게 어떻겠냐고 물었다.

"아냐, 갈 수 있을 거야."

그러나 분만은 끝나지 않았고, 내가 있는 동안 아기가 태어날 가능성이라고는 조금도 없어 보였다. 나는 어떻게 해야 할지 심각하게 갈등했다. 아내의 곁을 지켜야 하나? 아니면 얼른 회사로 달려가 중요한 회의에 참석해야 하나? 이런 식의 '문제'에 부딪칠 때면 으레 숙련된 엔지니어로서의 정신이 가동하기 시작한다. 나는 인풋과 아웃풋의 관점에서 모든 선택지의 경중을 따지고 측정 가능한 결과에 최대한 무게를 실었다.

첫 아이가 태어나는 순간을 지켜보는 것도 멋진 일이지만, 내가 없어도 딸은 태어날 것이다. 그러나 스컬리에게 프레젠테이션을 할 기회를 놓친다면 굉장히 심각하고 계량 가능한 부작용이 생길 수 있다. 어쩌면 소프트웨어가 나 대신에 프레젠테이션을 하는 직원의 목소리에 반응하지 않을지도 모르고 그러면 스컬리가 음성 인식 연구를 무한정 보류하기로 결정할지도 모른다. 또는 그는 프로젝트는 승인하지만 책임자로 다른 사람을 앉힐 수도 있다. 나는 인공지능 연구의 운명이 벼랑에 놓여 있고, 내가 회의에 들어가 직접 프레젠테이션을 하는 것만이 성공 가능성을 최대한 살리는 길이라고 생각했다.

머릿속으로 이런 계산을 하고 있는데 의사가 들어와 곧바로 제왕절개 수술에 들어갈 것이라고 말했다. 아내는 신속하게 수술실로 옮겨졌고 나는 뒤 따라갔다. 한 시간 뒤 선링과 나는 갓 태어난 딸을 품에 안았다. 우리 셋은 잠깐 얼싸안았고, 시간이 얼마 없었던 나는 서둘러 프레젠테이션을 하러 뛰어 나갔다.

대성공이었다. 스컬리는 프로젝트를 승인했고 나는 내가 만든 소프트웨어에 대한 대규모 홍보를 요구했다. 홍보 캠페인은 TED 강연과 〈월스트리트 저널〉 기사, 1992년 〈굿모닝 아메리카〉 출연으로 이어졌고, 존 스컬리와 나는 수백만 시청자들에게 이번 신기술을 시연했다. 방송에서 우리는 음성명령으로 약속을 잡고 수표를 발행하고 VCR 녹화를 하는 등, 다시 20년이 흘러서야 애플 시리와 아마존 알렉사 등에나 자리잡은, 시대를 앞선 소프트웨어 기능을 가장 최초로 선보였다. 이 영광스러운 업적으로 내 자부심은 한껏 올라갔고 내 경력도 한 차원 상승했다.

그러나 지금 생각해 보면 내 마음에 남은 것은 그때의 성취가 아니라 병실의 모습이었다. 만약 내가 내 첫 아이와 애플 회의 중 하나만을 선택해야 했다면 내 선택은 아마도 회의였을 것이다.

솔직히 말하면 이때의 내가 내린 결정이 부끄럽긴 하지만 이해가 가는 부분도 있었다. 단지 그 회의가 중요해서가 아니라 그것은 수십 년 동안 내 인생을 지배했던 기계처럼 생각하는 정신의 결과였던 것이다.

아이언맨

크리스탈처럼 선명한 알고리즘 로직이 내 사고방식과 닮아서인지는 모르겠지만, 컴퓨터와 인공지능은 젊은 시절의 내 인생에서 많은 것과 공명했다. 그때의 나는 내 인생의 모든 것을-우정, 일,

그리고 가족과 보내는 시간까지-정신적 알고리즘에 들어가는 변수 내지는 인풋으로 처리했다. 나는 모든 것을 계량화하려 했고 결과를 얻는 데 필요한 양을 정확히 측정하려 했다.

좋은 알고리즘이 다 그런 것처럼 나도 여러 목표 사이에서 균형을 맞춰야 했다. 자율주행차는 당신을 집까지 빠르게 데려다주는 것만을 목표로 삼아서는 안 된다. 교통법규도 준수해야 하고 사고 위험도 최소화해야 한다. 나도 내 개인생활과 직장생활에서 어느 정도는 맞교환해야 했다. 딸들에게 완전히 무관심한 아빠이거나 아내에게 무신경한 남편이거나(딸이 태어날 때의 사건이 있기는 해도) 부모에게 감사한 줄 모르는 아들이었던 것은 아니다. 내 알고리즘은 기념일을 챙기지 못한다거나 정성스런 선물을 주지 못한다거나 가족과 보낼 시간도 마련하지 않을 정도로 무능하지는 않았다.

그러나 내 알고리즘은 이런 일들에 있어서는 최소한도의 기능만 발휘해 시간은 가능한 한 적게 쓰면서 괜찮은 결과를 얻어낼 방법을 궁리했다. 내 마스터 알고리즘은 일할 시간을 늘리고 내 영향력을 키우고 직장에서 더 높은 지위로 올라간다는 목표를 달성하는 데 크게 치우쳐 있었다.

4주 휴가를 받았을 때에는 타이완의 어머니와 2주, 베이징의 가족들과 1주를 보내고 바로 일로 복귀했다. 심지어 수술을 하고 2주 동안 꼼짝없이 누워 지내야 할 때가 있었는데 그때도 일을 놓지 않았다. 베개 위쪽으로 철제 거치대를 설치해 모니터를 매달고 마우스와 키보드를 무릎에 올려두고 썼다. 나는 수술하고 몇 시간 뒤부터 이메일 답장을 보내기 시작했다.

나는 내 직원들과 상사와 소셜미디어 팬들이 나를 남들의 두 배를 일하고 시간은 절반도 걸리지 않는 초강력 생산성을 가진 기계로 봐주기를 원했다. 짐작하겠지만 나는 내 팀들에게도 나처럼 노력해야 한다는 신호를 누구라도 알 수 있게 선명하게 발산했다. 동료들은 내게 '아이언맨'이라는 별명을 붙였고 나는 그 별명이 좋았다.

이런 직업윤리는 맹위를 떨치며 화려하고 멋진 생활을 탄생시켰다. 나는 과학의 최전선에 서고 글로벌 비즈니스의 정점에 오르고 전국적으로 주목 받는 유명 인사가 될 기회를 얻었다. 2013년에는 〈타임〉이 선정한 세계에서 가장 영향력 있는 인물 100인의 명단에 이름을 올리는 영광도 누렸다.

어떤 묘비명을 남기고 싶습니까?

이런 성취 하나하나가 내 안의 불을 더 크게 지피는 연료가 되었다. 성취감은 나를 더 열심히 일하게 했고 수백만 중국 청년들에게 내 생활방식을 설파하게 했다. 내가 쓴 『최상의 자신을 만들어라Be Your Personal Best』[1]와 『차이나는 세상 만들기Making a World of Difference』[2]는 베스트셀러가 되었다. 나는 젊은이들에게 영감을 주는 연설을 하러 중국 전역 캠퍼스를 다녔다. 중국은 수백 년의 가난을 내던지고 글로벌 강자로 복귀하고 있었고, 나는 중국 학생들에게 이 순간을 놓치지 말고 역사에 흔적을 남기라고 촉구했다.

조금 이상하긴 하지만 나는 강연 막바지에 내 묘비명을 보여주었다. 나는 학생들에게 소명을 알고 싶으면 무덤을 상상하고 묘비명으로 남기고 싶은 말을 상상하는 것이 가장 좋다고 말했다. 나는 내 소명이 무엇인지 확실히 알았고 묘비명도 다 준비되었다고 말했다.

리카이푸, 이곳에 잠들다
과학자이자 실업가로서
최고의 테크놀로지 회사에 일하며
어렵기만한 기술을
누구나 사용할 수 있고 누구나 도움을 받는
제품으로 탄생시킨 그의 업적을 기린다.

강연을 끝내는 결론으로서도 환상적이었고 중국의 맥박을 뛰어오르게 만든 포부와 뜻을 함께 하라는 외침이었다. 중국은 어떤 나라보다도 빠르게 진화하고 성장하고 있었고 모든 곳에서 뜨거운 열기가 느껴졌다. 나는 흠뻑 도취돼 있었고 내 영향력은 최고조였다.

구글을 떠나 시노베이션 벤처를 세운 후 나는 젊은이들에게 멘토링을 해주는 시간을 늘렸다. 중국판 트위터인 웨이보에서는 학생들과 직접 교류했고, 그들에게 해주었던 조언과 공개 편지를 모아 책으로 펴냈다. 내가 중국에서 최고로 평가받는 벤처캐피털 회사의 대표라는 사실과 무관하게 학생들은 존경심과 친근함을 모두 담은 의미로 내게 '카이푸 선생님'이라는 경칭을 붙여 주었다.

나는 수백만 학생들의 멘토가 된 것에 의기양양해졌다. '선생님' 역할을 하는 것은 내 이타심과 남을 돕고자 하는 순수한 열의를 입증한다고 믿었다. 중국 대학들을 돌며 하는 강연에서도 묘비명을 보여주는 것은 같았지만 내용은 달라졌다.

리카이푸, 이곳에 잠들다
중국의 성장기에
교육에 대한 애정을 품었으며,
그를 '카이푸 선생님'이라고
애정 어린 경칭으로 불렀던 많은 학생들을
글과 인터넷과 강연으로 도왔던 그를 기린다.

눈을 빛내며 듣는 청중에게 이런 강연을 하는 것은 무척이나 흥분되는 일이었다. 내 영향력을 보여주고 연륜에서 오는 지혜까지 보여주기에는 새 묘비명이 훨씬 효과적일 것이라고 생각했다.

나는 과학자에서 엔지니어로 변신했고, 경영자에서 선생님으로
바뀌었다. 그러면서도 세상에 미치는 내 힘을 최고조로 확대했고,
내 추종자들에게는 온기와 교감을 느끼게 해주었다. 내 정신적 알
고리즘이 이만하면 완벽하게 다듬어졌다는 생각이었다.

묘비 뒤에 눕는 신세가 될지도 모른다는 현실이 닥치고 나서야,
나는 내 계산이 얼마나 한심하고 얼마나 우스운 것이었는지를 깨
달았다.

진단

PET(양전자방출 단층촬영검사) 스캔 기사는 바로 촬영에 들어갔
다. 나를 촬영실로 안내한 후 그는 바로 내 정보를 입력하고 촬영
장비를 프로그래밍했다. 나와 아내는 매년 타이완으로 건강검진
을 하러 간다. 2013년 초에 가까운 친척 하나가 암 진단을 받자,
아내가 이번 해에는 MRI와 CT 사진도 같이 찍자고 했다. 검진이
끝나고 내 사진에서 뭔가 보인다면서 다시 돌아와 PET 사진을 찍
으라고 했다.

MRI와 CT 사진은 전문가의 눈으로나 판독이 가능하지만, PET
스캔 사진은 비교적 단순해서 웬만한 사람도 다 읽을 수 있다. 환
자들은 소량의 방사성 동위원소가 든 방사성 추적자라는 글루코
스 약물을 주사로 몸에 넣는다. 암세포는 다른 신체 세포들보다
당분을 더 강하게 흡수하는 성질이 있어서 주입된 방사성 동위원

소는 암 종양을 둘러싸고 덩어리를 만든다. 촬영이 끝나고 컴퓨터에 뜬 PET 사진에서는 이 덩어리들이 선홍색을 띤다. 촬영을 시작하기 전에 나는 기사에게 끝나고 사진을 보여 달라고 했다.

"저는 방사선전문의가 아닙니다. 그래도 원하시면 보여드릴 수는 있습니다."

그 말을 끝으로 기계에 누워 둥근 관으로 들어갔다. 내가 45분 뒤 기계에서 나왔을 때 기사는 컴퓨터 쪽으로 몸을 잔뜩 숙인 채 화면을 뚫어져라 보면서 마우스를 빠르게 클릭하고 있었다.

"지금 사진을 볼 수 있을까요?"

"먼저 방사선전문의한테 가보셔야 합니다." 그는 고개도 들지 않고 대답했다.

"아까 봐도 된다고 하셨지 않나요?" 내가 항의했다. "지금 화면에 떠 있는 그 사진 맞죠?"

내 고집을 꺾지 못한 기사는 모니터를 내 쪽으로 돌렸다. 가슴에서부터 시작된 한기가 차가운 얼음장이 되어 내 피부를 덮는 느낌이었다. 위와 복부 전체를 수북하게 덮은 수많은 빨간 얼룩들이 검은색 촬영사진 속에서 유독 두드러졌다.

"이 빨간 얼룩들이 뭔가요?" 턱이 덜덜 떨려왔다.

기사는 내 눈을 마주치려 하지 않았다. 한기가 얼얼한 공포로 변하고 있었다.

"이것들 종양인가요?" 내가 물었다.

"종양일 확률이 높습니다." 기사는 못내 대답했지만 여전히 내 눈은 보지 않으려 했다. "좀 진정하시고 방사선의사한테 가보세요."

머리는 물속을 허우적대고 있었지만 몸은 자동조종 상태가 되어 움직였다. 나는 기사에게 스캔 사진을 출력해 달라고 부탁했고, 복도를 내려가 방사선전문의 진료실로 갔다. 방사선전문의와 예약도 잡지 않고 무작정 사진을 들고 찾아가 진단해 달라고 말하는 것은 규정에 어긋나는 행동이었다. 하지만 내 간청과 애원에 한 의사가 규정을 위반해 주었다. 사진을 본 후 그 의사는 덩어리 모양으로 판단하건대 림프종이라고 말했다. 내가 몇 기인지를 물었더니 의사는 질문을 회피했다.

"좀 까다롭습니다. 어떤 종류인지 확인해야⋯⋯."

내가 말을 잘랐다. "그래서 몇 기입니까?"

"4기 같습니다."

나는 진료실을 나왔고 병원에서도 나왔다. 지나가는 사람이 내 안에서 무엇이 자라고 있는지 혹시나 볼까 깊은 마음에, 두 손으로는 사진을 꼭 끌어안고 있었다. 당장 집에 가서 유언장부터 써야겠다는 생각이 들었다.

유언장

종이에 떨어진 눈물방울에 한 시간의 노력이 헛것이 되었다. 속 눈썹이 무거워지는 기미가 있어서 얼른 휴지를 갖다 대었지만, 나는 1초가 늦었고 눈물은 아래의 종이를 향해 떨어져 한자로 적은 '李'에 정확히 안착했다. 소금기 있는 눈물이 종이의 잉크에 닿자 작고 검은 물웅덩이가 느리게 종이로 스며들었다. 처음부터 다시 써야 했다.

타이완에서는 유언장이 즉각 효과를 가지려면 반드시 손으로 써야 하고 얼룩이나 수정한 표시가 있어서도 안 된다. 조금 구식이 긴 하지만 꽤 단순하고 명료한 조건이다. 이 조건을 충족해야 했기에 나는 내가 가진 중에 가장 좋은 펜을 집었다. 중국 청년들에게 열심히 노력해 일을 정복하라며 용기를 가지라고 말했던 내 베스트셀러와 다른 책들 수백 권에 사인을 해줄 때 썼던 그 펜이었다. 그랬던 펜이 나를 방해하고 있었다. 초조함에 손이 덜덜 떨렸고, 떨쳐내려 해도 머릿속에서 그 PET 사진이 사라지지 않았다. 변호사가 가르쳐준 대로 유언장을 쓰는 데만 정신을 집중하려고 노력했지만 딴생각만 계속 들었다. 펜이 똑바로 쥐어지지 않았고 다시 글자에 얼룩이 졌다. 다시 쓰는 수밖에 없었다.

유언장이 도저히 써지지 않는 것은 그 선홍색 얼룩들이 머리에서 떠나지 않기 때문만은 아니었다. 유언장은 타이완 법에 따라 중국 본토에서 사용하는 한자를 단순화한 간체자보다 우아하고 까다로운 부수들을 복잡하게 조합한 전통 한자인 번체자로 써야 했다. 번체자는 가장 오래된 문자이고 자랄 때 언제나 옆에 끼고 있던 글자이기도 했다. 어릴 때 나는 쿵푸 대하소설 애독자였고 초등학생 시절에는 직접 소설을 지은 적도 있었다.

나는 열한 살 때 타이완에서 테네시주로 옮겨갔다. 미국에서 일하는 형이 모친에게 나 같은 아이한테는 타이완의 교육제도가 너무 딱딱하고 시험 위주라면서 유학 보낼 것을 적극 권장했다. 어머니는 어린 아들이 지구 반대편으로 떠나는 모습을 힘겨워하며 지켜봤고, 작별 인사를 할 때 내게 한 가지 약속을 받아냈다. 한 주에 한 번은 한문으로 쓴 편지를 보낸다는 약속이었다. 어머니가 내게 보낸 답장에는 틀린 글자를 수정한 내 지난 번 편지의 복사본이 들어 있었다. 편지를 주고받는 것을 멈추지 않은 덕분에 나는 고등학교와 대학교, 대학원을 마칠 때까지도 한자를 잊지 않을 수 있었다.

내가 1990년대 초 최고의 직장인 애플에 입사한 후 어머니와 손으로 쓴 편지를 주고받는 일도 점점 뜸해졌다. 베이징으로 옮겨가고 마이크로소프트에서 일하기 시작했을 때는 손으로 한자를 한 자씩 그리는 시간이 줄고 컴퓨터로 한자를 쓰는 시간이 늘어났다. 컴퓨터로 한자를 쓰는 것이 훨씬 쉬웠다. 중국어 단어를 소리 나는 대로 로마자로(예를 들어 'nihao'를) 입력하고 목록으로 나오는 한자들 중에서 맞는 것을 선택하기만 하면 됐다. 인공지능은 문맥상 등장할 글자를 예상하고 자동으로 선택해 한자 적는 과정을 더 많이 단순화했다. 기술 발전으로 한자도 영어처럼 자모로 이뤄진 문자 못지않게 빠르고 효율적으로 타이핑하는 것이 가능해졌다.

그러나 효율이 증가한 만큼 기억은 줄어들었다. 종이 위로 몸을 숙이고 있지만 수십 년을 잊고 지내던 한자를 직접 쓰려니 형태가 잘 떠오르지 않았다. 점을 어디에 찍어야 하는지도 기억나지 않았고 가로획을 엉뚱한 곳에 그려 넣기도 했다. 글자가 이상해질 때마다 종이를 구기고 다시 시작했다.

겨우 한 쪽짜리 유언장이었고 아내인 선링에게 모든 것을 남긴다는 내용이었다. 그러나 내 변호사는 그 한 쪽짜리를 똑같은 내용으로 네 부를 써야 하고 만일의 사태에 대비한 내용도 그 네 부에 다 적어야 한다고 주장했다. 선링이 나보다 먼저 죽는다면? 그럴 경우에는 두 딸이 재산을 물려받는다. 그들 중 하나가 죽는다면? 선링과 내 딸들이 다 죽는다면? 자신의 죽음도 침착하게 받아들이지 못하는 사람이 내세우기에는 다분히 억지스러운 가정이었지만, 법은 한 개인의 고통을 참작해 예외를 인정해 주지는 않는다.

그러나 그 억지 가정은 나로 하여금 진짜 중요한 것에 다시금 정신을 집중하게 해주었다. 중요한 것은 내 금전적 자산의 관리가 아니라 내 삶에 속한 사람들이었다. PET 사진을 본 후로 세상은 절망의 소용돌이에 감싸였고 그 가운데 내가 있었다. 왜 내게 이런 일이 일어난 것인가? 고의로 남에게 상처를 입히는 짓은 한 번도 하지 않았다. 세상을 더 좋은 곳으로 만들고 사람들의 생활을 더 편하게 해주는 기술을 만들려 언제나 열심히 노력했다. 중국에서 쌓은 명성으로 젊은이들에게 조언을 주고 영감을 주었다. 고작 쉰셋에 죽을 만큼 나쁜 짓은 하지 않았다.

이 생각들은 전부 '나'로 시작했고 나의 '객관적' 가치가 옳다는 것을 독선적으로 우기는 내용 일색이었다. 아내와 두 딸의 이름을 적고, 한문을 펜으로 한 글자 한 글자 적은 후에야 나는 이 자기중심적인 감상과 자기연민을 멈출 수 있었다. 진짜 비극은 내가 얼마 살지 못할지도 모른다는 것이 아니었다. 그 오랜 시간을 내게 소중한 사람들과 후회 없이 사랑을 나누지 못했다는 것, 그게 진짜 비극이었다.

마지막을 향하는 상황이 내 삶의 진짜 중심을 선명히 비춰 주었고 나는 자기중심적 감상을 헤집어 엎었다. 세상이 내게 왜 이러느냐고 묻는 태도를 버렸고 아무리 성공한들 병이 낫는 것도 아니라고 한탄하는 태도도 버렸다. 나는 다른 질문을 했다. 왜 나는 나를 생산성 기계로 바꾸기를 그토록 필사적으로 원했던 것인가? 왜 나는 소중한 사람들과 애정 어린 시간을 마련하는 것에 그토록 인색했는가? 왜 나는 나를 인간이 되게 하는 정수를 무시했는가?

죽음을 맞이하는 삶

타이베이에 해가 떴고 나는 네 시간이나 걸려 쓴 유언장 네 부를 보며 탁자에 혼자 앉아 있다. 아내는 막내딸과 베이징에 있고, 나는 어머니 집의 거실에 앉아 있다. 옆방에는 어머니가 누워 계신다. 어머니는 몇 년째 치매이다. 아들을 알아보기는 하지만 주위 세상은 거의 알아보지 못한다.

어머니의 정신을 흐리게 만든 그 병에 잠깐이지만 고마운 마음이 들었다. 어머니는 자신이 무슨 병에 걸렸는지를 알았다면 무너져 내렸을지도 모른다. 어머니는 마흔넷에 나를 낳았다. 의사들이 그 나이에는 웬만하면 아이를 낳지 않는 게 좋다고 말했지만 어머니는 그 말을 귓등으로 흘려들었다. 어머니는 결국 나를 낳았고 내게 무한한 애정을 퍼부었다. 나는 어머니의 아들로 살았고 어머니의 사랑은 얇은 피로 감싸고 입에 들어간 순간 살살 녹는 쓰촨식 매운 돼지고기 경단 요리와 같은 것이었다.

영어 한마디 못하는 내가 테네시주로 갔을 때 어머니는 내가 미국에 잘 적응할 수 있도록 같이 미국으로 와서 6개월을 함께 지냈다. 타이완 집으로 돌아갈 채비를 하면서 어머니가 당부한 것은 하나였다. 어머니의 마음을 계속 느끼고 선조들의 문화를 잊지 않기 위해 한 주에 한 번은 중국어로 쓴 편지를 보내라는 것이었다.

어머니는 평생을 아이들에게 사랑을 나눠주는 데 썼다. 옆방에 어머니가 누워 계신 동안 혼자 탁자에 앉아 있는데 회한이 차곡차곡 밀려왔다. 그토록 정성스럽게 나를 길러준 어머니를 두고 왜 나는 나만 알고 살았던 것인가? 왜 나는 아버지에게 사랑한다는 말을 하지 않았던가? 어머니가 치매가 걸리기 전에 어머니를 정성껏 보살펴 드렸다면 얼마나 좋았을까?

죽음을 앞에 두고 가장 마음에 걸리는 것은 앞으로 해보지 못할 경험이 아니라, 지난날 하지 않았던 일들이다. 말기 환자 전담 간호사이며 작가인 브로니 웨어Bronnie Ware는 시한부 환자들이 인생의 마지막 몇 주에서 가장 후회하는 일들을 폭넓게 조사한 책을 발표했다. 인생의 끝이 보이는 시점에서야 이 환자들은 일상에 파묻혀 놓치고 있던 명료한 시선으로 지난날을 뒤돌아 볼 수 있었다. 그들은 자신에게 진실하지 못하게 살았던 것에 가슴이 아프고, 일에만 열중했던 삶이 후회스럽고, 진정한 의미는 그들의 삶에 속한 사람들에게서 얻게 된다는 사실을 이제야 깨닫게 되었다고 말했다. 더 열심히 일하지 않은 것이 아쉽다고 말한 사람은 없었지만, 사랑하는 사람들과 함께 한 시간이 많지 않은 것이 안타깝다고 말한 환자들은 많았다.

"결국 모든 것은 사랑과 사람들과의 관계이다." 웨어는 책의 출간을 발표한 블로그 포스트에 그렇게 적었다. "인생의 마지막 몇 주에 우리의 가슴에 남는 것은 사랑과 사람이다."[3]

이 단순한 진실이 어머니의 탁자에 앉은 내 가슴속에서 불타올랐다. 내 머릿속은 시간을 거슬러 헤엄치고 있었다. 두 딸, 내 아내, 내 부모님과 함께한 추억들 속에 잠겼다 떠올랐다를 반복했다. 나는 살면서 인간관계를 무시하는 사람은 아니었다. 다만 모든 인간관계를 정확히 계산했다는 것이 문제였다. 나는 모든 인간관계를 숫자로 계량했고, 내 목표를 이루려면 그들 각각에게 얼마의 시간을 분배하는 것이 가장 좋은지 일일이 따졌다. 지금 나는, 내 정신의 알고리즘이 '최적'이라고 판단하며 사랑하는 사람들에게 시간을 아꼈던 것에 못내 공허함이 든다. 그건 되돌릴 수 없는 상실이었다. 알고리즘을 흉내 낸다며 했던 사고방식은 시간을 '차선으로' 분배하는 일마저도 제대로 못했다. 내 알고리즘은 나의 인간미를 강도질 하고 있었다.

산속의 주지승

인생의 진리를 알게 해주는 깨달음을 진정으로 받아들이고 정리하는 데는 시간이 걸린다. 내 안에서 무언가 변하고 있다는 것을 느꼈지만, 이런 회한의 고통을 세상과 교류하는 새로운 방식으로 승화시키는 데에는 인내심과 냉철하고 냉정한 자기반성이 필요했다.

암을 진단받고 얼마 후 친구 하나가 내게 타이완 남부의 포광산佛光山 사원에 한 번 가보라고 했다. 살집이 있는 몸에 인자하게 웃는 싱윤星雲 종조 스님은 1967년에 이 사원을 건립했고 지금도 사원의 큰스님으로 살고 계신다. 싱윤 스님이 세운 포광산종(불광산종)은 불교의 수행 방식과 오계5가지 기본 계율-옮긴이를 일상생활에 접목해 불심을 현대적으로 재해석한 이른바 '인간불교'를 수행한다. 포광산종의 승려들은 전통 불교의 엄숙한 신비주의를 멀리하고 대신에 기쁨을 감추지 않는 자세로 삶을 포용한다. 포광산 사원은 방문객을 가리지 않으며 간단한 수행을 같이 하고 무겁지 않은 지혜를 들려 준다. 사원을 둘러보니 결혼식을 올리는 부부도 보이고 크게 웃으며 즐거워하는 승려도 보인다. 관광객들은 바쁜 일상에서 잠시 벗어나 그곳 사람들이 풍기는 차분한 즐거움에 젖어든다.

나는 미국에서 자라는 동안 기독교 교리에 맞춰 살았다. 종교적 신앙심은 사라진 지 오래지만 마음 한켠에는 이 세상을 만드신 전지전능한 창조주가 있다는 믿음이 남아 있다. 포광산 사원을 가면서 딱히 무언가를 이루겠다는 욕심은 없었다. 며칠 조용히 명상을 하면서 머릿속을 헤집는 생각들을 가라앉히고 지난 세월을 돌아보겠다는 생각뿐이었다.

하루는 아침 수업이 끝나고 싱윤 큰스님이 채식으로 된 아침식사를 함께 하자며 나를 초대했다. 태양은 아직 뜨지 않았고 우리는 잡곡빵과 두부, 죽을 먹었다. 싱윤 큰스님은 휠체어 없이는 거동을 못하지만 정신만은 또렷하고 명민하다. 식사를 하다 말고 큰스님이 내 쪽으로 몸을 돌리며 갑자기 물었다.

"리카이푸씨, 인생의 목표에 대해 생각해 보신 적이 있나요?"

나는 수십 년 동안 나 자신과 다른 사람들에게 했던 대답을 이번에도 주저 없이 말했다. "세상에 한껏 좋은 영향을 주고 세상을 바꾸는 겁니다."

말을 하면서도 타인에게 내 야망을 숨김 없이 털어놓는다는 것이 낯뜨거울 정도로 민망했다. 스님이 식탁 건너편에서 아무말도 하지 않고 있으니 민망함은 더욱 커졌다. 그러나 나는 솔직하게 대답했다. 내 영향력을 키우겠다는 야망은 내 몸속에 살면서 끈질기게 자라나는 종양이었다. 나는 철학책과 종교책을 제법 읽은 편이지만, 내 안에서 나를 부추기는 이 신념을 비판한다거나 의심의 눈으로 본 적은 한 번도 없었다.

싱윤 스님은 잠시 아무 말도 하지 않다가 빵 한 조각을 집어 나무그릇에 남은 음식 부스러기들을 깨끗이 닦아 먹었다. 나는 마음이 불편해져 자리를 뒤척였다.

"'한껏 좋은 영향을 준다'는 것이 무슨 뜻입니까?" 스님이 말을 시작했다. "사람들은 말은 그렇게 하지만 대개는 자아와 허영을 감싼 얇은 겉포장일 뿐이더군요. 당신의 내부를 진정으로 돌아볼 때, 당신을 움직이게 하는 것이 자아가 아니라고 자신할 수 있습니까? 가슴에 대고 물어봐야 합니다. 절대로 자신에게 거짓말을 해서는 안 됩니다."

아니라는 말이 목까지 치솟았다. 나는 내 야망을 변호해 줄 완벽한 논리를 찾아 헤맸다. 진단을 받은 후 가족과 친구들과의 사이를 곱씹는 고통스런 나날들의 연속이었다. 나는 공허한 정서 생활에 서서히 익숙해지는 참이었다. 그러나 엘리자베스 퀴블러 로스Elizabeth Kvbler-Ross가 슬픔의 5단계 이론(부정−분노−협상−우울−수용)으로[4] 설명했듯이 수용에 이르려면 협상이라는 단계부터 거쳐야 한다.

　내 정신은 수백만 중국 청년들에게 좋은 영향을 주었다는 것으로 가족과 친구들과 애정을 나누지 못했다는 것을 상쇄시키고 있었다. 내 웨이보 팔로워 수는 5,000만이 넘고, 나는 모든 힘을 다해 그들에게 좋은 영향을 발휘했다. 심지어 내 좋은 영향을 더 키우기 위해, 재게시할 다른 웨이보 메시지를 찾아내는 AI 알고리즘도 만들었다. 강연을 하러 다니느라 가족과 보내는 시간에 소홀하기는 했지만, 내가 얼마나 수많은 사람을 만나고 다녔던가. 나는 수백만 학생들에게 영향을 주었고, 이 과거에 위대했던 나라가 가난을 벗어던지도록 돕고 있다. 이만하면 좋은 부분이 나쁜 점을 상쇄한다고 자부할 수 있지 않은가? 내가 얼굴도 모르는 사람들에게 주었던 그 모든 선물이면 내 가까운 사람들과 애정어린 시간을 가지지 못했다는 것을 보충하고도 남지 않는가? 결국 등식이 완성되지 않았는가?

　그런데 싱윤 스님의 말은 내가 걸터 앉은 의자의 마지막 남은 다리마저 걷어찼다. 나는 내 성취를 들먹이며 나를 변명하고 내 행동을 최대한 포장하려 했다. 그러나 큰스님은 잘 설계된 내 정신의 알고리즘이 만든 결과에는 관심이 없었다. 그는 내 변명과 혼란의 껍질들을 차분하게 한 꺼풀씩 벗겨냈다. 그는 대화의 방향을 내부로 돌리면서 내게 조금의 가감도 없이 솔직하게 나 자신을 직시하라고 말했다.

"리카이푸씨, 그건 인간이 타고난 사고방식이 아니에요. 언제나 계산하고 모든 것을 숫자로 보는 태도는 우리 내부에 진실로 존재하고 우리와 우리 사이에 존재하는 것을 좀먹어요. 그런 태도는 우리에게 진정한 삶을 살게 해주는 사랑을 질식사시켜요."

"이제야 조금 이해가 됩니다, 싱윤 큰스님." 나는 고개를 떨구고 두 발 사이의 마룻바닥을 응시했다.

"많은 사람이 이해는 하죠. 하지만 실천하며 살기는 정말 힘듭니다. 그래서 겸양이 필요한 것이고요. 우리가 얼마나 작은 존재인지 마음 깊이 느껴야 합니다. 다른 사람들과 사랑을 나누는 단순한 행동보다 이 세상에서 더 중요하고 더 가치 있는 일은 없다는 것을 깨달아야 합니다. 거기서부터 시작하면 나머지는 알아서 제자리를 찾습니다. 그것만이 우리가 진정한 자신이 되는 유일한 길입니다."

그 말을 끝으로 싱윤 스님은 작별인사를 하고 휠체어를 돌렸다. 그의 말이 머릿속에서 메아리로 맴돌다 피부 깊숙이 스며들었다. 나는 진단 받은 후로 내내 고통과 후회와 반성과 의심 속에서 허우적대고 있었다. 나는 지난날의 사고방식이 나라는 개인을 무너뜨리고 있었다. 알고리즘의 사고방식을 흉내 내지 않고 그저 세상을 사는 한 사람으로서 생각하려고 억지로 노력하고 있었다.

싱윤 큰스님을 만나고 생각이 바뀌었다. 스님은 수수께끼에 답을 해준 것도 아니었고 문제의 해결책을 말해준 것도 아니었다. 스님은 정리를 해주었을 뿐이었다. 자신을 이해하고 세상을 마주하는 방식이라는 것이 인풋과 아웃풋, 최적화로는 설명이 안 된다는 사실을 정리해주었을 뿐이었다.

나는 연구원 시절 인공지능 지식의 최전선에 서 있었지만, 다른 사람들이나 나 자신을 온전히 이해하는 일에서는 한 발짝도 더 나가지 못하고 있었다. 그런 이해는 아무리 알고리즘을 잘 설계해도 얻어낼 수 없는 것이었다. 인간을 이해하는 데에는, 죽음이라는 거울을 가감없이 바라보는 태도가 필요했다. 기계와 나를 구분하는 것을 포용해야 했다. 그것은 사랑의 힘이었다.

두 번째 소견과 두 번째 기회

폐부를 찌르는 깨달음에 힘겨워하는 중에도 암 치료가 시작되었다. 첫 의사는 암이 이미 진행될 대로 진행된 4기로 진단했다. 보통 나와 같은 종류의 림프종 4기 환자가 5년 이상 생존할 확률은 약 50%이다. 나는 치료를 시작하기 전에 다른 소견도 들어보고 싶었고, 친구 역시 그의 가족 주치의이며 타이완 최고의 혈액학 전문의인 의사에게 진찰을 받아보라고 했다.

진찰 예약은 1주일 뒤로 잡혔고 그동안에도 나는 내가 걸린 병에 대해 계속 직접 알아봤다. 무조건 계량화와 최적화를 추구하던 태도는 접었지만, 중병에 걸린 과학자의 입장에서 내 병을 더 잘 이해하고 생존 가능성을 계산하고 싶은 마음은 버릴 수 없었다. 인터넷을 뒤지며 나는 발생 원인, 최신 치료법, 장기 생존율까지 림프종에 대한 정보를 닥치는 대로 다 찾아다녔다. 자료를 읽으니 의사들이 어떻게 림프종 단계를 구분하는지도 이해가 갔다.

의학 교과서는 암성종양의 진행 단계를 설명할 때 '기'라는 표현을 사용하고 후기로 갈수록 생존율은 낮아진다. 림프종의 단계를 구분할 때는 몇 가지 뚜렷한 특징을 기준으로 삼는다. 암이 생긴 림프절이 하나 이상인가? 암에 걸린 림프절이 횡격막 위아래로 다 있는가? 림프계 밖의 장기와 골수 안으로도 암이 전이가 되었는가? 이 질문들에 '그렇다'는 답이 나올 때마다 암 진단은 한 단계씩 올라간다. 나는 20여 군데 이상에서 림프종이 생겼고, 횡격막 위아래로 다 퍼져 있으며, 림프계 밖의 장기로도 전이가 되었기 때문에 자동적으로 4기 암으로 분류되었다.

진단 받을 때는 몰랐지만, 이런 단순한 단계 구분법은 현대 의학에서의 치료를 돕기 위한 것보다는 의사들이 쉽게 외우는 데 도움이 되도록 만들어진 것이었다.

단순한 특징만으로 복잡한 질병의 단계를 구분하는 것은 '강한 특징strong feature'만을 판별해 결정을 내리려는 인간의 심리를 전형적으로 보여주는 사례이다. 인간은 변수들의 상관관계를 파악하는 능력이 대단히 낮기 때문에 가장 뚜렷하게 표시되는 특징 몇 가지만 기준으로 삼으려 한다. 예를 들어, 대출 심사할 때의 '강한 특징'은 차입자의 소득이나 주택 가격, 그리고 신용점수이다. 림프종 단계에서는 종양의 개수와 위치이다.

이 강한 특징이라는 것은 병의 미묘한 진행 상황을 정확하게 진단하는 최상의 도구는 아니지만, 의사들이 지식을 전달받고 뇌에 저장하고 꺼내기 위한 수단으로서는 간단하고 좋은 수단이다. 의학 발전은 림프종과 관련해 5년 생존율을 더 정확히 예측하는 데 도움이 되는 다른 수십 가지 특징들을 발견했다. 하지만 이 모든 예측 변수들의 복잡한 상관관계와 정확한 확률을 외우는 것은 아무리 똑똑한 의사라도 힘든 일이다. 그 결과 대다수 의사들은 암의 진행 단계를 결정할 때 이런 다른 예측 변수들은 감안하지 않는 편이다.

나는 더 깊이 조사를 하다가 이런 추가 변수들이 예측에 미치는 영향을 계량화한 논문 한 편을 발견했다. 이탈리아 모데나 레지오에밀리아 대학교 연구진이 발표한 이 논문은 15개의 추가 변수들을 분석한 후 5년 생존율과 가장 관련이 있는 다섯 가지 특징들을 식별했다. 다섯 가지 특징에는 전통적인 기준(횡격막 포함 등) 외에도 반직관적인 특징들도 여럿 포함되었다(지름이 6cm가 넘는 종양이 있는가? 헤로글로빈 수치가 1데시리터 당 12그램 이하인가? 환자의 나이가 60세 이상인가?) 논문은 환자가 이런 특징들을 얼마나 가지고 있느냐를 기준으로 평균 생존율을 계산했다.[5]

인공지능을 연구하는 사람에게는—인공지능의 알고리즘은 수천 가지는 아니더라도 수백 가지 특징에 기반해 결정을 내린다—

이 새로운 판단 기준도 여전히 성에 차지 않았다. 복잡한 시스템을 인간의 처리 범위 내에 들어가는 몇 가지 특징으로 압축한 것에 불과했다. 그러나 이 논문은 전통적으로 암의 진행 단계를 결정하는 방법은 결과 예측에 별로 도움이 되지 않으며 의대생들이 쉽게 암기하고 시험을 볼 때 잘 기억하도록 돕기 위한 역할이 더 크다는 것을 알게 해주었다. 새 기준이 데이터에 훨씬 충실한 방법이었고, 나는 새 기준에 따라 내 생존율을 계산했다.

무수한 의학 보고서와 병원에서 받아온 검사 결과를 뒤적이면서 나는 내 나이, 가장 큰 림프종의 지름, 횡격막 포함 여부, 베타2 마이크로글로불린 상태, 헤모글로빈 수치라는 새로운 기준을 대입해 정보를 탐색했다. 5년 내 사망과 가장 관련이 높은 다섯 가지 특징 중에서 내게 나타난 특징은 딱 하나였다. 나는 눈도 깜빡이지 않고 미친 듯이 논문을 읽고 도표를 확인하면서 내 위험인자와 생존율의 관련성을 찾아다녔다.

그리고 찾아냈다. 병원에서 4기암이라고 진단을 하면 보통은 5년 생존율이 50%에 불과하다는 뜻이지만, 이탈리아 연구진의 더 자세하고 과학적인 측정 기준에 따라 예측을 하면 생존율은 89%로 훌쩍 뛰었다.

나는 이 생존율 계산이 맞는지 거듭해서 확인했고 매번 희열도 주체할 수 없이 늘었다. 내 몸이 호전된 것도 아니었는데 깜깜한 심연에서 구조된 느낌이었다. 같은 주 후반에 타이완 최고의 림프종 전문의 진료 예약이 잡혀 있었다. 그 의사라면 이 연구에 나온 내용을 확인해 줄 것이다. 내 림프종을 4기로 못 박는 것이 잘못된 것이었고 내가 완치 가능성이 높다는 것을 확인해 줄 것이다. 아무 것도 확실하지 않지만-이제는 그 사실을 완연히 깨달았다-나는 살 확률이 높아졌다. 다시 태어난 느낌이었다.

안도와 다시 태어남

가까스로 참사를 피한 직후 사람들이 느끼는 감정이 있다. 고속도로에서 차가 미끄러지듯 급정거를 하고 사고를 피하고 나면 2~3초 후부터 찌릿찌릿한 기분이 피부 전체는 물론이고 머리까지 전달된다. 아드레날린이 사라지고 근육이 풀어지면 그제야 우리는 이런 미친 짓은 다시는 하지 않겠다고 조용히 맹세한다. 짧으면 사흘, 길어봤자 몇 주면 언제 그랬냐는 듯 사라지는 맹세이고, 우리는 다시 옛 습관을 반복한다.

나도 항암치료를 하고 조금씩 차도를 보이면서 암이 내게 준 가르침을 잊지 않겠다고 맹세했다. 진단을 받고 몇 주 동안은 뜬눈으로 누워 삶을 돌아보고 또 돌아보며 내가 얼마나 눈뜬 장님이었는지를 생각했다. 내게 남은 시간이 얼마건 앞으로는 나 자신을 자동화하지 않겠다고 맹세했다. 정신적 알고리즘이 시키는 대로 살지 않고 변수를 최적화하지도 않기로 했다. 내게 소중한 사람들과 사랑을 나누려 노력하기로 결심했다. 거기에 어떤 목표를 두거나 하지 않고 행복하고 진실된 마음을 느끼기 위해 그러기로 했다. 나는 생산성 기계가 되려고 노력하지 않기로 했다. 사랑을 나누는 사람, 그것이면 족했다.

치료를 하는 동안 가족이 보인 사랑은 내 결심을 상기시키고 힘을 주는 원천이었다. 그렇게 인색했음에도 내가 병에 걸리자 아내와 누나들, 딸들은 열일 제쳐 놓고 나를 돌보기 시작했다. 선링은 힘들고 언제 끝날지 모르는 항암치료를 하는 내내 병상 옆에서 쪽잠을 자가며 병수발을 들었다. 항암치료를 받으니 소화에도 문제가 생겨 평상시에는 아무렇지 않은 냄새나 맛에도 메스껍고 구토가 났다. 누나들은 내가 먹을 음식을 해다주면서 내가 거부반응을 보이는 냄새나 맛을 꼼꼼히 기록해서 요리법과 재료를 바꿨다. 덕분에 나는 치료를 받으면서 집에서 만든 음식을 잘 먹을 수 있었다. 그들의 이타적 사랑과 아낌없는 보살핌이 나를 압도했다. 내가 머리로만 이해하려 했던 그 모든 생각들이 감정으로 바뀌어 나를 흠뻑 적셨고 내 안에 스며들었다.

회복한 후에도 가장 사랑하는 사람들과 보내는 시간을 소중히 생각하는 마음은 달라지지 않았다. 그 전에 딸들이 방학을 맞아 집에 오면 나는 겨우 하루이틀 정도만 시간을 냈다. 요새는 두 딸이 휴가를 내 집에 오면 나도 일주일은 시간을 낸다. 출장을 가거나 휴가를 떠날 때면 나는 항상 아내와 동반한다. 옆에서 어머니를 보살피는 시간을 늘였고, 주말에는 어떻게든 친구들을 볼 시간을 내려고 노력한다.

　나는 상처를 주었거나 무심했던 친구들에게 사과를 했고 그들과의 우정을 회복하려 노력했다. 소셜미디어 계정으로 인간미 없는 메시지만 던지는 것이 아니라 청년들을 직접 만나려고 노력했다. 나는 '가능성이 보이는' 순서대로 청년들을 만나던 태도를 버리고 지위나 재능에 상관없이 모든 사람과 공평하게 교류하려고 최선을 다했다.

　더는 어떤 묘비명을 남길지 고민하지 않는다. 죽음에 무관심해져서가 아니라, 우리 모두는 자신의 죽음과 언제나 직접 교류하며 산다는 사실을 절실히 깨달았기 때문이다. 묘비명이란 생명 없는 돌덩어리에 불과할 뿐, 우리의 인생을 다채롭게 수놓는 모든 사람과 추억에는 비교도 되지 못한다는 것을 깨달았기 때문이다. 내 주위에도 자신의 삶을 직관적으로 이해하는 사람이 많다는 것을 이제야 깨달았다. 단순한 깨달음이지만, 그 깨달음이 내 삶을 바꿨다.

　새로운 깨달음은 내가 인간과 기계의 관계, 그리고 인간의 마음과 인공 정신의 관계를 보는 시각도 달라지게 했다. PET 사진을 찍고 진단을 받고 혼자 절망에 빠지고 그리고 이후의 치료와 감정적 치유까지, 모든 과정을 돌이켜보면 이런 깨달음은 한 번이 아니라 조금씩 서서히 스며든 것이었다. 나는 기술적으로도 치료 받았지만 감정적으로도 치료를 받았고, 다음 장에서 설명하겠지만 기술도 감정도 우리의 AI 미래를 떠받치게 될 기둥이다.

나는 나를 치료해 준 전문 의료진들을 존경하고 그들에게 깊이 감사한다. 그들은 오랜 경험과 첨단 의학 기술로 내 안에서 자라난 림프종을 없애주었다. 그들의 지식과 개개인에 맞는 치료 계획을 고안하는 실력은 내 목숨을 구했다.

그들이 고친 것은 내 병의 절반이었다. 현대 의학 기술과 그간 쌓아온 데이터를 가지고 생명을 살리는 전문의들이 없었다면 오늘의 나는 없었을 것이다. 하지만 이타적으로 사랑을 나누는 삶의 의미를 생생하게 보여 준 선링과 내 누나들과 내 어머니가 없었다면, 내 솔직한 이야기를 여러분과 나누는 일도 없었을 것이다.

그리고 또한, 죽음을 맞이하는 사람들이 후회하는 것에 대해 깊이 공감되는 책으로 가장 나약해진 순간의 내게 기운을 차리게 해준 브로니 웨어 같은 사람들이 있다. 아니면 일에 모든 것을 걸었던 내 망상에 고개를 가로젓고 내 자아를 진정으로 직시하게 해준 지혜를 들려준 싱윤 스님이 있다. 숫자로 따질 수 없고 최적화도 불가능한 타인들과의 관계가 없었다면 나는 인간으로 존재한다는 것의 진짜 의미를 배우지 못했을 것이다. 그들이 없었다면 나는 내 우선순위를 다시 정하지도, 내 삶의 방향을 새롭게 정립하지도 못했을 것이다. 나는 일을 줄이고 소중한 사람들과 보내는 시간을 늘리기 시작했다. 모든 행동의—누구를 만나고 누구에게 답장을 보내고 누구와 시간을 보낼지—결과를 일일이 숫자로 따지는 대신에 나는 모든 사람을 공평하게 대하기로 다짐했다. 이는 단지 그들에게만 도움을 주는 것이 아니었다. 나 역시도 일에서의 공허한 성취로는 결코 얻지 못할 충만감과 만족감과 차분함을 얻었다.

아마도 머지않은 미래에 AI 알고리즘은 전문의들이 하는 진단을 대부분 대신할 수 있을 것이다. AI 알고리즘은 인간 의사보다도 성공적으로 병을 찾아내고 치료법을 처방할 수 있을 것이다. 의사들의 보조 역할만 하는 AI도 있겠지만, 의사의 역할을 완전히 대체하는 AI도 등장할 수 있을 것이다.

그러나, 어떤 알고리즘도 내가 치료를 받는 동안 내 가족이 했던 역할을 대신하지는 못한다. 가족이 내게 보여주었던 사랑은 그 어떤 AI 알고리즘보다도 단순하지만, 알고리즘이 따라오지 못할 만큼 심오하다.

AI 역량이 아무리 놀랄 만큼 발전해도, 우리 삶에서 가장 필요한 것은 오직 인간만이 제공할 수 있다. 그것은 사랑이다. 갓 태어난 아기를 보는 순간의 벅찬 기분, 첫사랑에 빠진 기분, 내 말에 귀를 기울이고 공감해 주는 친구의 따뜻한 온기, 힘들어 하는 사람들을 도우면서 느끼는 자아실현의 기분까지. 우리는 인간의 마음을 복제하기는커녕 제대로 이해하지도 못한다. 그러나 우리는 인간만이 사랑을 주고받을 능력이 있다는 것을, 인간은 사랑을 주고

받기 원한다는 것을, 그리고 사랑을 주고 사랑을 받는 행동이 우리의 삶을 가치 있게 만든다는 것을 잘 안다.

AI의 사고력과 인간의 사랑할 줄 아는 능력이 공존해야 한다. 이 공존을 바탕으로 우리는 미래를 건설해야 한다. 둘의 시너지가 탄생할 때 우리는 인공지능의 힘을 마음껏 누리는 번영된 사회를 누리면서 인간으로서 지닌 본연의 모습도 포용할 수 있을 것이다.

이런 사회는 저절로 오지 않을 것이다. 이런 미래를 건설하려면 개인으로서든 국가로서든 세계 전체로든 사회를 근본적으로 재해석하고 재조직해야 한다. 인간과 기계가 공존하는 미래를 건설하는 데에는 사회 통합과 창의적 정책과 인류의 공감대가 필요하지만, 이런 조건들이 달성된다면 거대한 위기를 크나큰 기회로 바꿀 수 있을 것이다.

인류 최대의 번영을 맞이할 기회가, 또는 인류 최악의 재앙이 될 수 있는 위기가 코앞에 다가왔다.

8

인간과 AI의
공존을 위한 청사진

타이완에서 항암치료를 받고 있는 내게 오랜 친구가 찾아왔다. 연쇄 창업가인 이 친구는 최근에 세운 회사 문제로 내게 의논을 하러 왔다. 그는 여러 개의 소비자 테크놀로지 회사를 차렸다가 성공적으로 매각한 경험이 있었지만, 나이가 들면서 더 의미 있는 일을 하고 싶다고 했다. 그는 테크놀로지 스타트업들에게 소외당하는 사람들을 위한 제품을 만드는 회사를 차리고 싶었다. 나나이 친구 정도 나이쯤 되면 부모님들이 일상생활에서 거동이 불편할 때가 많은지라, 내 친구는 연로하신 분들의 거동을 도와주는 제품을 개발하기로 결심했다고 했다.

그가 구상한 것은 노인들의 침대 옆에 놓을 수 있는 커다란 스탠드형 터치스크린이었다. 스크린에는 음식 배달 주문 앱, 좋아하는 TV 드라마를 틀어주는 앱, 의사에게 전화하는 앱 등 노인들이 이용하기에 어렵지 않은 간단하고 실용적인 앱들이 연결돼 있다. 노인들은 복잡한 인터넷을 돌아다니거나 스마트폰의 작은 버튼을 조작하는 것도 버거워하기 때문에 내 친구는 최대한 단순한 제품을 구상했다. 두세 번 클릭이면 모든 앱이 작동하게 했고, 노인들이 누르기만 하면 직접 고객서비스센터로 연결돼 작동법을 안내받게 해주는 버튼도 설치했다.

당장 출시해도 잘 팔릴 것 같은 멋진 아이디어였다. 애석한 일이지만 세계 곳곳의 많은 성인들은 일하느라 바빠 연로한 부모님을 보살필 시간을 내지 못한다. 그들은 효의 중요성을 잘 알고 죄책감도 느끼지만, 정작 부모님을 보살펴드릴 충분한 시간은 내지 못한다. 이 터치스크린은 그런 죄책감을 조금이라도 덜어줄 수 있을 만한 제품이었다.

하지만 제품의 시험 버전을 배치하고 한 가지 문제가 발견되었다. 기기의 기능 중에서 가장 많이 사용된 기능은 음식 배달이나 TV 채널, 의사 상담 앱이 아니었다. 고객센터 연결 버튼이 가장 많이 사용되었다. 쉬지 않고 밀려드는 노인들의 문의 전화에 고객서비스부서는 마비가 될 지경이었다. 왜 이렇게 된 거지? 내 친구는 기기를 최대한 단순하게 만들었다. 노인들한테는 스크린에서 클릭 한 번만 하는 것도 어려운 일인가?

아니었다. 내 친구는 고객서비스부서 직원들의 이야기를 들은 후 노인들이 기기를 작동하지 못해서 전화를 거는 것이 아니라는 사실을 알게 되었다. 그들은 외롭고 누군가와 이야기를 하고 싶어서 전화를 거는 것이었다. 그 노인 이용자들의 자녀들은 식사를 주문해 주고 진료 예약을 잡아주고 처방전을 받아주는 등 부모가 물질적으로 필요로 하는 것은 어느 정도 다 충족해주는 편이었다. 그러나 부모들은 그 이상을 원했다. 그들은 서로 이야기를 나누고 정을 나눌 수 있는 진짜 인간과의 접촉을 원했다.

내 친구가 이 '문제점'을 토로한 것은 인간의 경험에는 사랑이 그 가운데에 자리하고 있음을 내가 막 깨닫기 시작한 즈음이었다. 그가 이 고충을 토로한 것이 2~3년 전이었다면 나는 기술적 보완을 권하는 데 그쳤을 것이다. 이를테면 대화하는 사람도 깜빡 속아 넘어갈 정도로 기본적인 대화는 유창하게 해낼 수 있는 AI 챗봇을 개발하라고 충고했을 것이다. 그러나 나는 병을 이겨내고 AI로 인해 일자리와 삶의 의미에 드리워질 위기에 눈을 뜨기 시작했다.

그 터치스크린 기기와 인간과의 접촉을 갈망하는 욕구에서 나는 인간과 인공지능의 공존을 위한 청사진의 첫 스케치를 그릴 수 있었다. 그렇다. 인공지능은 더 많은 일을 대신할 수 있을 것이고 물질적 필요도 더 많이 충족해주겠지만, 대신에 산업을 파괴하고 노동자들을 길거리로 내몰 것이다. 그러나 단 한 가지는 오직 인간만이 만들 수 있고 나눌 수 있다. 그건 사랑이다.

머신러닝이 아무리 발전해도 조금이라도 감정을 느끼는 AI 기계를 만들게 될 날은 아직도 한참이나 멀었다. 평생을 바친 게임에서 세계 챔피언을 이긴다면 그 기쁨이 얼마나 클지 짐작이 가는가? 알파고는 세계 챔피언을 꺾었지만 그 성공의 쾌감을 누리지 못했고, 승리에서 얻는 행복감도 느끼지 못했으며, 승리 후에 사랑하는 사람과 얼싸안고 싶은 마음도 느끼지 못했다. 한 남자가 자신이 만든 인공지능 컴퓨터의 운영시스템과 사랑에 빠지는 공상과학영화 〈그녀Her〉와 다르게 인공지능은 사랑을 주거나 받으려는 능력도 욕구도 없다. 여주인공 스칼렛 요한슨을 보며 컴퓨터도 사랑을 할 능력이 있다고 생각하기 십상이지만, 그것은 그녀가 인간으로서 경험한 사랑의 감정을 가져와 영화속에서 전달했기 때문에 가능한 일이었다.

스마트 기계에게 자기 자신을 중지시키라고 명령했다가 마음을 바꿔서 다시 복구 명령을 내린다고 가정해 보자. 그런다고 그 기계는 인생관을 바꾸거나, 앞으로 동료 기계들과 시간을 더 많이 보낼 것이라고 맹세하지는 않는다. 그 기계는 감정적으로 성장하지도 않고 타인을 사랑하고 도와주는 행동의 소중함을 알게 되지도 않는다.

인간만이 가진 성장하고 교감하고 사랑을 나누는 능력에서 나는 희망을 보았다. 나는 인공지능과 인간의 마음을 합쳐 새로운 시너지 효과를 만들어야 한다고, 인공지능이 만들어낼 물질의 풍요를 이용해 우리 사회의 사랑과 공감대를 키울 방법을 찾아야 한다고 굳게 믿는다.

그 방법을 찾아낼 수 있다면 물질적 번성과 정신적 풍요가 함께하는 미래로 향하는 길이 열릴 것이다. 쉽지 않은 길인 것은 분명하다. 그러나 우리가 이 공통의 목표 아래 하나로 뭉칠 수만 있다면 우리는 AI 시대에도 생존할 수 있을 것이다. 아니, 그 어느 때보다도 화려하게 융성할 것이다.

혹독한 시련과 새로운 사회계약

우리는 망망대해 같은 도전을 이겨내야 한다. 6장에서도 말했다시피 앞으로 15년 뒤에는 미국 내 모든 직업의 40~50%를 기계로 자동화할 수 있다. 그 일자리들이 하루아침에 다 사라지지는 않겠지만, 시장 작용에만 모든 것을 맡긴다면 근로인구는 압박감을 느끼지 않으려야 않을 수가 없을 것이다. 경제 구조에 따라 어떤 나라는 일자리 상실이 빨리 오고 어떤 나라는 느리게 오는 등 압박에 시차가 존재할 것이다. 그러나 전체적인 추이는 같다. 실업률은 올라가고 불평등의 골은 더 깊어질 것이다.

기술낙관론자들은 기술 혁명이 장기적으로는 언제나 최상의 결과로 흘러간다면서 그 '증거'로 산업혁명과 19세기 섬유산업을 언급한다. 그러나 그들의 주장은 점점 설득력을 잃고 있다. 다가올

AI 혁명의 규모와 속도, 숙련 편향을 보건대 우리는 역사상 유례가 없는 새로운 도전에 직면할 것이다. 가장 비관적인 실업률 예측이 실현되지 않는다고 해도, 인터넷 시대에 커지고 있는 부의 불평등은 AI 시대를 맞아 더욱 속도를 높일 것이다.

임금 정체와 불평등 증가가 어떤 식으로 정치 불안과 폭동을 야기할 수 있는지는 이미 여실히 드러났다. AI가 경제와 사회 전반에 적용될수록 불안과 폭동으로 향하는 흐름은 더 빨라지고 악화될 것이다. 노동시장은 장기적으로 스스로 균형을 찾겠지만, 그 먼 미래에 약속된 균형에 다다르려면 우선은 궤도를 이탈하게 만드는 일자리 상실과 불평등 증가라는 혹독한 시련부터 이겨내야 한다.

이런 도전을 맞이해야 하는 우리로서는 일이 일어난 다음에야 반응하는 여유를 부릴 수 없다. 우리는 AI의 물질적 풍요가 선사할 기회가 성큼 다가오기 전에 먼저 그 기회를 움켜쥐어야 하고, 그 기회를 이용해 경제를 재건하고 사회계약을 다시 써야 한다. 내가 암에서 얻은 교훈은 지극히 개인적인 깨달음이었지만, 그 깨달음 덕분에 나는 이 문제들에 다가가기 위한 새롭고 명료한 시각을 얻을 수 있었다.

AI 시대에도 번성할 사회를 건설하려면 단순히 경제만이 아니라 문화와 가치에도 대규모 변혁이 일어나야 한다. 수세기 동안 이어진 산업경제에서의 삶은 우리로 하여금 생산성을 갖춘 근로자가 되는 것이 사회에서 우리가 맡은 가장 중요한 역할이라고(그리고 그것이 우리의 정체성이라고) 믿게 만들었다. 그런 믿음이 없어지는 순간 우리와 공동체를 강하게 잇는 결속이 고장 난다. 산업시대에서 AI 시대로 옮겨가려면 우리는 일과 삶을 동일시하는 태도를, 인간을 위대한 생산성 최적 알고리즘에 속한 변수쯤으로 취급하는 태도를 버려야 한다. 우리는 인간만이 가능한 사랑과 도움과 교감을 그 어느 때보다 소중하게 여기는 새로운 문화로 옮겨 가야 한다.

사람의 마음은 쉽게 변하지 않는다. 그러나 다양한 정책을 선택하다 보면 다양한 행동이 나오기 마련이고 문화가 움직이도록 다양한 방향으로 슬쩍 옆구리를 찔러볼 수는 있다. 우리는 인간을 물질과 금전의 욕구를 채워주기만 하면 되는 존재로 보는 기술관료주의 방식을 택해, 굶지 않을 정도의 음식과 거리를 헤매지 않아도 될 정도의 집을 마련할 수 있는 현금을 모든 국민에게 주는 정책을 선택할 수도 있다. 실제로도 이 보편적 기본 소득universal basic income의 개념은 오늘날 정책 결정에서 점점 인기를 얻는 추세이다.

그러나 기술관료주의 접근법은 인간다움을 훼손하고 다시 없을 기회를 놓치는 정책일 수 있다. 나는 인간을 인간답게 만드는 요소에 더 집중하는 일에 AI가 만들 경제적 풍요를 이용하는 방법을 몇 가지 제안하려 한다. AI를 올바로 이용하려면 우리는 사회계약을 다시 써야 하며, 산업경제에서 경제적 생산 활동이 보상을 받았던 것처럼 사회적 생산 활동이 보상을 받을 수 있도록 경제적 유인을 재편성해야 한다.

쉽지 않은 일이다. 이 길을 걸으려면 경제와 사회의 변혁에 대한 다면적이고 모두의 동참을 이끄는 접근법이 필요하다. 이 접근법은 사회 각계각층에서 오는 정보에 의존하며, 그 바탕에는 끊임없는 탐구와 과감한 실험정신이 깔려 있어야 한다. 우리가 아무리 노력해도 순탄한 변화는 절대로 기대할 수 없다. 실패의 대가도 성공의 잠재적 보상도 아주 크기 때문에 할 수 밖에 없다.

지금부터 그 길을 시작해 보자.

첫째로, 나는 AI 경제에 적응하는 방법으로써 실리콘밸리가 상당수를 구상하고 지지도도 제일 높은 정책적 제안 세 가지를 검토하려 한다. 그 세 가지는 주로 '기술적 보완'에 해당하는데, 완만한 변혁을 추진하고 문화의 이동은 도모하지 않는 정책과 사업모델에서의 변화를 말한다. 이 기술적 사용과 약점을 검토한 후 나는 이것과 비슷한 세 가지 수정을 제안하려한다. 이 세 가지가 일자리 문제를 완화하고 우리를 더 깊은 사회적 진화로 이끌어 줄 것이라고 믿는다.

내가 제시할 세 가지 수정은 기술적 보완을 실행하는 데 그치지 않고 새로운 접근으로 민간부문의 일자리 창출을 제시하고 투자와 정부 정책에도 영향을 줄 것이다. 새로운 접근법의 목표는 인간이 AI 자동화보다 계속해서 한발 앞서 나가게 하는 것이 아니라,

경제도 번영하고 인간도 융성하는 새로운 길을 여는 것에 있다. 이 세 가지 수정이라는 기초 공사를 마치고 등장할 새로운 사회계약은 AI를 올바로 이용해 더 인간적인 세상을 만들 것이라고 믿는다.

중국이 AI와 일자리를 바라보는 시각

실리콘밸리가 제안하는 기술적 보완을 알아보기 전에 이 주제가 중국에서는 어떻게 논의되고 있는지부터 보자. 현재까지 중국의 기술 엘리트들은 AI가 일자리에 미칠 부정적 영향에 대해서는 말을 삼가는 편이었다. 내 개인적인 견해를 말하자면, 그들이 침묵한 것은 대중의 눈을 가리려는 의도에서가 아니라 AI가 일자리에 미칠 영향을 두려워할 이유가 전혀 없다고 판단해서이다. 이런 점에서 그들은 장기적으로 기술은 언제나 더 많은 일자리와 더 높은 번영을 이끌어준다는 기술낙관론을 믿는 미국 경제학자들과 입장이 일치한다.

중국 기업가들이 그렇게 확신하는 이유는 무엇인가? 지난 40년 동안 중국인들은 자국의 기술 발전이 모든 배를 띄워주는 밀물이 되는 것을 직접 목격했다. 중국 정부는 경제 개발의 핵심으로서 언제나 기술 발전을 강조했고 그런 경제 개발 계획은 수십 년간 대단히 성공적이었다. 중국은 농업사회에서 제조부문의 거인으로 그리고 지금은 혁신 발전소로 변신했다. 같은 기간 동안 불평등이 심해지기는 했지만 생활수준이 전반적으로 나아진 것에 비하면 크게 심각한 문제는 되지 못했다. 미국 사회의 여러 부문에서 생산성과 임금이 따로 노는 '거대한 탈동조화' 현상이 빚어지며 정체와 쇠락이 현실적으로 체감되는 것과는 극명하게 대조된다. 중국 테크놀로지스트들이 걱정하지 않는 것도 같은 이유에서다.

심지어 AI의 영향을 부정적으로 그리는 중국 기업가들 사이에도 일자리에서 내몰린 근로자를 중국 정부가 빠짐없이 떠안아 줄 것이라는 인식이 널리 퍼져 있다. 무턱대고 하는 생각은 아니다. 1990년대 비대해진 중국 공기업들의 강제 개혁 단행으로 정부의 녹을 먹던 근로자들 수백만이 한꺼번에 실직자가 되었다. 그러나 대대적인 노동시장 붕괴에도 불구하고 국가 경제가 튼튼하고 실직 공무원들의 이직을 도우려는 정부의 전방위적 노력까지 더해지면서 중국 경제는 실업 확산이라는 고통 없이 경제 개혁에 성공할 수 있었다. 상당수 테크놀로지스트와 정책 입안자들은 AI 미래를 그릴 때에도 마찬가지로 정부가 자기 역할을 다 할 것이고 중국은 AI로 인한 대량 실직 위기를 피할 수 있을 것이라고 은연중에 믿는다.

내가 보기에는 지나치게 낙관적인 예측이다. 그래서 나는 미국에 있을 때처럼 중국에서도 다가올 AI 시대에 우리가 맞닥뜨릴 거대한 일자리 위기에 대한 인식을 높이려고 노력 중이다. 중국의 기업가도 테크놀로지스트도 정책 입안자도 이 문제를 진지하게 고민하고 창의적 해결책이 마련되기 위한 토대를 닦아야 한다. 하지만 40년 동안 번영을 지속하면서 굳어지고 강화된 현재 중국의 문화적 심리 상태는 일자리 위기를 본격적으로 논의하려는 기미를 거의 보이지 않으며 마땅한 해결책을 마련하려는 노력도 거의 없다. 이런 대화의 물꼬를 트려면 실리콘밸리로 다시 눈을 돌려야 한다.

3R: 재훈련, 단축, 재분배

AI로 인한 일자리 상실을 해결하려 실리콘밸리가 내놓은 기술적 해법은 근로자 재훈련retraining, 근로 시간 단축reducing, 소득 재분배redistributing라는 3R 방안으로 크게 압축된다. 세 방안 모두 노동시장의 여러 변수를(숙련 기술, 시간, 보상) 증대하는 데 목표를 두고 있으며, 일자리 상실의 속도와 심각성에 있어서도 다양한 가정을 전제로 삼는다.

근로자 '재훈련'을 주창하는 사람들은 AI 때문에 숙련 기술이 필요한 분야는 서서히 달라지지만 근로자들이 알맞은 실력을 갖추고 훈련을 받는 쪽으로 적응한다면 노동시장의 수요도 감소하지 않을 것이라고 믿는다. '근로 시간 단축'을 주창하는 사람들은 AI로 인해 인력에 대한 수요가 줄고 그 충격을 흡수하기 위해 주 3~4일 근무 제도가 일자리 전체로 확산되면서 자리를 보전하는 근로자가 늘어날 것이라고 믿는다. '재분배' 진영은 AI로 인한 일자리 손실을 가장 비관적으로 예측한다. 그들은 AI 기술이 발전할

수록 근로자들이 쫓겨나기 때문에 아무리 많이 훈련을 하고 근무 시간을 조정해도 수습하기에는 부족하다고 말한다. 그러므로 실 직자들을 지원하고 AI가 만들 부를 나누기 위해 더 급진적인 소 득 재분배 제도가 필요하다는 것이다. 세 가지 방안의 장점과 함 정에 대해서는 뒤에서 더 자세히 살펴볼 것이다.

직업 재훈련 주창자들은 AI 시대를 준비할 근로인구를 육성하 기 위해서는 두 가지 흐름이 대단히 중요하다고 말한다. 그것은 온 라인 교육과 '평생학습'이다. 그들은 온라인 교육 플랫폼이-유료 도 무료도-널리 보급되면서 실직 노동자들이 접근할 수 있는 훈 련 자료와 강의도 전과는 비교가 안 되게 많아질 것이라고 믿는 다. 근로자들은 이런 플랫폼을-동영상 스트리밍 사이트와 온라 인 코딩 학원 등-도구 삼아 평생학습자로 변신해 실력을 개선하 거나 자동화 가능성이 낮은 직종으로 이직한다. 직업 재훈련의 기 회가 풍부한 세상에서 실직한 보험중개인들은 코세라Coursera 등의 온라인 교육 플랫폼에서 소프트웨어 개발자가 되는 훈련을 받는 다. 이직한 직장도 자동화가 이루어지면 다시 같은 플랫폼으로 들 어가 아직은 AI의 손이 닿지 않은 이를테면 알고리즘 엔지니어나 심리학자가 되는 훈련을 받을 수 있다.

온라인 플랫폼으로 평생학습을 한다는 것은 꽤 멋진 아이디어 이고, 근로자 재훈련이 중요하다는 나도 생각이 같다. 특히 평생 학습은 앞에 나온 일자리 대체위험 그래프의 우측 하단 분면에 속한 근로자들이('느린 잠식 지대') 창의적 능력이나 비체계적 환경에서의 근무 능력에서 AI를 계속 앞서나가는 데 많은 도움이 될 수 있다. 또한 이 방법은 근로자들에게 개인적 성취감을 높여주고 자기 삶을 스스로 주도한다는 느낌을 줄 수 있다.

하지만 AI가 일자리에 얼마나 깊고 광범위한 영향을 미칠지 생각한다면 이 접근법만 가지고는 문제를 해결하기에는 턱없이 부족하다. AI가 새로 정복하는 직종이 하나둘씩 늘어날 때마다 근로자들은 몇 년마다 새로운 업종으로 이직을 해야 하고 남들이 평생 걸려 쌓은 실력을 단기간에 속성으로 습득해야 한다. 자동화의 속도도 방향도 불확실하다는 것은 직업 재훈련을 더욱 힘들게 만드는 부분이다. AI 전문가들도 미래에 정확히 어떤 업종이 자동화 될지 정확히 예측하지 못한다. 직업 재훈련 프로그램을 이수하는 평범한 근로자가 몇 년 뒤 어떤 일자리가 안전할지 정확히 예측하는 것이 과연 가능할까?

무자비하게 밀려드는 홍수를 피해 더 높은 곳의 바위를 찾아 이리 뛰고 저리 뛰는 동물들처럼 근로자들은 끝없이 퇴각만 하는 상황에 처하게 될지도 모른다. 근로자 재훈련은 많은 근로자가 AI 경제에서 일자리를 찾는 데 도움이 될 것이고, 재훈련의 규모를 키워 더 많은 사람이 기회를 얻을 수 있도록 이런저런 수단을 실험해 봐야 하는 것도 맞다. 그러나 노동시장 전체를 휩쓸 전방위적 파괴에 대처하기에는 너무 무성의하고 무계획적인 방안인 것도 사실이다.

AI와 관련된 일자리 문제를 장기적으로 해결할 가장 좋은 방법이 교육이기는 하다. 나도 그렇게 믿는다. 지난 밀레니엄 시기는 인간이 기술을 혁신하고, 그 기술 혁신에 적응하기 위해 새로운 일자리 훈련을 받는 능력이 대단히 뛰어나다는 것을 입증했다. 그러나 AI가 불러올 변혁의 규모와 속도로 보건대, 우리가 교육에만 의존하는 사치를 부리다가는 우리가 만든 기술의 달라지는 요구에 보폭을 맞추지 못할 것이다.

이런 파괴의 크기를 인식한 구글 공동창업자 래리 페이지는 더 급진적인 방안을 제시한다. 주 4일 근무제도로 바꾸거나 여러 사람이 같은 일을 '나눠'하게 하자는 것이다.[1] 점점 희소해지는 일자리를 더 많은 노동인구가 나눠가질 수 있도록 하나의 전일제 일자리를 여러 개의 파트타임 일자리로 바꾸는 것도 이 방안을 실천하는 한 방법이다. 이 방법으로 대다수 근로자들의 월급은 줄어들 수 있지만 적어도 대량 실직이라는 사태를 피하는 데는 도움이 될 수 있다.

몇 가지 창의적인 업무 공유 방식은 이미 시행되었다. 2008년 금융위기가 발생한 후 미국 몇몇 주에서는 사업규모가 갑자기 줄어든 기업들이 대규모 정리해고를 피하기 위해 업무 공유 제도를 시행했다. 기업들은 근로자의 일정 비율을 해고하는 대신에 근무 시간을 20~40%까지 단축했다. 지방정부는 근무 시간 단축이 적용된 근로자들에게 줄어든 급료의 50% 정도를 보전해 주었다. 이 방법은 몇몇 기업에서 큰 효과를 거두었고 직원도 기업도 경기 순환의 변덕에 따라 해고를 하고 재채용을 하는 혼란스런 과정을 피할 수 있었다. 지방 정부도 실업 급여로 나갈 돈이 잠재적으로 줄어드는 효과를 봤다.[2]

업무 공유 제도는 일자리 상실을 둔화할 수 있으며, 특히 대체 위험 그래프에서 주요 업무는 AI가 처리하고 고객 응대를 위해 소수의 근로자들만이 명맥을 유지하는 '인간으로 눈가림하는 지대' 분면의 일자리를 지키는 데 도움이 된다. 업무공유 제도는 잘만 활용하면 기업의 해고를 줄일 수 있는 정부 지원금 및 인센티브 장치로서의 역할도 할 수 있다.

근로 시간 단축이건 업무 공유건 단기적인 일자리 파괴를 막는 데는 효과가 있지만, AI의 끈질기고 지속적인 대규모 공세 앞에서는 금세 힘을 잃을 수 있다. 지금의 업무 공유 제도는 줄어든 급료의 일부만 보전해 주기 때문에 근로자의 순소득이 줄었다는 사실에는 변함이 없다. 근로자가 일시적인 경제 위기에서는 소득이 감소하는 것을 순순히 받아들일지 몰라도, 급여의 정체나 하락이 언제까지고 이어지는 것을 반길 사람은 아무도 없다. 현재 연봉이 2만 달러인 근로자에게 앞으로는 주 4일 근무에 연봉은 1만 6,000달러로 줄어들 것이라고 말하는 것은 재고의 가치조차 없는 생각이다. 이를 보완할 더 창의적인 수단이 나와야 하고 정부도 기업도 여러 가지 방법을 실험해 봐야 한다. 문제는, 이 방안 역시 AI가 노동시장에 장기적으로 몰고 올 압박을 해소하기에는 굉장히 미흡하다는 사실이다. 어쩌면 우리는 훨씬 급진적인 재분배 수단을 선택해야 할지도 모른다.

보편적 기본 소득 제도의 기본 원칙

현재 가장 인기 있는 소득 재분배 방법은 앞에서도 말했듯이 보편적 기본 소득이다. 이 개념의 핵심은 단순하다. 국가의 모든 시민이(또는 모든 성인이) 정부로부터 별도 조건 없이 정기적으로 월급 개념의 일정 소득을 받는다. 보편적 기본 소득이 전통적 복지나 실업수당과 다른 점은 모든 시민이 다 똑같이 수령하고 시한이 정해져 있지 않으며 구직 활동을 해야 한다는 조건이 없고 지출 방식에 대한 제약도 없다는 것이다. 이것을 조금 변형한 최저 소득 보장guaranteed minimum income 제도에서는 정부가 일정 금액을 빈곤층에게만 지급함으로써 모든 시민은 이 '소득 최저선' 이상의 소득을 보장받게 된다. 다만 보편적 기본 소득 제도처럼 시민 모두에게 그 금액이 제공되지는 않는다.

두 제도를 위한 기금은 AI 혁명 승자들의 세금을 대폭 인상해 마련한다. 테크놀로지 대기업들, AI 시대에 적응하는 데 성공한 대기업들, 그리고 백만장자와 억만장자, 이 기업들의 성공으로 돈을 쓸어 담아 조만장자가 되는 사람들이 증세 대상이다. 수당액을 얼마로 할지는 이 제도를 주장하는 사람들 사이에서도 논란이 분분하다. 누구는 소액으로–연 1만 달러 수준–유지해야만 근로자들이 구직을 하려는 유인이 사라지지 않는다고 주장한다. 또 누구는 실직으로 인한 소득 상실분을 완전히 대체할 수 있는 만큼은 주어야 한다고 주장한다. 먹고살기 위해 일해야 하는 생활에서 완전히 해방되어 평생 꿈꿔 온 열정을 마음껏 추구할 수 있는 '여가 사회leisure society'를 만들수도 있다.

미국에서 보편적 기본 소득과 최저 소득 보장 제도가 논의되기 시작한 것은 1960년대였고, 마틴 루터 킹 2세부터 리처드 닉슨에 이르기까지 다양한 사람들이 이 제도를 크게 지지했다. 최저 소득 보장 제도 지지자들은 이 제도로 빈곤을 끝낼 수 있다고 여겼고, 1970년에는 모든 가정이 빈곤선 이상의 생활을 누리도록 보조금을 지급한다는 닉슨 대통령의 법안이 가결 직전까지 갔었다. 하지만 법안이 부결로 끝난 후 보편적 기본 소득과 최적 소득 보장 제도에 대한 논의는 공개담론에서 제외되었다.

그러다 실리콘밸리가 이 제도에 열띤 관심을 보이기 시작했다. 기본 소득을 보장한다는 개념은 실리콘밸리 엘리트들의 상상에 불을 지폈다. 스타트업 액셀러레이터스타트업에 대한 투자만이 아니라 여러 교육과 멘토링 등 성장을 위한 기반도 함께 마련해 주는 기업–옮긴이로 유명한 와이콤비네이터Y Combinator의 샘 올트먼Sam Altman과[3] 페이스북 공동창업자 크리스 휴스Chris Hughes와[4] 같은 거물들이 기본 소득 시범제도의 연구를 후원하고 기금을 제공하기 시작했다. 처음에 창안된 최저 소득 보장은 경기가 정상일 때 빈곤층을 지원한다는 개념이었지만, 실리콘밸리는 AI로 인해 확산될 기술적 실업의 해결책으로서 이 제도에 관심을 가지게 되었다.

실업과 소요가 사회 전반에 불어닥칠 것이라는 암울한 예측에 실리콘밸리를 이끄는 사람들은 당황했다. 그들은 파괴의 복음을 설파하고 다녔는데, 산업을 파괴하면 그 산업에 속한 진짜 사람들도 파괴하고 내몰게 된다는 사실을 어느 순간 퍼뜩 깨닫게 된 것이다. 혁신을 가져왔지만 동시에 불평등 확산에도 기여한 인터넷 기업을 창업하고 투자를 했던 백만장자와 억만장자 집단이 정신을 차리고 AI 시대의 충격파를 누그러뜨리기로 결심한 것 같았다.

이 제도를 주창하는 사람들은 대규모 소득재분배 계획이 AI 기반 경제에 실업과 빈곤 확산이 같이 오는 것을 잠재적으로 막아 줄 장치라고 생각한다. 그들의 주장에 따르면 직업 재훈련과 업무 시간 단축, 업무 공유는 밀려오는 자동화의 물결에 맥을 못 춘다. 소득 보장만이 일자리 위기라는 재앙을 피하게 해준다.

보편적 기본 소득 제도가 정확히 어떤 방식으로 실행될지는 두고봐야 할 일이다. 와이콤비네이션과 제휴를 맺는 한 연구기관은 현재 캘리포니아주 오클랜드에서 1,000가구에 3~5년 동안 매달 1,000달러의 수당을 주는 시범 제도를 운영 중이다. 연구소는 정기적으로 질문서를 배포해 이 가정들의 생활과 활동 상태를 추적

하고, 그 결과를 매달 50달러만 받는 통제집단과 비교한다.[5]

실리콘밸리는 기업가로서의 색안경을 끼고 이 제도를 바라본다. 그들에게 있어 이 월급 개념의 수당은 넓은 의미로는 사회안전망이지만 동시에 '당신의 스타트업에 하는 투자'이자 한 테크전문 작가의 표현처럼 '그 사람들에게 하는 벤처 투자'이다.[6] 이런 시각에서 보편적 기본 소득은 실직자들에게 자기 회사를 차리거나 새 기술을 배울 수 있도록 베풀어주는 소액의 '개인적인 엔젤 투자'이다. 2017년 하버드대학 졸업식 연설에서 마크 저커버그는 "모두가 새로운 아이디어를 시도해 볼 완충장치를 가지기 위해서는" 보편적 기본 소득을 탐구할 필요가 있다고 주장하면서 이 제도에 동의한다는 뜻을 밝혔다.[7]

실리콘밸리 엘리트 집단이 보편적 기본 소득 개념에 왜 흠뻑 빠졌는지 충분히 이해가 간다. 자신들이 만든 거대하고 복잡한 사회 문제에 이만큼 단순하고 기술적인 해결책도 또 없다. 하지만 보편적 기본 소득 제도를 수용한다는 것은 사회계약이 굉장히 신중하고 비판적으로 고민해야 하는 방향으로 수정된다는 뜻이다. 나는 어느 정도의 보장 정책으로 기본적 필요를 충족해주는 것에는 찬성하지만, 보편적 기본 소득을 위기의 만병통치약으로 여기는 것은 중요한 기회를 놓치는 크나큰 실수라고 생각한다. 그 이유를 설명하기 전에, 우선은 실리콘밸리가 보편적 기본 소득에 그토록 열광하게 된 동기가 무엇이고 그것이 만들 사회가 어떤 모습일지부터 상상해 보자.

실리콘밸리의 '마법 지팡이'

보편적 기본 소득에 열광하는 실리콘밸리 사람들 중에는 신기술로 일자리를 잃을 사람들을 진심으로 순수하게 걱정하는 입장에서 이 제도를 지지하는 이들도 있을 것이다. 그러나 자기이익 때문에 이 제도를 지지하는 사람들도 분명 있을 것이다. 실리콘밸리 기업가들은 자신들이 수십억 달러의 부를 쌓고 산업 파괴를 선동하고 있음을 잘 안다. 그리고 상황이 걷잡을 수 없이 흐르면 대중의 분노가 자신들에게 향할 것이라는 사실도 잘 안다. 그들의 마음속에 생겨나기 시작한 이 분노가 기업가들로 하여금 문제가 터지기 전에 미리 미봉책부터 마련하게 만든 것일 수도 있다.

기업가들이 복합적인 동기에서 보편적 기본 소득이라는 해결책을 제시하는 것이기는 해도 무작정 무시해서는 안 된다. 어쨌거나 이들 실리콘밸리 기업가 집단에는 세계에서 가장 창의적인 비즈니스와 엔지니어링 정신을 가진 사람들 중 일부도 포함돼 있다. 원대한 꿈을 꾸고 실험하고 반복해서 개선하는 실리콘밸리의 정신은 우리가 미지의 바다를 항해하는 데 큰 도움이 될 것이다.

그러나 그 복합적인 동기를 인식해야만 보편적 기본 소득과 같은 방안에 대한 비판적 시선도 기를 수 있다. 우리는 엔지니어와 투자자들이 새로운 문제를 다룰 때, 특히 사회와 인간의 근본적 차원에 대한 문제를 다룰 때 어떤 문화적 편향을 꺼내 드는지 알아야 한다. 무엇보다도 우리는 기업가들이 제안한 해결책을 평가할 때 그 방안이 정확히 무엇을 목표로 삼고 있는지를 물어야 한다. 그들은 자신들이 제안한 기술의 수혜가 진정으로 사회의 모든 구성원에게 돌아가기를 원하는가? 아니면 격변이라는 최악의 시나리오를 피하고 싶을 뿐인 것인가? 그들은 새로운 제도를 마련하는 데 필요한 수고를 기꺼이 자청하는 것인가, 아니면 양심을 달래고 자동화가 사회에 미칠 깊은 심리적 충격에 대한 책임에서 벗어나기 위해 미봉책을 모색하는 것에 불과한가?

염려스럽긴 하지만 실리콘밸리 기업가들 상당수는 후자에 속한다. 그들에게 있어 보편적 소득은 AI 시대에 그들이 불러올 여러 경제적, 사회적, 심리적 문제들을 사라지게 만들 '마법 지팡이'이다. 보편적 기본 소득은 가벼운 접근법으로 문제를 해결하려는 전형적인 태도이며 실리콘밸리에서 높은 지지를 받고 있다. 다시 말해 디지털 영역에만 관심을 집중하고 실세계와 관련된 잡다한 세부 행동은 피하는 태도이다. 이 가벼운 접근법은 인센티브를 조금 수정하거나 디지털 계좌 이체를 하면 모든 문제를 해결할 수 있다고 생각한다.

무엇보다도, 이 접근법 연구자들은 자신들이 만든 신기술이 사회에 미칠 영향을 비판적으로 고민해야 하는 부담감을 지지 않아도 된다. 모두가 매달 보편적 기본 소득을 제공받는 한 아무 문제도 없을 것이기 때문이다. 테크 엘리트 집단은 처음 계획한 대로 혁신 기업을 세우고 막대한 보상을 거둔다는 목표에만 매진하면 된다. 보편적 기본 소득 제도가 시행되면 증세로 인해 이익이 어느 정도 줄 수 있지만, 어차피 AI 시대에 금전적 이익의 대부분은 테크 엘리트 집단이 독식하게 될 것이다.

이런 관점에서 바라보면 보편적 기본 소득은 AI로 더 좋은 세상을 만들 건설적 해법은 되지 못한다. 이 방법은 AI 채택으로 상처 입은 사람들을 진정시키고 감각을 없애는 진통제이다. 이 진통제는 기술에 밀려난 사람들의 고통을 경감하고 그들을 내몬 사람들의 양심도 달래주는 일석이조의 효과가 있다.

앞에서도 말했지만 사회의 모든 구성원이 디딜 경제 발판을 마련해 주기 위해서라도 어느 정도는 소득 보장이 필요할 수 있다. 그러나 소득을 보장해준다면 AI라는 신기술이 선사할 위대한 기회를 놓치게 된다. 보편적 기본 소득이라는 진통제에만 의존해서는 안 된다. 우리는 우리를 기계와 다른 존재가 되게 해주는 것에, '사랑'을 주고받는 것에 AI를 이용할 방법을 적극적으로 모색하고 발견해야 한다.

물론 쉽지 않을 것이다. 창의적이고 지금까지와는 다르게 접근해야 한다. 직접 발로 뛰어야 하고 '무거운' 해결책이 필요한 접근법이며, 디지털 영역을 넘어 실세계의 우아하지 않은 허드렛일 영역으로 들어가야 한다. 그러나 지금 흘리는 땀은 미래의 재앙을 피하게 해줄 한걸음이자 내가 생사의 고비를 넘나들며 다시금 깨달았던 인간 본연의 가치를 키워줄 한걸음이 될 것이다.

공생하는 시장: 최적화 작업과 인간의 손길

지금도 AI 혁명을 주도하는 것은 민간 부문이지만, 그런 AI 혁명의 동력이 되는 새롭고 더욱 인간적인 일자리를 만드는 데 누구보다 앞장서야 하는 것도 민간 부문이다. 자유시장이 자연스럽게 기능하면서 저절로 등장하는 일자리도 있겠지만, 차이를 만들려는 사람들이 의식적으로 노력해야 비로소 등장하는 일자리도 있을 것이다.

자유시장이 만드는 일자리의 대부분은 인간과 기계의 자연스런 공생에서 생기고 자라난다. AI가 정례화된 최적화 작업을 수행하고 사람은 거기에 인간미와 창의성과 정감을 덧입힌다. 그 결과로 재정의된 기존 직종이나 새롭게 탄생한 직종에서 인간과 기계는 한 팀을 이뤄 고도의 효율성과 사람 냄새를 겸비한 서비스를 제공하게 된다. 6장의 대체위험 그래프에서 왼쪽 상단 분면('인간으로 눈가림하는 지대')은 인간과 AI의 공생 기회가 가장 높을 것으로 기대된다. 분석적 사고는 AI가 맡고, 거기에 온기와 공감을 덧입히는 일은 인간이 하게 되는 것이다. 같은 그래프에서 오른쪽의 두 분면('느린 잠식'과 '안전 지대')은 시간이 지날수록 AI 기계의 창의성과 의사결정 역량이 자라날 가능성이 높은 반면에, AI 중심인 왼쪽의 두 원은 AI 기술이 향상될수록 오른쪽으로 성향이 움직일 것이다.

좌상단 분면에서 인간과 AI의 공생 가능성을 가장 뚜렷하게 보여주는 예는 의료 분야이다. 알고리즘의 질병 진단과 치료법 처방 능력이 인간 의사를 뛰어넘게 되는 것은 결국 시간문제일 뿐이다. 의과대학, 전문의협회, 병원과 같은 전통적 기관들은 AI 진단 기계의 채택을 차일피일 미루면서 AI를 한정된 분야에서만 사용하거나 보조 수단으로서만 사용하려 할 수도 있다. 그러나 나는 앞으로 몇 십 년 뒤에는 AI 진단 기계의 정확성과 효율성이 크게 상승해서 진단 작업은 전적으로 AI가 일임하게 될 것이라고 확신한다.

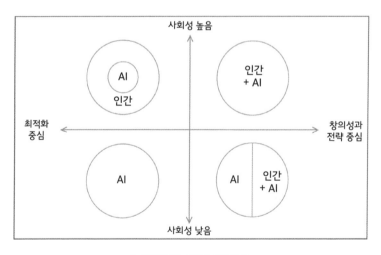

노동시장에서 인간과 AI의 공존

의사들이 일자리를 다 잃고 그 자리에 기계들이 대신 들어앉아 증상 정보를 입력하고 출력 결과를 뱉어내는 시대가 올지도 모른다는 우려가 들 수 있다. 그러나 "환자분은 현재 림프종 4기이고 5년 내 사망 확률은 70%입니다"라고 냉정하게 선고하는 의학 지식 블랙박스 기계로부터 치료를 받고 싶어 하는 환자는 없다. 환자들이 원하는 것은 더 인간적인 차원에서 접근하는 치료법이다. 그리고 시장은 그런 접근법을 만들어낼 것이다.

전통적인 의사들은 이른바 '교감 의료인compassionate caregiver'이라는 새로운 직업으로 진화할지도 모른다. 교감 의료인이라는 새로운 직업의 전문가들은 간호, 의학 전문가, 사회복지사, 심리학자의 능력을 고루 갖추게 될 것이다. 교감 의료인은 진단 도구를 작동하고 이해하는 방법을 훈련 받으며, 환자와 소통을 나누고 그들이 힘들어할 때 위로를 해주고 치료가 끝날 때까지 감정적으로 지지해 주는 방법을 배울 것이다. 환자에게 객관적으로 최적화된 생존 가능성을 알려주는 데 그치지 않고, "리카이푸씨도 환자분과 똑같은 림프종이었지만 무사히 회복했습니다. 환자분도 그럴 것이라고 믿습니다"라며 격려의 말을 해줄 것이다.

교감 의료인은 지식을 기억하거나 치료 방법을 최적화하는 일에서 기계와 경쟁하지 않을 것이다. 어차피 장기적으로 지게 될 것이 뻔하기 때문이다. 교감 의료인도 적절한 교육을 받지만, 걸어 다니는 의학 사전이 되기 위한 훈련이 아니라 감성지능이 필요한 일에 대한 훈련을 받을 것이다. 교감 의료인과 기계가 완벽한 한 쌍을 이룰 때, 환자는 정확한 진단만이 아니라 오늘날의 병원이 신경쓰지 못하는 마음을 어루만지는 치료까지 같이 받을 수 있을 것이다. 자유시장이 만들 이런 인간과 기계의 공생을 통해 우리 사회는 더 친절하고 더 다정한 사회에 조금 더 가까워지게 될 것이다.

무엇보다도 교감 의료인의 등장은 의료와 건강관리 분야의 일자리를 크게 늘리고 산업 자체의 크기도 키울 것이다. 현재의 전문의 공급 부족 현상은 의료비를 높이고 의료의 질은 낮추는 결과를 가져왔다. 이런 상황에서 훈련 비용이 비싼 의사의 수를 늘리는 것도 현실적으로 불가능하다. 그러다보니 의사들은 배급을 하듯 진찰을 한다. 병원에서 몇 시간을 기다리다가 몇 분 진찰을 받고 나오는 것을 좋아하는 사람은 없다. 그래서 많은 사람은 부득이하다고 생각될 때에만 병원을 찾는다. 교감 의료인은 충분한 훈련을 받지만 의사 집단보다 훨씬 큰 근로자 풀을 형성할 수 있고 의사처럼 몇 년이나 지식을 외우는 훈련을 받지 않아도 된다. 사회는 의사에게 의존할 때보다 효율적으로 훨씬 많은 교감 의료인을 지원할 수 있고, 우리는 양질의 의료 서비스를 더 많이 받게될 것이다.

법률, 이벤트 플래닝, 하이앤드 소매업 등 여러 분야에서도 비슷한 시너지 효과가 나올 것이다. 법무법인의 법무보조인은 원래 하던 조사 업무는 알고리즘에게 맡기고 고객과 소통을 나누고 그들이 서운함을 느끼지 않게 하는 데 더 집중할 수 있다. 아마존고와 같은 AI 기반 슈퍼마켓들은 계산대 직원을 두는 대신에 5장에서 나온 것처럼 고객의 성향을 잘 파악하는 컨시어지 직원을 둠으로써 한층 업그레이드된 고객 경험을 제공할 수 있을 것이다.

전문성이 뚜렷한 분야일수록 새로 등장하는 AI 도구를 받아들이고 배우는 일이 필수가 될 것이다. 기술 혁명이 일어나면 그 직종의 사람들은 새로운 도구가 불완전하고 잠재적으로 쓸모가 없을 것이라고 생각하게 된다. 그러나 이런 혁신적 도구들의 기능과 성능은 시간이 지날수록 개선되고, 자신의 잣대로 AI와 경쟁하려는 사람은 퇴출당할 것이다. 장기적으로 저항은 아무 소용이 없을 것이고, 공생만이 보상을 얻을 것이다.

마지막으로 인터넷 기반의 공유 경제는 AI 시대의 일자리 상실을 덜어주고 업무를 재정의하는 데 크게 기여할 것이다. 알고리즘에 내몰리는 전통적 직업 종사자들은 늘어나고, 대신에 '우버 모델'을 응용한 새로운 플랫폼이 다양한 서비스에 이용될 것이다. 간병인과 고객을 연결하는 온라인 플랫폼인 케어닷컴Care.com이 이미 그렇게 하고 있고, 교육과 다른 분야에서도 비슷한 사업 모델을 사용하는 사례가 풍성하게 늘어날 것이다. 상품과 서비스 분야는 알고리즘을 통한 최적화 모델을 추구하겠지만, 공유 경제 안의 세세한 업무나 사람의 손길이 많이 필요한 작업은 여전히 인간이 독점하게 될 것이다.

과거에 이런 업무는 관료주의에 수직적으로 운영되는 기업 형태로 인해 비용상 제약이 많았다. 그런 기업은 고객을 확보하고 직원을 파견하고 하는 일이 없어도 모든 직원에게 월급을 주는 식으로 운영되었다. 이런 산업이 플랫폼화되면 기업 효율성이 극적으로 늘어나 총수요가 급등하고 서비스직 근로자들이 받는 급여도 증가할 것이다. AI를 방정식에 추가하면—디디추싱이나 우버와 같은 차량공유회사들은 이미 시작했다—효율성이 크게 올라가고 직원 수도 많아진다.

지금 존재하는 공유 경제 일자리 외에도, 오늘날은 상상도 안 되는 새로운 서비스직이 등장할 수 있다. 1950년대에는 많은 사람이 '라이프코치'라는 직업을 말도 안 되는 직업이라고 생각했다. AI로 시간 여유가 많아진 창의적 기업가도 평범한 사람들도 AI 플랫폼을 이용해 새로운 직종을 구상하게 될 것이다. 2~3개월에 한 번씩 선반 장식을 바꿔주고 계절에 맞는 꽃과 향기로 집안을 채워줄 '계절 데코레이터season changer'라는 직업이 생길지도 모른다. 환경문제에 관심이 많은 가정은 환경을 위한 창의적이고 재미 있는 방법을 제안해 줄 '가족 지속가능성 컨설턴트'에게 상담을 받을지도 모른다.

그러나 영리 사업체들이 새로운 직종을 많이 만들어낸다고 해도 자유시장 혼자서는 가시화될 일자리의 엄청난 상실과 불평등 심화를 막기에는 역부족이다. 민간기업들은 지금도 인력 중심의 서비스직을 많이 만들고 있지만 그들은 박봉이다. 경제적 유인과 공공정책, 문화적 성향 탓에 현재 교감 중심의 서비스직 종사자들 대부분은 고용 안정과 인간으로서의 기본적 존중을 보장 받지 못하고 있다.

미국 노동통계국 조사에 따르면, 미국에서 가장 급성장하는 직업은 가정방문요양사와 개인간병보조인으로 2026년까지 두 직업에서만 120만 개의 일자리가 만들어질 것으로 기대된다고 한다.[8] 그러나 두 직업의 평균 연소득은 2만 달러를 겨우 넘는다.[9] 그 외에 인간적 보살핌을 필요로 하는 노동은—입주 육아나, 연로자와 신체장애인을 돌보는 일 등—'직업'으로 분류되지도 않고 있으며 공식적으로 정해진 보상 규정도 없다.

이렇게 애정과 공감을 주는 일을 하는 직종이야말로 우리가 AI 경제 시대를 맞아 길러야 하는 직업이지만, 민간부문 혼자서는 그런 직종들을 키우지는 못한다는 것이 여실히 드러났다. 언젠가는 우리 모두가 충분한 물질적 풍요를 누려서 더는 경제적 유인이 필요없는 시대가 올지도 모른다. 그러나 지금의 경제와 문화적 풍토에서는 돈이 제일 큰소리를 낸다. 문화가 진정으로 변하도록 세심히 조율하려면 이런 일자리를 만드는 데 만족해서는 안 된다. 그 일들의 급여와 존중도 함께 보장되어야 한다.

높은 사회성이 필요한 직종들이 준수한 일자리로 여겨지고 보수도 상응하기 위해서는 민간부문에서의 변화만으로는 안 된다.

서비스 부문에 대한 임팩트 투자impact investment: 재무적 이익과 사회 및 환경 문제에도 관심을 가지는 기업이나 단체에 행하는 투자-옮긴이와, 문화적 가치의 광범위한 이동을 추구하는 정부 정책을 통해 이 산업 부문에 에너지를 충전시켜야 한다.

핑크의 편지와 새로운 임팩트 투자

5.7조 달러를 주무르는 남자가 연설을 하면 세계 경제계는 숨을 죽이고 듣는다. 세계 최대 자산운용사 블랙록BlackRock의 래리 핑크Larry Fink 회장이 CEO들에게 사회적 충격에 관심을 많이 기울여 달라고 부탁하는 공개 서한을 올렸을 때, 그 충격파는 전 세계 기업들에 고스란히 전해졌다. 핑크는 '목적의식'이라는 제목의 편지에서 이렇게 적었다.[10]

우리는……은퇴와 사회기반시설부터 사회기반시설, 자동화와 직원 재훈련에 이르기까지 여러 사안에서 많은 정부가 제대로 준비하지 못하고 있는 것을 보고 있습니다. 그 결과 사회는 민간에 더 많이 의존하고 있으며 기업에는 광범위한 사회적 도전에 대응해 줄 것을 요구하고 있습니다……사회는 상장기업도 비상장기업도 사회적 목적에 기여하기를 요구합니다……기업은 모든 이해당사자의 이익을 도모해야 합니다. 그 이해당사자에는 주주만이 아니라 직원, 고객, 그리고 기업이 속한 공동체도 포함

됩니다.

    핑크의 편지는 스위스 다보스에서 매년 열리는 글로벌 금융 지도자 모임인 2018년 세계 경제인 포럼이 열리기 며칠 전에 떴다. 나도 다보스 포럼에 참석 중이었고, CEO들이 자신들 회사의 지배적 소유권을 언제라도 장악할 수 있는 남자가 보낸 차가운 경고장에 대해 조심스럽게 말을 나누는 것도 목격했다. 많은 사람들이 공개석상에서는 핑크의 메시지에 공감했지만, 사석에서는 핑크가 사회복지를 강조한 것은 민간기업의 논리를 정면으로 부정한 것이라고 말했다.

    좁은 눈으로 보면 그들의 말이 맞다. 상장기업들은 이윤극대화 추구라는 신인의무에 따라 이기기 위한 싸움을 벌여야 한다. 그러나 AI 시대에서는 돈만 중시하는 차가운 논리는 오래 힘을 쓰지 못한다. 사회적 영향을 생각하지 않고 무조건 이익만 추구하는 행태는 도덕적 비난만 받는 것으로 끝나지 않는다. 까닥하면 기업의 존속 자체가 위험해질 수 있다.

    핑크의 편지는 자동화와 직업 재훈련을 여러 번 언급했다. 글로벌 경제 전체에 두루 관심이 있는 투자자로서 핑크는 AI로 인한 실직 문제 해결을 자유시장에만 일임해서는 안된다고 생각한다. 그는 기업의 사회적 책임과 임팩트 투자, 사회적 기업가정신을 새로 구상하고 새롭게 힘을 불어 넣어야 한다고 말한다.

과거의 공익 활동은 돈도 시간도 여유가 되는 경영인들이 잠깐 심심풀이 삼아 하는 일이었다. 물론 경영인들은 소액금융 스타트업에 약간의 돈을 투자한다거나 탄소 상쇄corporate offset: 이산화탄소를 배출한 만큼 에코 산업에 투자하는 행동-옮긴이 활동을 하면 기업 홍보 효과에도 좋으니 못할 이유가 없다고 생각한다. 그러나 AI 시대에는 가벼운 마음으로 공익 활동을 해서는 안 되고 정의도 더 넓혀야 한다. 지금까지의 공익 활동은 환경 보호와 빈곤자 부양 같은 박애주의적 선행이 위주였다면, AI 시대의 공익 활동은 실직 근로자들을 위한 대량의 서비스 일자리 창출이라는 다른 차원의 임무도 같이 감당해야 한다.

벤처투자자인 나도 임팩트 투자에서 막중한 역할을 맡아야 한다. 나는 인력 위주 서비스 부문에서의 일자리 창출을 좋은 시각으로 바라보는 벤처 생태계가 등장할 것이라고 예상한다. 그 생태계는 규모가 커질수록 채용 인원을 늘릴 수 있는 인력 위주 서비스 부문에 돈을 투자할 것이다. 그런 직종의 예로는 출산 후 수유관리 컨설턴트, 유소년 스포츠 전문 코치, 구술로 전해지는 가족사 수집가, 국립공원 자연 가이드, 노인들의 대화 상대 등이 있다. 이 직업들은 사회에도 개인에도 의미 있는 도움을 줄 수 있으며, 유니콘 테크놀로지 스타트업이 벌어주는 10,000%의 투자수익률까지는 아니더라도 실제 수익 창출로 이어질 가능성이 높다.

이런 벤처 생태계가 출범하려면 당사자인 벤처 투자자들의 인식이 달라져야 한다. 벤처 투자의 뼈대는 고위험, 고수익이었다. 10개 스타트업에 투자하면 그중 9개는 망한다는 사실을 모르는 벤처투자자는 없다. 그러나 나머지 하나의 스타트업이 10억 달러 기업으로 성장하면 그 하나에서 나오는 기하급수적 투자수익률로 그 벤처캐피털 회사는 대단히 성공적인 투자를 한 것이다. 그런 천문학적 수익률 추구가 인터넷 특유의 경제학이다. 디지털 제품은 규모가 아무리 늘어나도 한계비용이 거의 들지 않기 때문에 성공적인 인터넷 기업들 대부분은 천문학적 이익을 거둔다.

하지만 인력 중심의 서비스 부문에 대한 임팩트 투자에서는 다른 인식이 필요하다. 이 임팩트 투자는 의미 있는 일자리 창출에는 '직선적 수익률'이 발생한다는 사실을 받아들여야 한다. 인력 중심 서비스 부문에서는 기하급수적 투자수익률이 불가능하기 때문이다. 인력 중심 간병서비스 부문에서 위대한 기업이 탄생해도, 이 기업은 똑같은 서비스를 디지털로 찍어낼 수도 없고 전 세계에 동시에 배포할 수도 없다. 일이 생기면 그때마다 직원이 직접 나가서 서비스를 제공해야 한다. 사실 전통적 벤처캐피털 회사는 이런 직선적 기업에 관심이 없다. 그러나 이런 직선적 기업들은 AI 경제를 건설하는 기둥이 되어 새로운 일자리를 창출하고 사람과 사람을 연결해줄 것이다.

물론 실패도 있을 것이고 수익률은 테크놀로지 회사에 투자하는 벤처캐피털 회사와는 비교도 안 되게 보잘것 없을 것이다. 이 생태계는 차이를 만들고 싶어 하는 벤처캐피털 회사 중역이나, '안식년' 중이거나 '무료' 봉사를 원하는 젊은 투자자들이 주축을 이룰 것이다. 그들은 날카로운 안목으로 기업가를 발굴하고 회사를 세우는 한편, 이 직선적 수익률을 내는 서비스 회사에 직접 뛰어들어 함께 일할지도 모른다. 펀드 조성 자금은 효율적으로 신규 일자리를 창출하기를 원하는 정부와, 사회적 책임을 다하려는 기업들이 댈 것이다.

이 참가자들이 힘을 합치면 순수 자선사업이 아니라 일자리 창출에, 그리고 순수 벤처 투자보다는 임팩트 투자에 훨씬 중점을 둔 독특한 생태계가 될 것이다. 사회 문제에 대한 의식이 높은 이 다양한 경제 참가자들의 씨실과 날실을 한데로 엮을 수 있다면 전혀 새로운 종류의 고용 안전망이 만들어지고 사랑과 공감이 힘을 얻는 공동체가 건설될 것이다.

큰 변화와 큰 정부

민간시장이 아무리 노력하고 사회적 기업가가 건전한 의도를 발휘해도 숭숭 뚫린 구멍으로 이익을 챙기는 사람은 여전히 많다. 시장과 도덕성만으로는 충분하지 않다는 사실은 세계 곳곳에서 불평등이 심화되고 최빈층이 늘어나고 있다는 것만 봐도 알 수 있다. 경제 구조를 근본적으로 바꾸기 위한 세심한 작업에는 정부 역량이 총동원되어야 한다. AI 시대에 맞는 새 사회계약을 쓰려면 공공정책이라는 지렛대의 견인력이 필요하다.

　실리콘밸리 일각에서는 이 시점에 보편적 기본 소득이 끼어들어야 한다고 본다. 일자리 증가가 여의치 않다 싶으면 정부는 포괄 보증으로 경제적 안전을 제공해 주어야 한다. 여기서의 포괄 보증은 실직자들이 극빈층으로 떨어지지 않게 해주고 테크 엘리트 집단이 다른 수단을 강구하지 않아도 되게 해주는 현금 이체를 의미한다.

　이 무조건적인 현금 제공은 실리콘밸리의 혈액 속에 흐르는 극도의 개인주의와 각자도생을 부르짖는 자유의지론에도 딱 맞아떨어진다. 보편적 기본 소득 주창자들은 이렇게 묻는다. 어떤 식으로 시간을 써야 하는지 지시하는 정부가 어디 있는가? 정부 역할은 시민에게 돈을 주는 것으로 끝이다. 돈을 쓰는 방법은 시민이 알아서 궁리해야 한다. 이 제도는 테크 엘리트 집단이 사회 전체를 바라보는 방식과도 일치한다. 테크 엘리트 집단이 실리콘밸리의 시각으로 바라본 외부 세상 사람들은 시민이 아니라 '이용자'이고, 공동체의 구성원이 아니라 고객이다.

　나는 사회가 기술 신분제로 나뉘어 AI 엘리트 계층은 단단한 울타리를 두른 세상에서 상상도 못할 부를 누리며 살고, 실직 상태인 다수 대중에게는 그들의 영역에서 벗어나지 못하도록 최소한의 적선만 베푸는 그런 미래에는 살고 싶지 않다. 나는 사회 '모든' 구성원에게 혜택이 돌아가는 제도를 만들고 싶은 마음도 있지만, AI가 만들 부를 이용해 더 많은 공감과 사랑과 그리고 인간이 존재하는 제도를 만들고 싶은 마음도 크다.

그런 제도를 만들기 위해서는 창의적 사고와 복합적인 정책도 필요하지만, 그 영감은 전혀 뜻밖의 장소에서 나오기도 한다. 나한테 있어 그 장소는 앞에서도 언급한 타이완의 포광산 사원이었다.

골프 카트를 모는 CEO

아침 해가 아직은 지평선에 드리우기 전이었지만 나는 싱윤 큰 스님을 만나기 위해 사원의 넓은 마당을 걸어갔다. 그날 아침 나는 큰스님과 아침 식사를 함께 하는 자리에 초대 받았다. 서둘러 언덕을 오르는데 골프 카트 한 대가 내 옆에 다가와 섰다.

"안녕하세요." 카트 운전대를 잡은 남자가 내게 말했다. "태워 드릴까요?"

싱윤 스님을 기다리게 하고 싶지는 않았던 나는 남자의 제안을 수락하고 카트에 올라 어디로 가던 중인지를 말했다. 그는 청바지에 심플한 긴팔 셔츠, 오렌지색 조끼 차림이었다. 나이는 나와 비슷한 오십대로 보였고 머리는 희끗희끗했다. 우리는 몇 분을 조용히 가면서 고요한 풍경과 산들바람이 부는 서늘한 아침 공기를 만끽했다. 언덕을 돌 때 쯤 나는 침묵을 깨고 말을 걸었다.

"이 일이 직업이신가요?"

"아뇨." 그가 대답했다. "일하다가 시간이 나면 여기서 자원봉사를 합니다."

그의 오렌지색 조끼 왼쪽 가슴팍에 한자로 "자원봉사자"라고 적힌 자수 글씨가 보였다.

"그러시군요. 원래는 무슨 일을 하시나요?"

"전자제품을 만드는 회사를 가지고 있는데, 거기 CEO로 일합니다. 요새는 일하는 시간을 줄이고 자원봉사하는 시간을 늘렸습니다. 싱윤 스님이 이곳에 오는 사람들에게 지혜를 들려주는 모습을 보는 게 굉장히 좋거든요. 제 나름의 방법으로 도와드리다 보면 마음이 차분해집니다."

그 말과 그가 그 말을 하는 차분한 태도가 내게는 충격이었다. 전자제품 제조는 이익률이 면도날만큼 낮으며, 생산의 혁신과 개선과 최적화 압박이 끝없이 펼쳐지는 냉혹한 경쟁 산업이다. 밥 먹듯이 이어지는 철야 작업에 음주와 흡연에 고객 접대까지 하다 보면 성공을 대가로 건강을 잃는다.

그러나 굽어진 길로 골프 카트를 모는 이 남자는 완벽하게 건강하고 평온해 보였다. 그는 주중에 일하며 받은 스트레스와 부담감을 포광산에서의 주말 자원봉사로 말끔히 씻어낸다고 말했다. 그는 아직은 은퇴할 생각은 없지만, 포광산 방문객들에게 자원봉사를 하면서 복잡한 회사 상황에서는 느끼지 못하는 단순하고 심오한 무언가를 얻게 되었다고 말했다.

우리는 싱윤 스님의 거처에 도착했고 고맙다는 내 인사에 그는 고개를 끄덕이며 가볍게 웃었다. 그 후 아침 식사 동안 싱윤 스님이 들려준 지혜로운 말은 내가 일과 삶에 대해 다시금 생각하게 만드는 충격을 던졌다. 그리고, 골프 카트를 몰던 자원봉사자와 나눴던 대화 역시 머릿속에서 계속 맴돌았다.

처음에 나는 그 남자가 절의 방문객들을 소소하게 도와주는 자원봉사를 하는 것이 사원에 대한 특별한 마음 때문이라고 생각했다. 사람들을 하나로 묶고 영감을 주는 종교적 믿음에서 나온 행동이라고 여겼다. 그러나 타이베이로 돌아와 치료를 받으면서 나는 이 오렌지색 자원봉사자 조끼를 입은 사람들을 곳곳에서 볼 수 있었다. 도서관에도, 붐비는 교차로에도, 관공서에도, 그리고 국립공원에도 그들이 있었다. 그들은 횡단보도를 건너는 어린아이들을 위해 정지 신호 깃발을 들어 올렸고, 공원 관람객에게는 타이완 토종 야생화에 대해 설명해 주었고, 건강보험 신청 접수를 도와주었다. 자원봉사자 대부분은 노인이거나 은퇴한 지 얼마 안 되는 사람들이었다. 연금으로는 기본 생활은 충당이 되기 때문에 그들은 한가해신 시간을 타인을 돕고 공동체와 결속을 다지는 데 쏟아부었다.

항암치료를 받고 다가올 AI 시대의 위기를 고민할수록 그 자원봉사자들의 모습이 자꾸 떠올랐다. 많은 사람들이 보편적 기본 소득을 진정제로 사용하는 것에 대해 불만 어린 소리를 한마디씩 거들긴 하지만, 이 자원봉사자들의 소소한 봉사활동과 그들이 만드는 공동체 문화에는 특별한 지혜가 담겨 있었다. 물론, 이 오렌지색 조끼를 입은 반백의 자원봉사자들이 없어도 타이베이시는 잘 돌아가겠지만, 따스하고 인간미가 어린 풍광은 지금보다는 아주 조금 줄어들 것이다. 그 미묘한 차이에서 나는 우리가 나아갈 방향을 엿보기 시작했다.

사회적 투자 급여: 케어, 지역사회 봉사, 교육

자원봉사자들의 시간과 에너지가 그들이 사는 공동체를 조금은 더 다정한 도시로 만들고 있듯이, AI 시대의 경제적 풍요를 이용해 똑같은 가치를 육성하고 봉사활동을 장려하는 것이야말로 우리에게 주어진 의무이다. 이를 위해 내가 제안하는 방안은 보편적 기본 소득이 아니라 '사회적 투자 급여social investment stipend' 제도의 창설이다. 사회적 투자 급여는 더 친절하고 다정하고 창의적인 사회를 촉진하는 활동에 시간과 에너지를 투자하는 사람들에게 정부가 지급하는 급여가 될 수 있다. 사회적 투자 급여는 크게 세 부문으로 나뉘어 지급되는데, 케어와 지역사회 봉사, 그리고 교육이다.

이 급여 내역은 경제 생산 활동에 보상을 주는 현대의 사회계약과 비슷하게 '사회에 유익한' 활동을 가치 있게 여기고 보상을 주는 새로운 사회계약을 떠받치는 기둥이다. 이 급여는 사회안전망을-기본 생활을 이을 수 있도록 제공되는 전통적인 복지제도와

의료제도, 실업수당제도—대체하는 개념이 아니라, 공익 활동에 시간과 에너지를 할애하는 사람들에게 존경의 뜻으로 주는 소득이라고 봐야한다. 오늘날 사회적 지위를 가누는 잣대는 주로 소득이나 직업에서의 성공 여부이다. 사회적으로 유익한 일을 하는 사람들에게 존경의 뜻을 보인다는 것은 괜찮은 급여를 주고 일반 직업처럼 승진의 기회도 줘야한다는 것을 말한다. 올바르게 행해지는 사회적 투자 급여는 우리 문화를 공감대가 존재하는 방향으로 향하도록 은근히 조율할 것이다. 사회적 투자 급여는 우리가 AI 시대의 일자리 상실에 망연자실하는 것이 아니라 AI의 경제적 풍요를 더 나은 사회를 건설하는 데 적극 이용하게 할 것이다.

이 세 범주의 급여는—케어, 지역사회 봉사, 교육—또 다시 여러 종류의 활동으로 구분되며 보상 수준도 상근직 참여인지 비상근직 참여인지에 따라 달라진다. 케어 활동에는 육아, 연로한 노인 계층 돌보기, 병마와 싸우는 가족이나 친구 도와주기, 정신이나 신체 장애를 가진 사람들의 생활 편의 도와주기 등이 있다. 이 범주를 이루는 진짜 사람 군단은—연인, 친구, 그리고 완전한 타인까지—도움이 필요하고 거동이 불편한 사람들을 도와주면서 내 기업가 친구의 터치스크린 기기가 노인들에게 전하지 못하는 인간적 온기를 나눠줄 수 있다.

지역사회 봉사활동도 범위가 매우 넓다. 지금 비영리단체들이 하는 일은 물론이고 내가 타이완에서 본 자원봉사자들이 하는 일도 다 포함된다. 환경 복원, 방과후 수업 지도, 국립공원 관람 안내, 같은 지역사회에 사는 노인들이 구술로 들려주는 역사 수집 등도 지역사회 봉사활동이다. 지역사회 봉사 프로그램에 참여하는 사람들은 봉사 단체에 등록을 하고 정해진 시간 동안 봉사활동을 해서 급여를 받는 데 필요한 조건을 채우게 된다.

마지막으로, 교육은 AI 시대의 구직을 위한 직업 교육부터 시작해 취미를 직업으로 발전시키는 강좌까지 여러 형태로 진행될 수 있다. 이 급여 수령자들은 이렇게 생긴 여윳돈을 머신러닝 학위를 취득하는 데 쓰거나 고소득 일자리를 찾는 데 쓸 수 있다. 아니면 연기 수업에 등록하거나 디지털 마케팅 수업을 공부하는 데 쓸 수도 있다.

이런 활동에 참여하는 것을 요구 조건으로 내거는 것은 사회적 투자 급여를 받을 개인의 일상 활동을 지정하려는 목표에서가 아니다. 인간의 아름다움은 개개인이 각자에 맞는 배경과 능력, 흥미, 취향 대로 살아간다는 다양성에 있다. 사회가 인정하는 몇 가지 활동에 참여하는 사람들에게만 재분배를 하는 식의 지휘통제 제도로 다양성을 억눌러서는 안 된다.

몇 가지 사회 공헌 조건을 충족하는 사람들에게만 사회적 투자 급여를 지급함으로써 보편적 기본 소득의 바탕이 되는 자유방임주의와는 다른 이데올로기를 조성할 수 있다. 사회친화적 활동에 참여하는 대가로 급여를 지급하면 메시지를 전달하는 효과가 있다. '사회 구석구석에서 모든 사람의 노력이 있었기에 우리는 지금의 물질적 풍요에 도달하게 되었다. 우리는 그 물질적 풍요를 함께 사용해 타인을 위하는 일에 헌신하고 있으며 그럼으로써 인간적 공감과 사랑의 결속력을 더욱 강화하고 있다'는 메시지다.

이 세 범주의 일이 지금보다 선택지가 훨씬 다양해져서 AI로 실직한 근로자들도 자신에게 맞는 봉사활동을 찾아내게 될 것이라고 나는 믿는다. 인력 중심 회사들이 채택하는 케어 활동이 늘어날수록 야심을 가지고 직업 훈련 프로그램에 등록하는 사람들도 늘어날 것이다. 그리고 사회 운동을 기회로 여긴 사람들이 이 분야에서 새로운 서비스나 변호 업무를 시작할 수도 있다.

지능형 기계들이 경제 엔진의 톱니바퀴가 되어 인간을 몰아내는 인공지능의 시대에, 나는 미래의 사회에서는 더 인간적인 사회를 건설한다는 총체적 프로젝트의 일환으로서 위에 나온 모든 활동이-케어와 봉사, 교육-다 적절한 가치를 보상받게 될 것이라고 믿는다.

열린 질문과 확대를 위한 진지한 방안

사회적 투자 급여 제도가 실행된다면 새로운 문제와 마찰이 제기될 것이다. 얼마의 급여를 지급해야 하는가? 활동 성과에 따라 차등으로 지급해야 하는가? 그 사람이 자신이 맡은 '케어' 활동을 충실하게 수행하는지 아닌지를 어떻게 알 수 있는가? 어떤 종류의 활동을 '지역사회 봉사활동'이라고 규정해야 하는가? 어렵고 정답도 없는 질문이다. 인구가 수억 명인 나라에서 사회적 투자 급여 제도를 집행하려면 그 새로운 일자리를 만드는 정부와 단체는 엄청난 서류 작업과 실사 작업을 벌여야 한다.

그러나 극복하지 못할 정도로 어려운 도전은 아니다. 선진국의 정부는 현재도 공익 서비스와 교육 제도, 사회안전망을 유지하기 위해 복잡하게 얽힌 관료주의적 업무를 진행하고 있다. 건물을 조사하고 학교를 인가하고 실업 수당을 제공하고 수십만 개 식당의 위생 상태를 조사하고 수천만 명의 사람들에게 건강보험을 제공하는 것은 정부가 지금도 하고 있는 일이다. 사회적 투자 급여 제도를 운영하면 여기에 또 엄청난 일이 추가되는 것이기는 하지만, 충분히 감당할 수 있는 수준의 일이다. 이 급여 제도의 인간적인 장점과 공동체에 가져다 줄 보상을 생각한다면 조직 구성의 어려움이 느는 것쯤은 감당할 만한 가치가 있다.

그러나 비용도 감당할 수 있는 수준인가? 위의 활동을 하는 사람 모두에게 생계 유지가 가능한 급여를 주려면 천문학적인 수준의 예산이 필요하다. 과다채무국들로서는 아무리 봐도 불가능한 수준의 예산이다. AI가 사회 전반의 생산성을 늘려주기는 하겠지만 극적으로 확대된 정부 지출 재원을 마련할 만큼 넉넉할까?

이것 역시 답을 모르는 질문이고, AI 기술이 경제 전체에 보급된 후에나 답을 찾을 수 있는 질문이다. AI로 인한 생산성 증가나 부의 창출이 예상에 부응하거나 초과한다면, 거대한 이익에 높은 세금을 부과해 필요한 재원을 마련할 수 있을 것이다. 생각에 따라서는 높은 세금은 AI 발전을 부추길 경제적 유인에 방해가 되겠지만, AI 시대의 승자가 취할 상상도 안 되는 이익을 고려한다면 딱히 혁신에 커다란 걸림돌이 되지는 않을 것이다.

하지만 그 천문학적 이익이 발생하고 세금을 거두기까지는 얼마가 걸릴지 모르고, 그 기간만큼 실제 근로 인구는 고통을 받을 것이다. 변화의 고통을 덜기 위해 내가 제안하는 방법은 조금씩 지원을 늘리는 것이다. 사회적 투자 급여를 처음부터 전액 지급하는 방식은 현실적으로 어렵겠지만, 점증적으로 금액을 늘리는 정책은 실현할 수 있을 것이다. 이런 점증적 정책은 실직의 대응책 역할도 하지만 우리를 새로운 사회계약으로 나아가게 만드는 역할도 할 것이다.

아이를 출산한 부모에게 집에서 아이를 돌볼지 아니면 전일제 어린이집으로 보낼지 직접 선택할 수 있도록 정부 지원금을 대폭 늘리는 것에서부터 시작할 수 있다. 자녀의 홈스쿨링을 선택한 부모에게 정부는 교사 월급에 준하는 보조금을 지원하고, 부모는 국가 인증 자격을 취득한 사람을 고용할 수 있다. 공립학교에서는 잠재적으로 교사와 학생 비율이 1:10이 될 때까지 교원을 계속 증원하고, 교사는 지금보다 적은 수의 학생을 담당하고 교육 프로그램에는 AI를 병행할 수 있다. 정부 보조금과 급여는 직업 재훈련을 받는 근로자들과 연로한 부모를 돌보는 사람들로 확대한다. 이런 복잡하지 않은 정책들은 사회적 투자 급여 제도의 첫 벽돌이 되어 문화 이동과 제도 확충의 토대를 쌓는 작업을 시작할 수 있게 할 것이다.

AI로 생기는 경제적 가치와 실직이 늘어나면 보조금 지급을 케어 봉사나 직업 재훈련 외의 다른 활동으로 조금씩 확대할 수 있다. 그리고 AI의 충격이 완전히 가시화되어 생산성은 아주 좋아지고 고용이 극도로 나빠지는 상황이 펼쳐지면, 우리는 사회적 투자 급여와 비슷한 정책적 제도를 실행하기 위해 자원과 대중의 의지를 최대한 동원해야 한다.

이 제도가 완전히 정착되면 AI 시대의 경제적, 사회적, 심리적 고통을 줄이는 것으로만 그치지 않을 것이다. 우리는 인간다움을 존중하는 삶을 살 힘과, 기계가 하지 못하는 것을 할 힘을 얻을 것이다. 우리는 사랑을 나누는 삶을 살 수 있게 될 것이다.

앞과 옆을 동시에 보며

이번 장에서 설명한 여러 방안들은 AI 미래에 드리울 거대한 파괴를 조금이라도 줄이려는 초보적 시도이다. AI 경제로 보다 매끄럽게 전환하기 위해 근로자 재훈련과 근무 시간 단축, 보편적 기본 소득을 통한 소득 재분배 방안 등 여러 기술적 해법을 살펴봤다. 이 기술적 해법도 많은 도움이 되겠지만 더 이상의 것이 필요하다. 나는 민간 부문이 창의적으로 만들어가는 인간과 기계의 공생, 인력 중심 서비스 직종에 대한 새로운 차원의 임팩트 투자, 그리고 부족한 부분을 메꾸기 위해 정부가 케어와 봉사, 교육 활동에 보수를 지급하는 사회적 투자 급여 등의 방법을 제시했다. 이런 방법들이 모두 병행된다면 우리는 경제를 재배치하고 사회적 생산 활동에 보상을 주는 새로운 사회계약을 쓰게 될 것이다.

위의 방법들은 완전한 목록도 아니고 자동화 확산에 적응하는 방법을 알려주는 절대적 지침도 아니다. 그러나 나는 이 방안들이 하나의 기본 틀이 되고 적응 과정에서 방향을 잡는 일련의 가치가 되어 주기를 희망한다. 이 기본 틀의 바탕에는 내가 그동안 쌓은 인공지능에 대한 지식과 글로벌 테크놀로지 산업에서 얻은 경험이 깔려 있다.

이 방안들의 방향을 잡아 준 일련의 가치는 대단히 개인적인 경험에 뿌리를 두고 있다. 암을 진단 받았던 경험과, 아내와 싱윤 스님 등 지혜와 사랑을 아낌없이 나눠 준 모든 사람에게 영감을 얻어 나를 바꾸게 되었던 경험이 그런 가치의 토대가 되었다.

무서웠지만 결국에는 내 눈을 뜨게 만들어 준 그 경험이 없었다면 나는 사람이 하는 모든 경험의 가운데에는 사랑이 존재한다는 사실을 깨닫지 못했을 것이다. 사랑과 공감이 많아지는 세상을 꿈꾸는 것이 아니라, AI를 깊이 연구하는 다른 사람들과 똑같은 눈으로 다가올 위기를 바라보았을 것이다. 그들처럼 보편적 기본 소득 같은 가장 효율적인 수단을 쓰면 해결할 수 있는 간단한 자원 배분의 문제라고 생각했을 것이다. 개인적인 시련을 겪은 후에야 나는 그 방법이 허점투성이라는 사실을 알게 되었다.

암과의 투병은 내게 평범한 사람들이 자신을 낮추는 행동에 숨겨진 지혜를 보는 눈도 길러 주었다. 일에서 승승장구하며 오랜 기간을 '아이언맨'으로서 떠받듦을 받던 태도를 버리고 생사의 고비를 경험한 후에야 나는 비로소 평범하게 사는 사람들이 사회에서 하는 노력을 진정으로 평가하게 되었다.

조만간 같은 과정이 범세계적으로 펼쳐질 것이다. AI 기술을 구축하는 전문 지식에서는 AI 기술 2대 초강국인 미국과 중국이 주도하겠지만, AI 시대에 인류가 진정으로 번영하는 길은 어느 평범한 사람에서부터, 어느 특별하지 않은 장소에서부터 시작될 수도 있다.

미래로 향하는 앞을 보는 것은 중요하다. 그러나 우리는 옆을 돌아보는 것도 잊지 말아야 한다.

9

우리가 만들어갈
세계의 AI 스토리

2005년 6월 12일. 스티브 잡스는 스탠퍼드 스타디움의 연단에 올라 두고두고 기억될 졸업식 연설을 했다. 연설에서 그는 진퇴의 연속이었던 자신의 인생사를 회상했다. 대학을 중퇴하고 애플을 창업한 이야기, 애플에서 불명예스럽게 퇴출 당하고 픽사를 세운 이야기, 그리고 10년 후 애플로 화려하게 복귀한 이야기를 했다. 언젠가 실리콘밸리 정상에 우뚝 서기 위한 열정적인 계획과 야망을 가진 스탠퍼드 졸업생들에게 잡스는 일과 인생의 도표를 미리 그리지 말라고 경고했다.

"미래를 보면서 점들을 연결할 수는 없습니다." 잡스는 졸업식장에 모인 학생들에게 말했다. "점들은 과거를 보면서만 연결할 수 있습니다. 그러므로 그 점들이 미래에 어떤 식으로든 연결될 것이라고 믿는 수밖에 없습니다."[1]

잡스의 명연설은 처음 들은 순간부터 내게 큰 울림을 주었지만, 지금 그 울림은 더욱 커졌다. 내게는 내 40년의 일과 성장과 진화의 점들을 연결할 기회가 없었다. 점들을 연결하는 여행은 AI 연구자부터 기업 중역, 그리고 벤처투자자와 작가, 암을 이겨낸 사람까지 기업과 문화를 두루 아울렀다. 그 여행은 세상을 둘러보기도 하지만 나 자신을 깊이 둘러보기도 하는 것이었다. 인공지능의 부상을, 내가 고향이라고 부르는 나라들의 뒤엉킨 운명을, 일만 알던 사람에서 조금은 더 사랑을 주고받을 줄 아는 아빠이자 남편이자 한 인간으로서의 나를 둘러보는 여행이었다.

이 모든 경험이 한데 뭉쳐 AI 미래에 대한 내 세계관이 만들어졌고 과거를 보며 점을 연결했고 그 별자리들을 나침판 삼아 앞으로 나아갔다. 그동안 쌓은 기술과 사업에서의 전문 지식은 미래에 전개될 기술의 향방을 가늠하게 해주었다. 불현듯 찾아온 암과의 투병은 왜 우리가 이 기술을 발판 삼아 더 많은 사랑을 주고받는 사회를 만들어야 하는지를 일깨워 주었다. 마지막으로, 두 문화를 오가면서 쌓은 경험은 공유하는 발전의 소중함과 국경에 구애받지 않는 상호 이해의 필요성을 깨닫게 해주었다.

AI 경쟁이 없는 AI 미래

인공지능의 글로벌 현황에 대한 글을 쓸 때면 자기도 모르게 군사적 비유와 제로섬 심리전을 떠올리게 된다. 많은 사람은 오늘날의 'AI 경쟁'을 1960년대의 우주 경쟁과[2] 더 심하게는 더 강력한 대량 살상 무기 개발을 이끌었던 냉전의 군비 경쟁에[3] 비유한다. 이 책의 제목인 '초강국superpowers'이라는 말도 지정학적 경쟁 관계를 연상시킨다. 그러나 내가 이 표현을 쓴 것은 군사적 패권 장악을 둘러싼 총력전을 의미하기 위해서가 아니라 AI 역량의 기술적 균형을 반영하기 위해서였다. 하지만 인류의 번영보다 정세에 더 관심이 많은 사람들에게 그런 구분은 무의미했다.

조심하지 않으면 'AI 경쟁'이라는 단순한 표현은 서로 공유하는 AI 미래를 계획하고 실현하려는 우리를 뿌리부터 잠식해 들어올 것이다. 경쟁에는 한 명의 승자만이 존재한다. 중국이 이기면 미국이 지는 것이고, 미국이 이기면 중국이 지는 것이다. 공유 발전이나 상호 번영의 개념은 없고, 어떤 희생을 치르더라도 상대 나라를 이기려는 욕구만이 존재한다. 이런 심리에 젖은 미국의 여러 논평가들은 중국의 AI 발전 현황을 미국 지도부의 행동을 자극하기 위한 수사학적 채찍으로 이용한다. 그들은 미국의 기술 우위가 벼랑 끝에 놓여 있어서 언제라도 21세기판 군비 경쟁이 벌어질지 모른다고 주장한다.

그러나 AI는 새로운 냉전이 아니다. 지금의 AI가 가진 무수한 잠재력은 여러 모로 군대에도 응용이 가능하지만, AI의 진가는 파괴가 아니라 창조에 있다. 우리가 진정으로 AI를 이해하고 활용한다면 인류 역사에서 유례가 없었던 경제적 가치와 번영을 만들게 될 것이다.

이런 점에서 오늘날의 AI 붐은 냉전의 군비 경쟁보다는 산업혁명의 태동기나 전기가 발명되던 시기와 훨씬 비슷하다. 물론 중국과 미국의 회사들은 생산성 증대를 위해 치열한 AI 기술 경쟁을 벌일 것이다. 그러나 그들의 목표는 상대국을 정복하는 것이 아니다. 구글이 텐서플로 기술을 해외에서 프로모션하거나 알리바바가 쿠알라룸프르에서 시티 브레인 기술을 실행한다면 이것은 새로운 군비 경쟁보다는 증기기관과 전구의 초기 수출과 비슷하다.

눈을 지그시 뜨고 바라봤을 때 보이는 기술의 장기적 영향은 결코 즐겁지만은 않다. 수십 년 뒤 AI의 파괴력과 교란 능력이 가장 심각하게 퍼질 분야는 나라간 군비 경쟁이 아니라 우리의 노동시장과 사회제도이다. 저 앞 수평선에 드리운 거대한 사회적·경제적 혼란을 이해한 순간 우리는 움츠러들게 된다. 동시에 우리의 승부 본능은 인류가 공통으로 맞이하게 될 난관을 해결하려는 협동심으로 바뀐다. 우리 모두의 운명은 경제 계층과 국경을 초월해 떼려야 뗄 수 없는 관계로 얽혀 있기 때문이다.

AI 시대에는 모두의 지혜가 필요하다

AI가 가진 창조의 힘과 파괴의 힘을 세계 모두가 실감할수록 서로 지원해 주고 영감을 주는 방안도 모색해야 한다. 경제 생산성을 늘리는 AI 응용에서는 미국과 중국이 앞서 나가겠지만, 다른 나라와 문화도 사회 전체가 진화하는 데 계속해서 귀중한 공헌을 할 것이다. 어떤 나라도 자국의 힘만으로는 뒤엉킬 대로 뒤엉킨 문제들을 다 해결하지 못한다. 그러나 우리가 다양한 지혜를 끌어모아 함께 노력한다면 해결하지 못할 문제도 없다. 교육제도의 현실적인 개혁, 문화 가치의 미묘한 차이, 그리고 발전과 사생활 보호 정책과 거버넌스를 구상하는 방식에서의 심층적 변화도 우리가 주목해야 할 다양한 지혜 중 하나이다.

교육제도를 개편할 때는 한국의 영재교육에서 배울 점이 많다. 한국의 영재교육 프로그램은 뛰어난 기술 인재들의 잠재력을 식별하고 실현하는 데 중점을 둔다. 기술적 번영을 창조하고 그것을 사회 전체가 폭넓게 공유할 수 있게 하는 데 적절한 접근법이다. 학교 제도에 있어서도 미국의 사회 및 감성 교육 실험은 다른 나라들에게 귀감이 될 수 있다. 여기서 육성되는 실력은 미래의 인력 중심 직종에 큰 도움이 될 것이다.

일을 대하는 접근법을 바꾸고 싶다면, 최고의 완벽함을 추구하기 위해 일상의 작업을 인간적 표현과 예술의 영역으로 승화하는 일본과 스위스의 장인정신 문화를 참고해야 한다. 또한 활력과 의미가 함께 하는 자원봉사 문화가 존재하는 캐나다와 네덜란드는 '일'이라는 것에 대한 전통적 개념을 다변화해야 한다는 생각을 품게 한다. 연로자를 돌보고 노소가 함께 사는 가정을 조성하는 일에서는 중국의 문화도 한 수 지혜를 거든다. 공공정책과 개개인의 가치가 혼합될수록 우리는 발전을 정의하고 측정하기 위한 새로운 실험을 고민해야 한다. '국민총행복Gross National Happiness'을 핵심 발전 지표로 추구한다는 부탄의 결정도 그런 새로운 실험에 속한다.

마지막으로, 정부는 데이터 사생활 보호, 디지털 독점, 온라인 보안, 알고리즘 편향에서 새로 생기는 어쩔 수 없는 상충 작용들을 평가할 때 다른 나라는 어떻게 하는지를 지속적으로 살펴봐야 한다. 이런 사안들을 다룰 때는 유럽이나 미국, 캐나다 등의 규제 기관들이 시행하고 있는 접근법들을 비교하고 검토하는 것이 많은 도움이 될 수 있다. 유럽이 다소 엄격한 정책을 시행하고 있다면(예를 들어 독점금지법 위반으로 구글에 과징금을 물린 것이나, 테크놀로지 회사들의 데이터 장악을 막기 위한 노력 등), 중국과 미국은 독점적 이익률에 간섭하는 정책보다는, 테크놀로지 회사들의 자유를 상당 부분 인정해 기술과 시장의 발전부터 도모하는 정책을 더 우선하고 있다.

이 모든 접근법은 얻는 것이 있으면 잃는 것이 있다. 어떤 접근법은 기술 발전보다는 사생활 보호를 우선시하고, 어떤 접근법은 그

반대이다. 기술 발전으로 우리가 원하는 사회를 건설한다는 것은 이런 정책들이 해당 지역 전체에 실제로 어떤 영향을 미치고 있는지 파악해야 한다는 뜻이다. 그러면서도 다양한 AI 거버넌스 접근법에 대해 열린 태도를 유지해야 한다는 뜻이기도 하다.

우리의 AI 스토리 만들기

다양한 지혜의 원천에 접근하고 그런 통찰을 받아들이기 전에 선행해야 할 조건이 있다. 기술 발전에 가속이 더해지고 있다고 해도 우리는 주체감sense of agency을 잃지 말아야 한다. 연일 쏟아지는 AI 기사를 접하다 보면 우리 인간이 스스로 운명을 통제할 능력을 잃게 되는 것은 아닌가 하는 생각이 든다. 로봇 지배자와 '무용 계급'이 된 실직 노동자들에 대한 예언이 머릿속에서 뒤섞이며 전능한 기계의 힘 앞에서 한없이 무기력한 인간의 모습을 자꾸 상상하게 된다. 이런 비관적 시나리오가 AI 잠재력의 진실을 한 부분 보여 주기는 하지만, 우리는 시나리오에 드러난 무기력감만 보고 가장 중요한 핵심은 보지 못한다. 인공지능의 미래를 만드는 작업에서 가장 중요한 요소는 인간의 행동이라는 사실을 알아야 한다.

AI 스토리를 만드는 일에서 우리는 수동적인 구경꾼이 아니라 작가이다. 다시 말해 우리가 AI를 바라볼 때 그 시각을 만드는 가치관은 얼마든 자기충족적 예언이 될 수 있다. 인간의 가치가 경제적 공헌 유무에만 존재한다고 믿는다면 그 생각대로 행동하게 된다. 기계가 직장에서 인간을 쫓아내고, 우리는 하오징팡의 『접는 도시』처럼 쓸모 있는 인간과 '무용'한 대다수를 편가르고 차별하는 신분제 사회가 존재하는 뒤틀린 세상에 살게 될 것이다.

그러나 하오징팡이 그린 세상은 확정된 결말이 아니다. 그런 디스토피아 시각의-인간을 경제를 생산하는 부품의 총합으로만 보는 시각-밑바탕에 깔린 이데올로기는 우리가 길을 얼마나 많이 벗어났는지를 단적으로 보여준다. 우리는 반복 작업만 하기 위해 지구에 존재하는 것이 아니다. 죽은 후 아이들에게-자녀는 인간 알고리즘의 마지막 '반복 개선' 작업이다-물려주고 그 아이들이 우리가 했던 과정을 다듬고 반복하는 것이 목표라면, 우리는 다른 것을 돌아보지 않은 채 열심히 부만 쌓으려 노력할 필요가 없다.

삶의 의미가 물질적 무한 경쟁을 넘어 다른 데 존재한다는 것을 믿는다면, AI는 그 깊은 의미를 찾도록 도와주는 도구로만 존재할 것이다.

마음과 정신

내가 1983년 처음 AI계에 뛰어들기 위해 카네기멜론대학에 지원 신청서를 내면서, 나는 내 포부를 철학적 표현으로 포장했다. 나는 AI를 '인간 사고 과정을 계량화하고, 인간 행동을 규명하는 도구'이며 우리 자신을 이해하기 위한 '마지막 단계'라고 묘사했다. 당시 그 분야에 흐르던 낭만적 사고를 압축적으로 증류한 말이자, 내가 AI 역량과 인간 지식의 경계를 밀어내고 있다는 착각에 빠진 표현이었다.

지금이 그때보다 서른다섯은 더 먹었고 다행히도 조금은 더 현명해졌다. 그리고 내 시각도 달라졌다. 우리가 만든 AI 프로그램들은 많은 작업에서 인간의 뇌를 훌륭하게 흉내 냈으며 심지어는 능가하고 있다. 나는 그런 성취가 연구자와 과학자의 입장에서는 자랑스럽다. 그러나 1차적 목표가 나와 다른 인간을 진정으로 이해하는 것이라면 이 수십 년의 '발전'은 내게 아무것도 입증하지 못했다. 오히려 내 해부학 감각은 뒤죽박죽이 되었다. 나는 인간의 뇌를 뛰어넘는 기능을 추구하는 것이 아니라 인간의 마음을 이해하려 노력했어야 하지만 그러지 않았다.

아주 오랜 시간이 걸려서야 배운 교훈이다. 나는 성년이 된 후 대부분의 인생을 최적화하고, 내 뇌를 미세하게 조율된 알고리즘으로 바꿔 최대화하는 데 몰두했다. 나는 여러 나라를 넘나들었고 여러 시간대의 사람들과 일했지만, 가족과 친구의 마음에, 내가 사랑하는 모두의 마음에 더욱 의미 있고 더욱 인간적인 무언가가 존재한다는 사실은 결코 깨닫지 못했다. 암을 진단 받고 헌신적인 가족의 사랑을 받은 후에야 나는 비로소 모든 점들을 연결해 우리와, 우리가 만든 기계를 분리하는 선명한 그림을 그릴 수 있게 되었다.

그 과정이 나의 삶을 바꾸었고, 그 우회로는 AI를 이용해 우리 인간의 본질을 밝힌다는 처음 목표로 나를 돌아가게 해주었다. AI로 우리 인간을 진정으로 이해하게 되는 날이 온다면, 그것은 알고리즘이 인간 정신의 기계적 정수를 파악해서가 아닐 것이다. 최적화 작업에서 우리를 해방시키고 대신에 우리를 진정으로 인간으로 만드는 요소인 사랑을 주고받는 행동에 집중하도록 도와줄 것이기 때문이다.

그런 날이 오려면 우리 모두가 힘껏 노력하고 의식적으로 선택해야 한다. 다행히도 우리 인간은 AI가 아직은 가지지 못한, 스스로 목표를 정하려는 자유의지가 있다. 우리는 계층의 경계와 국경을 넘어 AI 스토리의 결말을 직접 써나가기 위해 자유의지로 협력을 선택할 수 있다.

기계는 기계로서 존재하게 하고 우리 인간은 인간으로서 존재하게 해야 한다. 우리는 기계를 도구로 이용해야 한다. 그리고 무엇보다도, 우리 인간은 사랑을 주고받는 존재가 되어야 한다.

그 누구보다도, 나와 협업해 촉박한 마감 시한에 쫓기며 방대한 조사 작업을 행해 준 매트 시핸Matt Sheehan에게 감사한다. 책이 쉽게 읽히고 재미도 있으며 유익한 정보도 많이 담고 있다고 느꼈다면 그것은 전적으로 매트의 공이다. 중국과 미국, 테크놀로지 분야, 글쓰기 모두에서 깊은 지식을 갖춘 매트를 협업자로 만난 것이 나에게는 무척이나 행운이었다.

내 친구이자 대리인인 존 브록맨John Brockman은 내게 이 책의 집필을 권했다. 시급히 다뤄야 할 주제이고 내가 그런 책을 쓸 적임자라는 그의 믿음에 나는 집필을 마음먹게 되었다. 지금 생각해 보면 그의 생각이 전적으로 옳았다.

내 확신을 담았을 뿐 입증되지도 않은 주제에 대해 도박을 결심한 릭 울프Rick Wolff에게도 감사한다. 그는 뛰어난 편집자로서 이 책을 출간하는 과정에서 멋진 능력을 많이 보여 주었다. 릭과의 작업은 무척 재미있었다. 그와 나는 서로의 최선을 이끌어 내는 상대였다.

초고를 읽고 귀중한 피드백을 전해 준 에릭 브린욜프슨, 제임스 매니이카James Manyika, 조너선 우첼Jonathan Woetzel, 폴 트리올로Paul Triolo, 샤오란 슈에, 첸 슈, 마 샤오홍, 린즈 링, 우 주오하오, 마이클 추이, 유안 리, 케이시 양, 애니타 후앙, 매기 차이, 로리 엘람에게도 감사의 인사를 보낸다.

끝으로, 6개월 동안 무심한 남편이고 아빠였던 나를 참아준 우리 가족에게 감사한다. 어서 빨리 가족의 품에 안기고 싶다. 가족의 품이야말로 나를 지탱하고 많은 교훈을 가르쳐 주는 힘이다. 이번 책이 마지막이야. 전에 일곱 번이나 했던 말이다. 그들이 이 말을 믿어 주기를.

1. 중국판 스푸트니크 모멘트

1. "Go and Mathematics", *Wikipedia*, "Legal Positions", https://en.wikipedia.
org/wiki/Go_and_mathematics#Legal_positions.

2. Cade Metz, "What the AI Behind AlphaGo Can Teach Us About Being
Human", *Wired*, May 19, 2016, https://www.wired.com/2016/05/google-
alpha-go-ai/.

3. Paul Mozur, "Beijing Wants A.I. to Be Made in China by 2030", *New York
Times*, July 20, 2017, https://www.nytimes.com/2017/07/20/business/china-
artificial-intelligence.html.

4. James Vincent, "China Overtakes US in AI Startup Funding with a Focus
on Facial Recognition and Chips", *The Verge*, February 2, 2018, https://
www.theverge.com/2018/2/22/17039696/china-us-ai-fundingstartup-
comparison.

5. Kai-Fu Lee and Sanjoy Mahajan, "The Development of a World Class Othello Program", *Artificial Intelligence* 43, no. 1 (April 1990): 21-36.

6. Kai-Fu Lee, "On Large-Vocabulary Speaker-Independent Continuous Speech Recognition", *Speech Communication* 7, no. 4 (December 1988): 375-379.

7. John Markoff, "Talking to Machines: Progress Is Speeded", *New York Times*, July 6, 1988, https://www.nytimes.com/1988/07/06/business/business-technology-talking-to-machines-progress-is-speeded.html?mcubz=1.

8. ImageNet Large Scale Visual Recognition Challenge 2012, Full Results, http://image-net.org/challenges/LSVRC/2012/results.html.

9. Catherine Shu, "Google Acquires Artificial Intelligence Startup for Over $500 Million", *TechCrunch*, January 26, 2014, https://techcrunch.com/2014/01/26/google-deepmind/.

10. Shana Lynch, "Andrew Ng: Why AI is the New Electricity", *The Dish (blog)*, Stanford News, March 14, 2017, https://news.stanford.edu/thedish/2017/03/14/andrew-ng-why-ai-is-the-new-electricity/.

11. Dr. Anand S. Rao and Gerard Verweij, "Sizing the Prize", *PwC*, June 27, 2017, https://www.pwc.com/gx/en/issues/analytics/assets/pwc-ai-analysis-sizing-the-prize-report.pdf.

2. 원형경기장의 모방자들

1. The Cloner: Gady Epstein, "The Cloner", *Forbes*, April 28, 2011, https://www.forbes.com/global/2011/0509/companies-wang-xing-china-groupon-friendster-cloner.html#1272f84055a6.

2. 孙进, 李静颖 孙进, and 刘佳, "社交媒体冲向互联网巅峰", 『第一财经日报』, April 21, 2011, http://www.yicai.com/news/739256.html.

3. "To Each According to His Abilities", *Economist*, May 31, 2001, https://www.economist.com/node/639652.

4. Gabrielle H. Sanchez, "China's Counterfeit Disneyland Is Actually Super Creepy", *BuzzFeed*, December 11, 2014, https://www.buzzfeed.com/gabrielsanchez/chinas-eerie-counterfeit-disneyland.

5. Xueping Du, "Internet Adoption and Usage in China", *27th Annual Telecommunications Policy and Research Conference*, Alexandria, VA, September 25-27, 1999, https://pdfs.semanticscholar.org/4881/088c67ad91 9da32487c567341f8a0af7e47e.pdf.

6. "Ebay Lectures Taobao That Free Is Not a Business Model", *South China Morning Post*, October 21, 2005, http://www.scmp.com/node/521384.

7. 周鸿祎, 『颠覆者』, 北京: 北京联合出版公司, 2017

8. Dr. Andrew Ng, Dr. Sebastian Thrun, and Dr. Kai-Fu Lee, "The Future of AI", moderated by John Markoff, *Sinovation Ventures*, Menlo Park, CA, June 10, 2017, http://us.sinovationventures.com/blog/the-future-of-ai.

9. Eric Ries, *The Lean Startup: How Today's Entrepreneurs Use Continuous Innovation to Create Radically Successful Businesses*, New York: Crown Business, 2011

3. 중국의 대체 인터넷 우주

1. Francis Tan, "Tencent Launches Kik-Like Messaging App", *The Next Web*, January 21, 2011, https://thenextweb.com/asia/2011/01/21/tencentlaunches-kik-like-messaging-app-in-china/.

2. Connie Chan, "A Whirlwind Tour Through China Tech Trends", *Andreesen Horowitz (blog)*, February 6, 2017, https://a16z.com/2017/02/06/china-trends-2016-2017/.

3. Josh Horwitz, "Chinese WeChat Users Sent out 20 Million Cash-Filled Red Envelopes to Friends and Family Within Two Days", *TechinAsia*, February 4, 2014, https://www.techinasia.com/wechatsmoney-gifting-scheme-lures-5-million-chinese-users-alibabas-jack-macalls-pearl-harbor-attack-company.

4. "Premier Li's Speech at Summer Davos Opening Ceremony", *Xinhua*, September 10, 2014, http://english.gov.cn/premier/speeches/2014/09/22/content_281474988575784.htm.

5. Zero2IPO Research, "清科观察：《2016政府引导基金报告》发布，管理办法支持四大领域'明确负面清单", 『清科研究中心』, March 30, 2016, http://free.pedata.cn/1440998436840710.html.

6. "Venture Pulse Q4 2017", *KPMG Enterprise*, January 16, 2018, https://assets.kpmg.com/content/dam/kpmg/xx/pdf/2018/01/venture-pulse-report-q4-17.pdf.

7. Thomas Laffont and Daniel Senft, "East Meets West 2017 Keynote", *East Meets West 2017 Conference*, Pebble Beach, CA, June 26–29, 2017.

8. Joshua Brustein, "GrubHub Buys Yelp's Eat24 for $288 Million", *Bloomberg*, August 3, 2017, https://www.bloomberg.com/news/articles/2017-08-03/grubhub-buys-yelp-s-eat24-for-288-million.

9. Kevin Wei Wang, Alan Lau, and Fang Gong, "How Savvy, Social Shoppers Are Transforming Chinese E-Commerce", *Mc-Kinsey and Company*, April 2017, https://www.mckinsey.com/industries/retail/our-insights/how-savvy-social-shoppers-are-transforming-chinese-e-commerce.

10. 第1次 "中国互联网络发展状况统计报告", 『中国互联网络信息中心』, January 18, 2018, http://www.cac.gov.cn/2018=01/31/c_1122346138.htm.

11. "你的城市还用现金吗？杭州的劫匪已经抢不到钱了", 『吴晓波频道』, April 3, 2017, http://www.sohu.com/a/131836799_565426.

12. "China's Third-Party Mobile Payments Report", *iResearch*, June 28, 2017, http://www.iresearchchina.com/content/details8_34116.html.

13. "中国第三方支付移动支付市场季度监测报告2017年第4季度", 『Analysys 易观』, http://www.analysys.cn/analysis/trade/detail/1001257/.

14. Cate Cadell, "China's Meituan Dianping Acquires Bike-Sharing Firm Mobike for $2.7 Billion", *Reuters*, April 3, 2018, https://www.reuters.

com/article/us-mobike-m-a-meituan/chinas-meituan-dianping-acquiresbike-sharing-firm-mobike-for-2-7-billion-idUSKCN1HB0DU.

15. Laffont and Senft, "East Meets West 2017 Keynote.", *East Meets West 2017 Conference*, Pebble Beach, CA, June 26-29, 2017.

4. 두 나라 이야기

1. Sarah Zhang, "China's Artificial Intelligence Boom", *Atlantic*, February 16, 2017, https://www.theatlantic.com/technology/archive/2017/02/china-artificial-intelligence/516615/.

2. Dr. Kai-Fu Lee and Paul Triolo, "China Embraces AI: A Close Look and a Long View", *Eurasia Group*, December 6, 2017, https://www.eurasiagroup.net/live-post/ai-in-china-cutting-throughthe-hype.

3. Shigenori Arai, "China's AI Ambitions Revealed by List of Most Cited Research Papers", *Nikkei Asian Review*, November 2, 2017, https://asia.nikkei.com/Tech-Science/Tech/China-s-AIambitions-revealed-by-list-of-most-cited-research-papers.

4. Sam Shead, "Eric Schmidt on AI: 'Trust Me, These Chinese People Are Good'" *Business Insider*, November 1, 2017, https://www.businessinsider.com/eric-schmidt-on-artificial-intelligence-china-2017-11.

5. Gregory Allen and Elsa B. Kania, "China Is Using America's Own Plan to Dominate the Future of Artificial Intelligence", *Foreign Policy*, September 8, 2017, http://foreignpolicy.com/2017/09/08/china-is-using-americas-own-plan-to-dominate-the-future-of-artificial-intelligence/.

6. Allison Linn, "Historic Achievement: Microsoft Researchers Reach Human Parity in Conversational Speech Recognition", The AI Blog, *Microsoft*, October 18, 2016, https://blogs.microsoft.com/ai/historic-achievement-microsoft-researchers-reach-human-parity-conversational-speech-recognition/.

7. Andrew Ng, "Opening a New Chapter of My Work in AI", *Medium*, March 21, 2017, https://medium.com/@andrewng/opening-a-newchapter-of-my-work-in-ai-c6a4d1595d7b.

8. Paul Mozur and John Markoff, "Is China Outsmarting America in A.I.?", *New York Times*, May 27, 2017, https://www.nytimes.com/2017/05/27/technology/china-us-ai-artificial-intelligence.html?_r=0.

9. "Capitalizing on 'Venture Socialism'", *Washington Post*, September 18, 2011, https://www.washingtonpost.com/opinions/capitalizing-on-venture-socialism/2011/09/16/gIQAQ7sYdK_story.html?utm_term=5f0e532fcb86.

10. "Scale of Traffic Deaths and Injuries Constitutes 'a Public Health Crisis' —Safe Roads Contribute to Sustainable Development", *World Health Organization*, Western Pacific Region, press release, May 24, 2016, http://www.wpro.who.int/china/mediacentre/releases/2016/20160524/en/.

5. 네 번의 AI 물결

1. Frederick Jelinek, "Some of My Best Friends Are Linguists", *presentation at the International Conference on Language Resources and Evaluation*, May 28, 2004, http://www.lrzec-conf.org/lrec2004/doc/jelinek.pdf.

2. "Toutiao, a Chinese News App That's Making Headlines", *Economist*, November 18, 2017, https://www.economist.com/news/business/21731416-remarkable-success-smartphone-app-claimsfigure-users-out-within-24.

3. "New standard of beauty", *Conversation with author*, October, 2017.

4. 朱晓颖, "江苏"案管机器人"很忙 : 辅助办案 还考核检 察官", 『中国新闻网』, March 2, 2018, http://www.chinanews.com/sh/2018/03-02/8457963.shtml.

5. Sarah Dai, "China's Baidu, Xiaomi in AI Pact to Create Smart Connected Devices", *South China Morning Post*, November 28, 2017, http://www.scmp.com/tech/china-tech/article/2121928/chinas-baiduxiaomi-ai-pact-

create-smart-connected-devices.

6. Shona Gosh, "Xiaomi Is Picking up Underwriters for an IPO Worth up to $100 Billion", *Business Insider*, January 15, 2018, http://www.businessinsider.com/xiaomi-goldman-sachs-ipo-100-billion-2018-1.

7. April Glaser, "DJI Is Running away with the Drone Market", *Recode*, April 14, 2017, https://www.recode.net/2017/4/14/14690576/drone-market-share-growth-charts-dji-forecast.

8. Fred Lambert, "Google's Self-Driving Car vs Tesla Autopilot: 1.5M Miles in 6 Years vs 47M Miles in 6 Months", *Electrek*, April 11, 2016, https://electrek.co/2016/04/11/google-self-driving-car-tesla-autopilot/.

9. "Xiong'an New Area: China's Latest Special Economic Zone?" *CKGSB Knowledge*, November 8, 2017, http://knowledge.ckgsb.edu.cn/2017/11/08/all-articles/xiongan-china-special-economic-zone/.

6. 유토피아, 디스토피아, 그리고 진짜 AI 위기

1. Dom Galeon and Christianna Reedy, "Kurzweil Claims That the Singularity Will Happen by 2045", *Futurism*, October 5, 2017, https://futurism.com/kurzweil-claims-that-the-singularity-will-happen-by-2045/.

2. Greg Kumparak, "Elon Musk Compares Building Artificial Intelligence to 'Summoning the Demon,'" *TechCrunch*, October 26, 2014, https://techcrunch.com/2014/10/26/elon-musk-compares-building-artificial-intelligence-to-summoning-the-demon/.

3. James Titcomb, "AI Is the Biggest Risk We Face as a Civilisation, Elon Musk Says", *London Telegraph*, July 17, 2017, https://www.telegraph.co.uk/technology/2017/07/17/ai-biggest-risk-face-civilisationelon-musk-says/.

4. Nick Bostrom, *Superintelligence: Paths, Dangers, Strategies*, Oxford: Oxford University Press, 2014, 19.

5. Geoffrey Hinton, Simon Osindero, and Yee-Whye The, "A Fast Learning

Algorithm for Deep Belief Nets", *Neural Computation 18*, 2006, 1527–1554.

6. Hao Jingfang, Folding Beijing, trans. Ken Liu, *Uncanny Magazine*, https://uncannymagazine.com/article/folding-beijing-2/.

7. Robert Allen, "Engel's Pause: A Pessimist's Guide to the British Industrial Revolution", *University of Oxford Department of Economics Working Papers*, April 2007, https://www.economics.ox.ac.uk/department-of-economics-discussion-paper-series/engel-s-pause-a-pessimist-s-guide-to-the-british-industrial-revolution.

8. Erik Brynjolfsson and Andrew McAfee, *The Second Machine Age: Work, Progress, and Prosperity in a Time of Brilliant Technologies*, New York: Norton, 2014, 75–77.

9. Erik Brynjolfsson and Andrew McAfee, "Jobs, Productivity and the Great Decoupling", *New York Times*, December 11, 2012, http://www.nytimes.com/2012/12/12/opinion/global/jobs-productivity-and-thegreat-decoupling.html.

10. Eduardo Porter and Karl Russell, "It's an Unequal World. It Doesn't Have to Be", *New York Times*, December 14, 2017, https://www.nytimes.com/interactive/2017/12/14/business/world-inequality.html.

11. Matt Egan, "Record Inequality: The Top 1% Controls 38.6% of America's Wealth", *CNN*, September 17, 2017, http://money.cnn.com/2017/09/27/news/economy/inequality-record-top-1-percent-wealth/index.html.

12. Lawrence Mishel, Elise Gould, and Josh Bivens, "Wage Stagnation in Nine Charts", *Economic Policy Institute*, January 6, 2015, http://www.epi.org/publication/charting-wage-stagnation/.

13. Claire Cain Miller, "As Robots Grow Smarter, American Workers Struggle to Keep Up", The Upshot (blog), *New York Times*, December 15, 2014, https://www.nytimes.com/2014/12/16/upshot/as-robots-grow-smarter-american-workers-struggle-to-keep-up.html.

14. 위와 같음.

15. Dana Olsen, "A Record-Setting Year: 2017 VC Activity in 3 Charts", *Pitchbook*, December 15, 2017, https://pitchbook.com/news/articles/a-record-setting-year-2017-vc-activity-in-3-charts.

16. "Top AI Trends to Watch in 2018", *CB Insights*, February 2018, https://www.cbinsights.com/research/report/artificial-intelligencetrends-2018/.

17. Carl Benedikt Frey and Michael A. Osborne, "The Future of Employment: How Susceptible Are Jobs to Automation", *Oxford Martin Programme on Technology and Employment*, September 17, 2013, https://www.oxfordmartin.ox.ac.uk/downloads/academic/future-of-employment.pdf.

18. Melanie Arntz, Terry Gregory, and Ulrich Zierahn, "The Risk of Automation for Jobs in OECD Countries: A Comparative Analysis", *OECD Social, Employment, and Migration Working Papers*, no. 189, May 14, 2016, http://dx.doi.org/10.1787/5jlz9h56dvq7-en.

19. Richard Berriman and John Hawksworth, "Will Robots Steal Our Jobs? The Potential Impact of Automation on the UK and Other Major Economies", *PwC*, March 2017, https://www.pwc.co.uk/economic-services/ukeo/pwcukeo-section-4-automation-march-2017-v2.pdf.

20. James Manyika et al., "What the Future of Work Will Mean for Jobs, Skills, and Wages", *McKinsey Global Institute*, November 2017, https://www.mckinsey.com/global-themes/future-of-organizations-andwork/what-the-future-of-work-will-mean-for-jobs-skills-and-wages.

21. Karen Harris, Austin Kimson, and Andrew Schwedel, "Labor 2030: The Collision of Demographics, Automation and Inequality", *Bain and Company*, February 7, 2018, http://www.bain.com/publications/articles/labor-2030-the-collision-of-demographics-automationand-inequality.aspx.

22. Martin Ford, "China's Troubling Robot Revolution", New York Times, June 10, 2015, https://www.nytimes.com/2015/06/11/opinion/chinas-

troubling-robot-revolution.html.

23. Vivek Wadhwa, "Sorry China, the Future of Next-Generation Manufacturing Is in the US", *Quartz*, August 30, 2016, https://qz.com/769897/sorry-china-the-future-of-next-generation-manufacturing-is-in-the-us/.

24. Dr. Anand S. Rao and Gerard Verweij, "Sizing the Prize", *PwC*, 2017

25. "Yuval N. Harari, "The Rise of the Useless Class", *TED Ideas*, February 24, 2017, https://ideas.ted.com/the-rise-of-the-useless-class/.

26. Binyamin Appelbaum, "The Vanishing Male Worker: How America Fell Behind", *New York Times*, December 11, 2014, https://www.nytimes.com/2014/12/12/upshot/unemployment-the-vanishing-maleworker-how-america-fell-behind.html.

27. Rebecca J. Rosen, "The Mental-Health Consequences of Unemployment", *Atlantic*, June 9, 2014, https://www.theatlantic.com/business/archive/2014/06/the-mental-health-consequences-of-unemployment/372449/.

28. Anne Case and Angus Deaton, "Mortality and Morbidity in the 21st Century", *Brookings Papers on Economic Activity*, Spring 2017, https://www.brookings.edu/wp-content/uploads/2017/08/casetextsp17bpea.pdf.

7. 암에서 얻은 지혜

1. 李开复, 『做最好的自己』, 北京: 人民出版社, 2005.

2. Dr. Kai-Fu Lee, *Making a World of Difference: Dr. Kai-Fu Lee's Autobiography*, Amazon Digital Services, April 13, 2018.

3. Bronnie Ware, "Top 5 Regrets of the Dying", *Huffington Post*, January, 21, 2012, https://www.huffingtonpost.com/bronnie-ware/top-5-regrets-of-the-dyin_b_1220965.html.

4. Elisabeth Kubler-Ross, *On Death and Dying*, New York: Macmillan, 1969)

5. Massimo Federico et al., "Follicular Lymphoma International Prognostic Index 2: A New Prognostic Index for Follicular Lymphoma Developed by the International Follicular Lymphoma Prognostic Factor Project", *Journal of Clinical Oncology*, no. 27, September 2009, 4555 – 4562.

8. 인간과 AI의 공존을 위한 청사진

1. Seth Fiegerman, "Google Founders Talk About Ending the 40-Hour Work Week", *Mashable*, July 7, 2014, https://mashable.com/2014/07/07/google-founders-interview-khosla/#tXe9XU.mr5qU.
2. Steven Greenhouse, "Work-Sharing May Help Companies Avoid Layoffs", *New York Times*, June 15, 2009, http://www.nytimes.com/2009/06/16/business/economy/16workshare.html.
3. Kathleen Pender, "Oakland Group Plans to Launch Nation's Biggest Basic-Income Research Project", *San Francisco Chronicle*, September 21, 2017, https://www.sfchronicle.com/business/networth/article/Oakland-group-plans-to-launch-nation-s-biggest-12219073.php.
4. Facebook cofounder Chris Hughes, *The Economic Security Project*, https://economicsecurityproject.org/.
5. Kathleen Pender, "Oakland Group Plans to Launch Nation's Biggest Basic-Income Research Project"
6. Steve Randy Waldman, "VC for the People", *Interfluidity (blog)*, April 16, 2014, http://www.interfluidity.com/v2/5066.html.
7. Chris Weller, "Mark Zuckerberg Calls for Exploring Basic Income in Harvard Commencement Speech", *Business Insider*, May 25, 2017, http://www.businessinsider.com/mark-zuckerberg-basic-income-harvard-speech-2017-5.
8. Ben Casselman, "A Peek at Future Jobs Reveals Growing Economic Divides", *New York Times*, October 24, 2017, https://www.nytimes.com/2017/10/24/business/economy/future-jobs.html.

9. U.S. Department of Labor, Bureau of Labor Statistics, Occupational Employment Statistics, "Home Health Aides and Personal Care Aides", *Bureau of Labor Statistics*, https://www.bls.gov/ooh/healthcare/home-health-aides-and-personal-care-aides.htm, and "Personal Care Aides", https://www.bls.gov/oes/current/oes399021.htm.

10. Larry Fink, "Larry Fink's Annual Letter to CEOs: A Sense of Purpose", *BlackRock*, January 18, 2018, https://www.blackrock.com/corporate/en-us/investor-relations/larry-fink-ceo-letter.

9. 우리가 만들어갈 세계의 AI 스토리

1. Steve Jobs, "2005 Stanford Commencement Address", *Stanford University*, published March 7, 2018, https://www.youtube.com/watch?v=UF8uR6Z6KLc&t=785s.

2. John R. Allen and Amir Husain, "The Next Space Race Is Artificial Intelligence: And the United States Is Losing", *Foreign Policy*, November 3, 2017, http://foreignpolicy.com/2017/11/03/the-next-space-race-isartificial-intelligence-and-america-is-losing-to-china/.

3. Zachary Cohen, "US Risks Losing Artificial Intelligence Arms Race to China and Russia", *CNN*, November 29, 2017, https://www.cnn.com/2017/11/29/politics/us-military-artificial-intelligence-russia-china/index.html.

찾아보기

AI 슈퍼파워

1판 1쇄	2019년 4월 3일
1판 6쇄	2024년 4월 14일

지은이	리카이푸
옮긴이	박세정 조성숙
펴낸이	김승욱
편집	김승욱 심재헌
디자인	김선미
마케팅	김도윤
브랜딩	함유지 함근아 고보미 박민재 김희숙 박다솔 조다현 정승민 배진성
제작	강신은 김동욱 이순호
관리	윤영지

펴낸곳	이콘출판(주)
출판등록	2003년 3월 12일 제406-2003-059호

주소	413-120 경기도 파주시 회동길 455-3
전자우편	book@econbook.com
전화	031-8071-8677
팩스	031-8071-8672

ISBN 979-11-89318-10-9 03320

＊이 도서의 국립중앙도서관 출판예정도서목록(CIP)은 서지정보유통지원시스템 홈페이지
 (http://seoji.nl.go.kr)와 국가자료공동목록시스템(http://www.nl.go.kr/kolisnet)에
 서이용하실 수 있습니다.(CIP제어번호: CIP2019011190)